批评与重构

语文核心素养构建的视域

◎石修银 著

批评

Criticism and Reconstruction

海峡出版发行集团｜海峡文艺出版社

重构

图书在版编目(CIP)数据

批评与重构：语文核心素养构建的视域/石修银
著. —福州：海峡文艺出版社,2022.10
ISBN 978-7-5550-3084-3

Ⅰ.①批… Ⅱ.①石… Ⅲ.①中学语文课—
教学研究 Ⅳ.①G633.302

中国版本图书馆 CIP 数据核字(2022)第 153257 号

批评与重构
—— 语文核心素养构建的视域

石修银　著

出 版 人 林滨
责任编辑 陈瑾
出版发行 海峡文艺出版社
经　　销 福建新华发行(集团)有限责任公司
社　　址 福州市东水路 76 号 14 层
发 行 部 0591－87536797
印　　刷 福州万达印刷有限公司
厂　　址 福州市闽侯县荆溪镇徐家村 166－1 号厂房第三层
开　　本 720 毫米×1010 毫米　1/16
字　　数 270 千字
印　　张 20
版　　次 2022 年 10 月第 1 版
印　　次 2022 年 10 月第 1 次印刷
书　　号 ISBN 978-7-5550-3084-3
定　　价 48.00 元

如发现印装质量问题,请寄承印厂调换

跋涉者的足印

陈日亮

10 年前，石修银从闽西调来省城，我还不怎么认识他，见面只微微颔首而已。最近几年，他却经常坐在我狭小的书房里，同我尽兴交谈，带着本子，很认真地在上面挥笔速记。他不是"顽石"，总不时对我"点头"，给我的印象是一个谦逊好学、踏实做学问的人。

在中学执教 25 年之久，以他的认真踏实，早已积累不少的教学经验。据说他最受学生欢迎的，是作文课。我起初同他交流的，也是有关作文教学的话题居多。在我《语文教学归钦录》一书里，就有一篇他的长篇访谈，作文教学的方方面面，几无所弗及。我教作文用功不够，经验很少，经过与他交谈，也让我对自己有较多的回望和思考，对他的作文教学，也开始有所关注和认知。

石修银告诉我，他的作文教学和研究，是始于对学生写作状况的客观分析，而非只凭主观判断，是从个案发现问题才考虑对症下药。他用了极其概括的三个字叫"诊断式"。我们通常看学生作文，自然也需要先看出他的优劣得失，才做批改和评价，但一般都是发现普遍病征，采取"广谱"施治。石修银既然用"诊断"二字，好比中医的望闻问切，显然更侧重针对具体的某题某篇，着重个案分析，而不是拿一般的共性的通用的方法去开方给药。所以据他说，他在指导和辅导学生时，习惯让学生自己先讲，从构思立意表达等方面先谈出自己是怎么准备的，写作过程中遇到什么困难，写出来后自己又是什么感觉，类似让病人尽量诉说病情，方才辨症施治。这就把学生放在主体位置，要求他们有自我审视、检查、发现、纠正的自我意识，教师只做个辅助的角色。因此他需要倾听。他有这个耐心。可以说，他的"诊断式"作文教学法，是一个让你不得不放下老一套的衡文习惯，不得不尊重和针对教学对象的有效的教学途径，而非一味公式化概念化地去对付所有的作文。我不时会听到家长对石修银的满意评价，总说他们孩子经过指导之后，会很快发现作文的问题，而平时在作文课上则相反，总是迷迷糊糊，不得要领，所以进步不快。

据我过去的教学经验，发现学生作文的通病无非是"无米下锅"和"思路不畅"。跟他们讲大道理是没有用的，必须启发他们自己寻找，找到了又必须引导他们再进一步寻出路子走出来。石修银的经验，一个是前面说的，注意"聆听学生的心跳，聆听花开的声音"（石修银），再一个是着重思维训练，辨明情理的逻辑关系。要把思维和语言拧在一起，不是既考虑思维，又考虑表达。批改作文、讲评作文，他不首先着眼立意，而是看文章的条理层次，思路逻辑。想通了才会真正知道自己的立意是什么，也才能基本说通，达到文从字顺。朱光潜先生说："文字上面有含糊，就显得思想还没有透彻，情感还没有凝练。""咬文嚼字，在表面上像只是斟酌文字的分量，在实际上就是调整思想和情感。"这里所说的"调整"，分明是属于思维和逻辑的问题。他特别强调一篇完美的作品，必备两个条件：第一是层次清楚，第二是"轻重分明"。故"寻思是作文的第一步重要工作"。

因此在我看来，作文训练的诸多项目中，可能唯一只有思维训练，才是最为基本的训练，即所谓"牵牛鼻"，石修银是紧紧抓住这根牛鼻绳了。

近些年，石修银似乎开始明显转向，从作文教学转到阅读教学。据他说是由于经常下班听课，发现阅读课与作文课有相同或相通的问题。他又开始诊断了。他经常发现教师的解读多是概念的、现成的、俗套的，是脱离语境的，不知道如何循着文本的思路进入探究。叶圣陶先生有两句名言："作者胸有境，入境始与亲。作者思有路，遵路识斯真。"不知"遵路"，何由"入境"？"遵路"也就是思维逻辑的问题。读和写表面看是相反的两面，一个是吸收，一个是输出，但也可以做相似的看：读，仿佛是正在看别人怎么写；写，则似乎是把自己正在写的读出来看。我尝琢磨读写之间应该有座"桥"。这座桥叫什么名目，我至今没有想出来，但我知道连接它的桥梁，就是潜在语言里的思路条理、思维逻辑。因此他每次带来课例和我交流探讨，往往都会集中在对文本语流和文脉的反复揣摩。王宁先生曾主张在听说读写之后，必须再加上一个"思"或"想"，我觉得是有道理的。

石修银很重视收集课例。他有这个习惯，是缘于他作文教学的成功经验，也由于他历久训练出的审辨的目光，如同名医，脑子里一定存着丰富的临床案例。从这一点看，他说他愿意"做一个批判者"，而我觉得更符合他的，首先他是"一个发现者"。他从教师转变为教研员，也许还不算"资深"，但他在角色转换中仍保持着他熟稔学生的这一"发现者"的特长，则是十分可贵的。无论阅读还是写作，其教研的方法和途径，在我看来，都是值得肯定和赞许的。

语文课程的改革还远未进入"深水区"，都还在浅水层盲目折腾而鼓起无数碎浪和浮沤，表面看很是热闹，若真正深入课堂，会很快洞察现象背后的虚无。探讨问题的本质和根源，就得积累足够的案例，下一番分析的功夫。好大喜功、自吹自擂的表面文章，正如鲁迅先生所说，是不足为据的，必须去看地底下。

石修银是勤奋的，思维活跃，动笔也很快。这本书，当然不是精细打磨的工艺品，却是切实铺展在地底下的石块沙砾，虽不无零落粗糙，却留下了跋涉者深深浅浅的足印，我相信继续踩着它往前探寻，一定会走出一条自己的新路来的。

草于壬寅年夏至

（陈日亮，福州一中退休的特级教师，全国中学语文教学专业委员会学术顾问，福建省中小学名师培养工程专家委员会成员，享受国务院政府特殊津贴。）

一位不倦的追求者：特级教师石修银老师

鲍道宏

石修银老师是一位知名特级教师，是我的同事。

1986 年大学中文系毕业之后，修银老师从乡村到县城，20 多年长期工作在中学语文教学一线，具有丰富的教学实践经验。

与一般语文老师不同，修银老师不仅勤于教学，精于教学，教学成绩斐然。而且热心读书，乐于研究，笔耕不辍，累积了大量教学研究成果。

由于修银老师教学实践与教学研究的双重成就，2011 年 9 月作为人才引进，从中学调入福建教育学院语文研修部，开始从事中小学语文教学教师职后教育工作。从此，我们成为同事。这样，我们彼此有很多工作合作和私下交往的机会，相互了解逐渐加深。现在，修银老师新著《批评与重构——语文核心素养构建的视域》就要出版，基于信任，他嘱我为新书写几句话，这在我虽则力不胜任，但于公于私也都义不容辞。

2011 年修银老师调入福建教育学院后，面临工作转型。工作性质变了，对象不同了，如何适应新的工作变化，创造新的辉煌，是摆在修银老师面前一个严峻的课题。为了适应新的工作要求，修银老师开始系统、自觉的理论研修。在繁忙的培训工作之余，他克服重重困难，赴上海师范大学文学院访学研修，跟随著名学者郑桂华教授研习语文课程与教学理论。此外，又与一般语文教育研究者不同，修银老师不仅坚持阅读、跟踪语文教育动态，关注前沿问题，还广泛涉猎教育学、心理学著作和期刊，改善知识结构，吸纳最新成果。2011 年以来，修银老师在各级各类培训班上的讲座，被学员赞誉为"连接地气，富有高度，深有启发"，广受一线教师欢迎。与我们这些一直在高校工作的培训教师有别，修银老师常常亲自走上讲坛，亲执教棒，为年轻教师上示范课，为优秀教师开研讨课。我对修银老师教学的印象，是他举重若轻的教学姿态，求真务实的教学风格，目标明确的教学理性，条理清晰的教学过程。这当然不同于我们这些只会报告，不会躬耕的理论工作者，而且，我细细体会，也不同于一些虚张声势或哗众取宠的名师风格。

　　10 多年来，修银老师不仅保持了他一贯的勤于笔耕的习惯，更为可贵的是其研究成果视野更宽，质量更高。每年都有大量研究成果被北大核心期刊采用，更多成果被人大复印资料全文转载。值得一提的是，最近，其成果《基于"可见的学习"理论的语文教学设计、过程及评价》，在著名期刊《课程·教材·教法》（2021 年第 8 期）发表，标志着修银老师的学术研究正迈上一个新的台阶，开始一个新的征程。

　　修银老师正从自己最为擅长的写作教学研究，逐渐拓展，深入到阅读教学。从中学语文教学，扩展至小学语文教育，在全域意义上，由一个优秀的语文教育实践工作者，正转变成为实践与理论兼具的难得的语文教师职后教育的专家。

　　这本集子展现了修银老师近年理论探索的成果，阅读本书，不仅能学到语文教育研究的一些最新进展，而且也能直观地观察到一位优秀语文教育专家的成长历程，同时也会感受到修银老师对语文教育深沉的爱。

2022 年 4 月 18 日

（本文作者系福建教育学院语文课程教学研究所所长，教授，博士）

我是一个批评者

1986 年，我从福建师范大学毕业进入闽西一个乡下学校。1999 年 8 月，我被调到县城一中，后被评上特级教师。2010 年 9 月，我进入福建教育学院工作。临近退休，回顾我的教学生涯，发现自己的两个选择是很对的。一是当语文教师。因为当教师简单，只要学生学有所成，就能得到学校、社会的认可，这样就会有更多的时间从事自己喜爱的研究。二是做个批评者。不轻易点赞学生；对青年教师要呵护，也要批评；不轻信名家的话。这样对学生负责，对教师满怀期待，带动自己深入思考。我慢慢读懂了钟启泉先生的话："学习者通过自主地思考，创造新的知识、新的自我、新的社会——这就是批判性思维教育的目标所在，这才是寻求更好的专家、更好的社会的强有力的'生存能力'。"

一、不轻易点赞学生

什么是好的语文教师？有两种说法：一是知识丰富、学养厚实的教师，他们上课旁征博引，让学生开阔了视域，提升了素养；二是设计奇妙、积极组织学生开展活动的教师。在我看来，这两类教师容易在教学中出现教与学脱离的现象，我认为优秀的语文教师应该是始终以学生为中心，发现学生的问题，帮助学生解决问题的教师。教学的目的就是让学生改变认知、矫正错误、学会自主正确地学习。孙绍振老师曾经说过，语文教师面对的"不是惶惑的未知者，而是自以为是的'已知者'，如果不能从已知中揭示未知——指出他们感觉和理解上的盲点，将已知化为未知，再雄辩地揭示深刻的奥秘，让他们恍然大悟，这可能辜负了教师这个光荣称号"，我深以为然。

基于这样的出发点，我在教学中着重关注学生的情况，发现学生的问题，进而提出改正的方法，并引导学生去改正。我很认可叶圣陶先生的教学理念，并有意识地将其引入自己的教学思考中。上课上什么呢？从学生的角度来说，应该有讨论和表达，而不是一味地听讲；从教师的角度来说，应该有指导和订正，而不是一味地讲解。于是我上课会先让学生展示自己的思考，在此基础上引导学生修整、完善。只有看到学生真实的学习状态，发现学生的问题所在，教师才能实现有效指导。

比如作文教学课，让学生以"邂逅"为话题写作文。我会关注学生的思维过程，关注学生构思中的问题，再进行指导。我提出问题：以"邂逅"为题，你会怎样构思？学生思考选点，然后展示自己的构思，如下：

学生A：1. 自己在公园玩，没有趣味；2. 遇见以前一起玩的朋友；3. 我和朋友一起玩，很有趣味。

学生B：1. 在初中校园里，我碰到了小学同学；2. 我发现他变得热情，聊起了小学他干过的种种坏事；3. 聊着聊着，我突然被脚下的台阶一绊，他不再像之前一样笑话别人，而是马上扶我。

学生C：1. 小学采访我的小记者在初中变成了我的同班同学；2. 她剪了头发，不再腼腆，而是变成了一个乐于探索的人；3. 我和她一起去打球，发现她竟然这么活泼开朗。

从学生的构思中，我看到了学生的问题：主题多个，如学生C；立意浅薄，如学生A。于是我让学生分辨优劣，在辨别分析中明白学生 B 构思的优势：主题集中，材料独特，人物的变化带来文章的起伏与波澜，激发读者的阅读兴趣。学生在这样的指导下慢慢学会如何构思一篇作文。

此外，在学生的写作和作文批改中，我也会保持批评的姿态，发现学生作文中的问题。比如让学生写"陪伴"这一话题作文，一般的步骤是：教师布置题目，稍作引导，学生写作，教师批改、点评。但这样的作文教学，很难发现学生的问题，更不用说帮助学生提高写作能力了。为此我会在学生写作的每一个步骤中加入教师点评及指导，教学步骤如下。

第一步：学生写出大体思路，教师点评；第二步：学生展示写作的几个方面，教师点评；第三步：给学生 20 分钟，写出 200 字左右的文字，教师提出修改意见；第四步：给学生 60 分钟，写出完整的文章，教师提出修改方向；第五步：教师对学生最终上交的作文再次修改并提供好的写作建议。

这样的过程虽然繁复，但是教学效果很好，能发现学生写作每个阶段的问题，并引导学生修正，从而逐步提高学生的写作能力。

不轻易点赞学生，核心是要关注学生的不足之处，了解学情，发现学生认知、知识、能力等需要提升之处，有效地去帮助学生提升，进而让学生掌握自主学习、提升的能力。教师具有较高的专业素养，丰富的教学经验，才能更好地指出学生的问题并提出修改建议。将课堂完全交给学生，对学生的情况盲目点赞，并不是真正地将学生放在教学的中心。

二、对青年教师要呵护，也要批评

2011 年 9 月，我调到福建教育学院，主要工作就是培训教师。在培训中，常需要观摩课堂与评价。深入课堂后，我发现了年轻教师的三个问题：一是文本解读能力较低，只能按照教材或资料解读文本；二是教学能力较低，只能引导学生浅层阅读，不太会按照单元要求设计深度学习的内容；三是学习主动性不强，缺乏一定的研究力与学习力。

为此，我在观课评课时会注意两点。

第一，指出问题，引导教师反思。2019年，我在厦门思明区为年轻教师上课，

我将50人分为5组，分别设计《登勃朗峰》的一节课。有不少教师将教学目标确定为：让学生知道人生的路要慢慢走。我指出这个设计的问题所在：一是没有单元意识，这一单元的教学目标是学会游记作文的写法。这是双线组元中的语文要素组元，教学应当扣住单元目标来设计；二是没有语境阐释的意识。陈发明《多重语境下中学语文文本阐释的坚守》认为："文本阐释的力量，首先来源于文学的实践，来源于对实践的深刻总结，来源于对文本存在和作者实践的尊重。"从文本中可以读出作者旅游看懂美景遇上幽默车夫的兴奋之情，感受作者旅行的畅适。教师读出的"人生的路要慢慢走"，不是深度阅读而是自己情感性、体验性的阅读感悟，是对文本意义的生发与创造。教师如果只是以自己的阅读体悟，去引导学生生发这样的感悟，找到情感的共鸣与认知的趋同，这就偏离了这一篇文章的教学目标了。

第二，示范引领。古诗文教学，教师常停留在字词句的"言"上解读，而没有对"文"的深度理解。引导教师改变浅层阅读的现状，我想最好的办法就是自己的亲身探索与引领示范。2020年，云霄将军山中学举办公开课，我与一位有5年教学经验的教师同题执教《记承天寺夜游》。我设计了如下几个步骤。

第一步：了解苏轼。要求：1. 说说你眼中的苏轼是怎样的一个诗人？若用一个词来概括，你会选什么词？为什么？2. 阅读《定风波·莫听穿林打叶声》与译文，思考哪些句子中可见作者的

形象。

第二步：读懂文章。要求：1. 读懂字词。请一个同学朗读，发现问题；请解释画线字；同桌之间，翻译一遍。2. 补上这些词：竟然、突然、但是、于是、恰好、幸好、可是、难道……

第三步：品味反思。讨论：你喜欢这篇文章吗？为什么？思考支架：哪一种手法值得我学习？文章什么思想打动了我？

第四步：深化理解。选取文中的词组合成句，或给文章词加上自己的词，点评苏轼《记承天寺夜游》的心境。

第五步：单元训练设计。上完本单元后，完成两个题目：

1. 郦道元、陶弘景、苏轼纵情山水，这折射出不同的人生态度，你喜欢或反对谁的人生态度，为什么？在读书会上，与同学分享你的观点与思考。

2. 与同学谈论问题：从郦道元、陶弘景、苏轼这三篇文章中，可以看出融情于景的手法有什么特点？为什么？要求耐心听取同学的观点或提出质疑。

通过这些设计，我希望能作为一个引领者，引导青年教师去关注"言"背后的"文"。我希望通过自己的引导，改变教师只重言不重文，更不重视阅读体验与写作言语的生成的教学现状，从而实现深度阅读。我秉着一个执念，不迁就现实低效化、浅层化的教学课堂，引导教师有理念的改变，有责任的守护。

三、不轻信名家的话

作为教师，要有格局与情怀，只有热爱与专注自己的事业，才能让生命之树常青，保持教育探索的热情，教师的成长尤其要关注学习力的培育。学习力是"学习生长力"，语文学习活动中，我认为学习力包含四种能力。第一是阐释力。阐释是阅读思想体认的外化，能否阐释文本检验着教师是否真正思考与内化。第二是品鉴力。

《普通高中语文课程标准（2017年版、2020年修订）》指出："鉴赏文学作品。感受和体验文学作品的语言、形象和情感之美，能欣赏、鉴别和评价不同时代、不同风格的作品，具有正确的价值观、高尚的审美情趣和审美品位。"第三是批判力。批判力是理性思维的一种，属高阶思维。杜威认为批判性思维是一种"反省性思维"：能动、持续和细致地思考任何信念或被假定的知识形式，洞悉支持它的理由及其进一步指向的结论。第四是建构力。教师要有建构新知识体系的能力。

为此，我鞭策自己不轻信学者、名师的观点，而更多的是批评与建构自己的思想。某次看到教师教育精品资源共享课配套教材《中学语文教学设计》里面介绍了美国教师教学"写感谢信"的过程：

第一天（情境）：讨论、头脑风暴、确定自己要感谢的人和事情。

第二天（预写）：交流汇报写信的对象、具体事情、写信的动机、目的。

第三天（起草）：感谢信的框架格式和要求。写出初稿。

第四天（修改）：对照检查单，修改。

第五天（呈现与发表）：通读，用电脑编辑、打印，发表出来。

从中，我看到了美国写作教学的三个亮点：情境创设、互动交流、矫正修改。但其也存在一些问题：一是时间太长，难以处处落实。二是教师功能阙如。于是我在此基础上提出了一个新的环节"佳作引领"。我尝试设计了一堂写作课。

第一步：准备阶段

1. 讨论：谁帮助过你，为你做过一件什么好事情？写一封信表达自己的谢意。

2. 确定自己要感谢的人和事情，和同学们汇报自己准备写信的对象和具体事情，讨论自己的感谢信是否符合实际，是否真诚。

3. 了解感谢信的格式。

第二步：起草与引领阶段

1. 初写感谢信。

2. 对照检查单修改：书写是否正确，是否扣住写信的目的，写信的原因是否清楚，是否有签名、日期等。

3. 在课堂上展示交流，教师与学生一起指出作文问题与亮点，提出修改方向。

4. 学生再次修改，展示自己的感谢信。

5. 教师展示感谢信：本班与他班的优秀之作，教师或报章之作。

在探索中，我写成《审思：作文教学过程的基本环节——从美国一次感谢信写作教学谈起》一文，在《中学语文教学参考》发表后，被人大复印报刊资料《初中语文教与学》全文转载。2001年9月以来，我在《课程·教材·教法》《中学语文教学》《语文建设》《语文学习》等发表作文教学与评价文章400多篇，其中北大核心刊物发表25篇，人大复印报刊资料中心全文转载13篇。在闽、皖、苏、黔、新、冀、川等地开展作文讲座与公开课百余场。回眸、审思走过的路，我发现我的文章都在演绎我对课堂教学、理念等的批判，我在全国各地上课与评课，都是演绎"学生问题曝光—教师引导讨论—教师批评矫正—反思方法获取"的教学过程。学生在批评矫正中成长进步，自己在批评反思中建构发展。

"却顾所来径，苍苍横翠微。"学习之路其修远，心系执着孜孜行。

目　　录

阅　　读

写　　作

评　　价

域　　外

阅读

能力观之语文学习力：构建、发展条件

摘要： 身处 21 世纪的时代巨变，学生拥有学习力，才能在语文学习中，获得思维的发展、思想的建构与素养的提升，获得适应个人终身发展与社会发展的人格品质、核心素养。今天，语文教育生态中，让学生静态被动接受知识，罔顾阅读思维与能力的提升，罔顾学生的未来生存与发展的现象，依然常见。作为教师，有责任和义务探寻改变之路，寻绎发展学生学习力的教育策略，为学生未来终身学习创造条件。其能力观之学习力培养，教师实践效果最为彰显。

一、提出背景

学习力是"学习生长力"，是个复杂的综合概念。陈维维等综述了 2010 年之前国内外教育领域对学习力内涵研究的成果，认为存在能量观、品性观、素质观和能力观四种学习力内涵定位。能量观之学习力是存在于人类自身，直接影响人类随着时间生长、发展和获得成就的生命能量。品性观指人的学习力是人在学习活动中起作用的、由心理结构和身心能量组成的一种个性心理品质。素质观指学习力是现代人基础性的文化素质。能力观指学习力是通过获得与运用知识，最终改变工作和生活状态的能力或者是动态能力系统[1]。这个学习力内涵定位有一定科学价值。教学活动中，能力观之学习力，教师引导与培养最具操作性。

今天很多语文教师没有培育"学习力"的意识，学生也因之缺少能力观学习力，其表现为两种情形：

内容域：知识浅表化。学生的学习只掌握浅表知识，主要表现有三。一是停留在内容的浅表认知层。只是认知并记住一些词语句子、故事梗概与精彩情节。没有分析的介入，更没有思想、语言的生成。二是停留在思维浅表层，演绎浅层了解逻辑背景，表现为没有知识深度、思维深度与情感深度的阅读。三是停留在目的功利层，只记住考点知识，比如作者背景、字词句、文章思想、答题套路等。

思维域：知识占有化。英国布里斯托尔大学 Claxton 教授认为，构建学习力就是要使学生变成更好的学习者，关注他们的学习动机、学习过程和发展变化等，发展他们可迁移的学习力，引导他们成为既具有预见性又具有创造性的终身学习者。[2]没有学习力的学生，演绎的是静态占有而非生成、运用的动态知识。一是没有知识迁移能力，二是没有知识情境应用的能力，实现高层次的理解。布鲁姆等人将理解分为三种：例如"记住公式"（记忆水准）；"能说明电流、电压、阻抗之间的相互关系"（理解水准）；"能把欧姆法则运用于生活情境"（运用水准）。布卢姆是根据特定学科内容的学习深度的质的差异来进行分类的（能力层级的概念）。[3]学生只是停留在记忆水准的认知上，没有理解水准与运用水准的理解领悟。三是没有生成创造能力，演绎非存在式阅读："（存在式阅读）他们领悟这一思想并主动地、创造性地做出反应，他们学到的知识促进了自己的思考，于是他们脑子里就出现新的问题、新思想和新观点。"[4]这样，学生没有建构与生成自己的阅读思想，也无法获得良好的阅读方法，无法实现读一文或一书而能读一类文或书的能力迁移，成为具有预见性又具有创造性的终身学习者。

二、能力观之学习力的构建

能力观之学习力是动态能力系统，是以知识的运用而生成新知识以彰显社会价值。这应当凸显阅读主体的认知、判断与创造品质。语文学习活动中，这种学习力包含三种能力。

（一）基本能力：阐释力

"阐"有发挥、引申的意思，阐释就是借此来解释文本。"阐释指对对象的理解与解读。二者前后相连，具有时间的先后、程度的深浅与价值高低的关系。理解是对对象的顺向认识，是初步的、基础性的认知，以忠于对象为原则；解读则是对对象的深层认知，是在理解之上的进一步探究与发挥，会带有主体的个体特征与差异。文学阐释是指以作品（文本）为中心的理解与解读行为。文学阐释的目的是获得意义，它可理解为意义的寻找与赋予过程。"[5]可见，阐释是阅读思想体认的外化，能否阐释检验着是否真正的思考与内化。阐释力是阅读的基本能力，常见为三种力：概括力，能提炼文章的关键词、把握文章点脉络层次，提炼出文章的逻辑缜密的观点；转换力，能用自己的语言阐释连续文本或非连续文本的内容与主要观点，阐释语蕴丰厚的句子，比如向人介绍作品，或表达自己对文章句子的理解体悟；与生活体验的连接力，如用自己身边的事例诠释某个观点，或用类比手法诠释对文章观点的理解。

而具有阐释力的学生，当具备三个条件：一是忠实于文本。"文本阐释的力量，首先来源于文学的实践，来源于对实践的深刻总结，来源于对文本存在和作者实践的尊重。这里包含三层内容：其一，文本实际包含了什么；其二，作者意欲表达什么，其表达是否与文本的呈现一致；其三，文本的实际效应是什么，读者的理解和反应是否与作品表现及作者意图一致。这是正确认识、评价文本的最基本准则。"[6]二是阐释具有深刻性或独到性。因为具有学习力的阐释，就是在语言表象中，洞察文章潜隐其中的深层情感、意思。三是阐释有清晰而缜密的逻辑。"在前结构层次上，学生试图用一些与问题不相关的东西来进行回答。单点结构的回答用上一项相关的素材将问题与解答联系起来。多点结构的回答用上若干项素材。关联结构的回答把相关的素材联系在一起构成一个概念体系。抽象扩展的回答把所有相关的素材和它们之间的关系综合成为一个抽象的假设。"[7]学生阐释，也应当演绎关联结构与抽象扩展的回答，拒绝散乱与碎片，这不仅诠释思维的缜密，更促成思维的推进与深化。

（二）发展能力：判断力

海德格尔在现象学基础上提出了存在主义的哲学思想，强调对现象背后内容的发现，对存在的认知，从而实现对本体的解释。[8]有学习力的学生，能演绎对文本、作者的深层对话，和对"文本存在"的独立判断，实现对本体的深度解释。此判断力分三级。

一是基础级：这体现在形式密码的把握，表现对文章语言、形象等美感的鉴别与领悟，这是阅读文章的基本能力。《普通高中语文课程标准（2017 年版）》课程目标指出："鉴赏文学作品。感受和体验文学作品的语言、形象与情感之美。"也体现在文章思维秘妙的领悟与判断，能对写作思路、角度、材料选择等的精妙的体会与把握。还有体现在文章深层情感、潜隐文化等的寻绎与发现。

二是发展级：演绎批判性思维。此思维为理性思维的一种，属高阶思维。"批判性思维的现代概念直接源于杜威的'反省性思维'：能动、持续和细致地思考任何信念或被假定的知识形式，洞悉支持它的理由及其进一步指向的结论。"[9]批判思维形成的批判力是学习生长与生存发展的关键能力。"学习者通过自主地思考，创造新的知识、新的自我、新的社会——这就是批判性思维教育的目标所在，这才是寻求更好的专家、更好的社会的强有力的'生存能力'。"[10]阅读实践中，批判力可分为低段（对作品语言表达的质疑）、中段（对构思、逻辑演绎的质疑）与高段（对文章思想、文化的质疑）。

三是创造级：演绎思考重建，对文本错误或不足等提出批评并修改建议甚或直接修改。如有学生认为课文《谈创造性思维》选用"约翰·古登贝尔克""罗兰·布歇内尔"事例有缺憾，因为是同质的。进而提出修改意见：换一个有探求新事物意念但没有活用知识者的事例，正反对比就更有说理力度。

（三）创造能力：建构力

建构主义认为，知识是通过解释和假设得到的一种结果，它不是问题的最终答案，也不是对现实的准确表征，随着人类的进步，它会不断地被新知识所推翻。学习不是由教师到学生的一种传递过程，而是学生根据已有知识构建新知识的过程，学生是主动的意义建构者，而不是被动的信息接收者。[11]换言之，语文学习终极目的就是涵育语文素养，构建强劲学习力。而学习建构力，诠释关键能力的内涵："不仅包括学生已经获得的能力，还包括在未来获取新知识、构建新的知识体系的学习能力"[12]，它是学习中最主要、最能体现学习力的一环。

语文学习的建构力，表现在三个层面。一是技能层面：言语建构。学习他人文章后，选用、改用他人语言或句式、构思等，演绎自己的表达与情感。叶嘉莹有的诗便是演绎这种学习建构力。她谈到自己怎样认识李商隐的诗，怎么理解李商隐的诗时说："第一首诗：'换朱成碧余芳尽，变海为田夙愿休。总把春山扫眉黛，雨中寥落月中愁。'这里边用了很多李商隐的句子，用的是李商隐诗《代赠二首》中的句子。'代赠'是他代朋友写的诗，送人的诗。原诗是这样的：'东南日出照高楼，楼上离人唱石州。总把春山扫眉黛，不知供得几多愁？'"[13]她化用李商隐的诗句，演绎自己的诗歌，以呈现自己的言语形式与情感，这便是内化、迁移后的写作建构。

二是知识层面：知识建构。此为形成个人知识，初级层是形成属于自己的知识体系或概念。阅读古诗，可以归结古诗的写作特点，比如古诗"虚写"的方式有哪些？想到"今夜鄜州月，闺中只独看"的对面落笔的虚写，就自然想起"何当共剪西窗烛，却话巴山夜雨时"的想象与"晓看红湿处，花重锦官城"以景衬情的虚笔，继而感悟古代诗歌的抒情方式的丰富，感悟诗歌蕴藉之美。也可以主题归纳不同内容，比如，归纳古代写"愁"的诗句，从中比较，体味诗人某种具体独特的情感与表现艺术，体会文化的丰富性与不同的艺术性。高级层是形成个体对世界的解码的方式，形成解决问题的新知识，迈克尔·富兰（Michael Fullan）："新教学法要求学生去创造新知识，并能够利用数字工具的力量将新知识与现实世界相连。"[14]

三是思想层面：理念建构。阅读而形成自己的阅读思想，彰显独特深邃与逻辑缜密的思考与体认，演绎接受美学提出的读者对文本与文学的建构意义，实现阅读的创造价值。这是学习最主要的目的。此有两种建构：拓展性建构，比如阅读陶渊明诸多诗作，对陶渊明的诗歌有自己的见解，对山水田园诗有自己的看法；批判性重构，如对陶渊明的生命追求有自己思考，对今人关于陶渊明的诗作、思想探讨，提出借鉴或批评之处。这是在阅读基础上的思想整合、生成，更是基于阅读的思想创新与发展，都在诠释建构力，是学习力最强劲、高级的表现。

三、影响能力观之学习力发展的因素分析

能力观之学习力，影响其发展的因素诸多，有教师、学校、社会、家庭等，观诸教育生态，主要是教师与学生因素。

（一）教师因素

1. 教学维度

教师没有发展学生学习力的意识，一表现为"任务意识"。教学只是完成课文的讲授，只是让学生读懂课文，完成单元教学中规定的"语文要素"与"人文主题"，没有关注学生的元认知学习策略与监控，没有思考如何培育适应将来工作与学习所具有的学习能力，更没有思考时代与社会对学生的期待与守望。二是因为能力受限。教师自己没有学习力，上课只能依据教参甚至名师的设计来组织教学，对所教的领域，不仅没有自己独特或深邃的研究，也没有自己的思考、探究、

质疑与批判能力。"近百年来课堂教学的基本形态没有太大变化。教师带着教材和教案的预设方案走进教室，以 40 分钟或 45 分钟为一个时间单位，教学活动从教师走上讲台开始，到教师离开教室结束。教师的教学从假设学生对本节课内容还不知晓开始，到学生从此领会并能应用做题结束。"[15]此说有些夸大，但也可管见不能培育学生学习力的中国式教学。培育学习力的教学，可见《记承天寺夜游》的教学设计。

第一步：了解苏轼。要求 1：说说你眼中的苏轼是怎样的一个诗人？若用一个词来概括，你会选什么词？为什么？要求 2：阅读《定风波》与译文，思考哪些句子中可见作者的形象？

第二步：读懂文章。要求 1：读懂字词。请一个同学朗读，发现问题；请解释划线字；同桌之间，翻译一遍。要求 2：补上情绪词，如竟然、突然，但是、于是、恰好、幸好、可是、难道……

第三步：品味反思。要求：讨论你喜欢这篇文章吗？为什么？思考支架：哪一种手法值得我学习？文章哪一种思想打动了我？

第四步：深化理解。选取文中的词组合成句，或文章词加上自己的词，点评苏轼此时的心境。

第五步：单元训练设计。上完本单元后，完成两个题目：

①郦道元、陶弘景、苏轼纵情山水，折射出不同的人生态度，你喜欢或反对谁的人生态度，为什么？请在语文课的读书分享会上，与同学分享你的观点与思考；

②与同学谈论问题：从这郦道元、陶弘景、苏轼三篇文章中，可以看出文章中融情于景的手法有什么特点？为什么？要求耐心听取同学的观点或提出质疑。

第三步是引导学生反思阅读体验，而没有引导学习力的老师往往这样设计：这句话表达什么意思，好在哪里？第四步就是让学生深化对课文的理解，让学生以对课文的理解选词组词，以表达对苏轼心境的理解。而没有学习力的教师，只是问：你认为文章表达的心境是什么？为什么？无法引导学生进一步思考文本，无法清晰发现学生否演绎浅层阅读或误读。第五步，更是引导学生思辨质疑、学会建构自己的阅读思想。反之，这里往往问：郦道元、陶弘景、苏轼纵情山水，折射出诗人的人生态度，这种态度对我们今天有什么启示。这问题简单平面，无意引导深度思考，无意对学生的不同思考作有价值的评价。可见，教学的设计与实践，直接影响学生学习力的培育。

2. 训练维度

高阶思维（higher—order thinking）是演绎高阶认知的思维。"从布鲁姆（B. S. Bloom）弟子安德森（L. W. Anderson）修订的新版教育目标分类学来看，教育目标是由金字塔的基底起始向塔尖发展的，是由①记忆、②理解、③运用、④分析、⑤评价、⑥创造 6 个层次构成，①②③是低阶认知能力，④⑤⑥是高阶认知能力。"[16]学习力源自高阶思维的运用。然而今天作业少见培养这种思维的训练设计。比如，"九上"课本梁启超《敬业与乐业》的作业设计：

一、认真阅读课文，说说作者提出了什么论点，又是从哪几个方面进行阐释和论证的。

二、议论性文章常用的论证方法有举例论证、对比论证、道理论证、比喻论证等。本文用了哪些论证方法？试举例说明。

三、在论述过程中，文章常使用某些词语或句子来推进论证或转换话题，如关联词、设问句等。试从第 6、7 段中找出这类词句，具体分析。

四、作者在谈到"有业之必要"时，举了孔子和百丈禅师的两个事例；在谈到"凡职业都是有趣味的"时，列出了四个原因。参照这两种写法，试着为"有业之必要"列举几条理由，或为"凡职业都是有趣味的"提供几个事例。

五、作者说:"我信得过我当木匠的做成一张好桌子,和你们当政治家的建设成一个共和国家同一价值。"对这个观点,你怎么看?写一段议论性的文字,表明自己的看法。

这里一到三题,只是引导学生理解文章,第四道题,是让学生学习仿写,是低层次的学习迁移。第五点,更无关学习力,如果这样设计,则凸显学习力的引导:文章中哪句话,你最有触动,请选一个点作思考阐释。参考点:1.理由,2.现实意义,3.理由+现实价值,4.实现的前提或策略,……。表述要有条理,层次间有清晰的逻辑关系。

我设计三个题目:1.文章阐述"敬业与乐业",如果让你写这个题目,你会怎么写?并说说理由。2.作者在演讲劝说他人时,哪里讲得不够好?为什么?3.文章对哪个观点的论证改变我对"论证"的看法,值得我在写作中借鉴?

第一道题,不是每个学生都能思考,但具有一定议论素养的学生会提出有价值的看法。例如一个学生说:我会写一个人在现代社会要有"业",然后写有业的首要前提是乐业,因为乐业才有"从业"的投入,当有了乐业,也要有敬畏业,就要认真对待,就会慢慢地彰显成绩,就会保持着长久的从业之乐。学生带着这个思考,就会发现文章中也存在缺憾,乐业与敬业两个观点之间,显得松散,逻辑欠缜密。开头提出"讲正文之前,先要说说有业之必要",如果扣紧现实谈"业"的"必要",文章具因现实感而彰显张力。

第二道题,引导学生表达真实感受。一个学生因此敢于质疑:文章唐朝百丈禅师一段,禅师教训弟子"一日不做事,一日不吃饭",于是除了上堂说法之外,还要扫地、擦桌子等。这例子说服力不强,因为一是故事最好要明示出处,体现理据的严谨;二是百丈禅师是讲做事,而要论证的"业"是指从事的工作,而虽然扫、搽、洗在老和尚也可以说是禅师的修行,是他的"业",但不贴近俗人之业、作者观点中的"业"。这样，学生彰显思辨思考，敢于表达自己的不同看法，也就不至于滞于浅层思考，演绎低阶思维。

第三道题则是让学生反思并矫正自己的写作观念与写作实践，获得认知的改变与提升。

另一方面，考试题目设计也不多见对高阶思维的考查，比如下面三种题则为鲜见。一是批判性阅读题：思考判断文章是否有语言、逻辑、文化的错误。二是知性思维题：比如，阅读文章后，你能否提炼一个你认为文章最重要的关键词，并有条理有逻辑地陈述理由。三是情境运用题：比如，写一段 50 字左右的话，话中必须有一句选用或改用文中的句子。

综之，训练设计与试题设计，在考虑评价的效度、区分度的基础上，当探寻引导高阶思维的设计，让训练与测试牵引学生对学习力的关注，促成学生有高阶思维思考与探究的自觉。

（二）学生因素

学生没有能力观的学习力，主要表现有三。一是没有培育具有发展力、成长性的学习效益。学生为应试考点而学习，平时不断刷题，揣摩答题套路，没有探究与发展真实的学习能力与素养。二是没有批判意识与能力，只有对作者、对文本膜拜地吸纳、诠释。学生不敢有自己的思考，一学生在回答学习《答谢中书书》后，你会有什么人生启示？答曰：古人纵情山水，远离世俗，寻找自己纯净的精神家园，给我们一个启示：守护内心的宁静，就会找到心灵的快乐。这是正确的废话，只是演绎或诠释作者的思想，没有自己真实与独特的思想。如果这样写：远离尘俗，纵情山水，固然可以享受生命之乐；如果强大内心、守护澄明的心，身在尘俗，我们依然可以感受心境的平静与快乐。这就是自己独立而不膜拜作者的思考。三是没有元认知监控能力。学生无法演绎反省认知，实现对自己认知过程的记忆、思维、想象等认知活动地再认知、再思考及进行积极的监控。学生不能运用"元认知"策略，就不能成为学习的内行。"一旦成为内行，学习者就会构成'内容之知''方法之知'和一体化的'知识网络'"。[17]为此，教学过程中，当培养学生的批判思维，提升学生元认知监控能力，使其具有强化学习力的意识与能力。

四、能力观之语文学习力的发展条件

学习力发展是一个长期与综合的过程。审视当前教育现状，发展学生能力观的语文学习力，主要从两个层面思考条件。

（一）教师层面

1. 态度：守护教育情怀

"应试教育的观念与体制崇尚的是基于一元逻辑的'记忆型教学'，而不是'多元逻辑'的'思维型教学'，这种知识教学只能培育'低阶认知能力'。"[18]很多语文教师的教学，就是只是把学生引入知识的海洋里，或是带到应试的语境里，"紧趋"命题方向，"破解"命题奥秘，"寻绎"解题套路，这样不是把知识带入学生的生命里，从而探索如何实践思维型教学，如何提升学生为了未来成长的学习力。有教育情怀的教师具有三个特点：一是教学指向真实世界（现实与未来世界）。引导学生掌握适应真实世界的能力（如学习、生活的关键的阅读能力与表达能力），实现核心素养的真正提升。二是教学审视现实。能对学生的学习现实，策划指向学习力设计；更有对学生学习现状，有批评矫正。"教师可能教得并不成功，但是他会争取成功。试图教别人并不仅仅是从事活动而已，而且要注意进展情况，发现问题的症结，改变别人的行为……教学是有意识的行为，目的是要导致别人学习。"[19]有教育情怀的教师保持学习、思考状态，将学习始终建立在解决学生问题的基础上。三是教育者有与时俱进的学习力，促使知识更新与能力提升，促成矫正、批评能力的发展。

2. 策略：促使学生掌握科学学习的关键策略

观诸学生语文学习实践，基于能力观的学习力培育，学生掌握科学学习的关键策略：学习态度与支点的科学选择。对此，教师要在教学过程、学习活动与平时互动中设法引导，促成掌握。

第一，态度——深度学习——指向高阶思维的培育与发展。学习力是建立在深度学习的基础上。深度阅读是内置式学习，是指对文章的言语意蕴及言语形式艺术的深层感知，是基于理解性、挖掘性和内化性的阅读学习形态，是高阶思维的学习，是实现判断力与建构力的培育的途径。

深度学习表现在知识深度、思维深度与情感深度的学习，指向学习力的培育。于是要促使学生力求四个避免：避免离开语文知识、文化知识与历史知识等知识浅表化；避免碎片、低阶的思维浅层化，防止阅读的浅表、散乱与盲目膜拜；避免对作品了无意趣、唯有强记的情感冷漠化，防止阅读的非构建化与非生成化；避免对元认知策略的无视，掌握元认知监控支架与能力。为此，如学习《岳阳楼记》，可引导学生如下思考。

目的	问题设计	品质
理解课文	1. 本文中心是"先天下之忧而忧，后天下之乐而乐"，与文章前面的写景有何关系？2. 文章为什么要从"若夫淫雨霏霏"再写"春和景明"，这两个顺序不可调换吗？	知识深度
审辨思维	3. 表达自己的心境与情怀，文章是借景抒发的，如果通过状事或写人，有什么不同？4. 这是一篇经典之作，回忆你学过的经典作品，可以发现经典作品具有什么品质？	思维深度
情境运用	5. 哪些句子我可以用在作文或言语交流中？请写50字左右的话，其中必有一句课文句子。6. 如果我为校园里的亭子或故乡的小桥写篇"记"，你会怎样写？	情感深度

第二，支点——阐发——指向思想的网格化与创造性。阐发是外显式学习，其价值高于阐释。"如果原文本只是起点而不是归宿，宜视作阐发而非阐释——阐释虽有发挥，但仍以文本为归宿阐发以文本为起点，以自己要说的为终点。换用冯友兰的话说，阐释是照着说，阐发是接着说。"[20]阐发可以通过口头语或书面来表达，培育学习力的过程中，更需要训练后者的表达，它有如下两种类别。

类别	思维特质	具体特点
认同性阐发	综合	根据学习对象，综合其相同或相近的特点，展现视域广阔的内容与思想。
	拓展	根据学习对象，联系相同或相近的对象，形成视域广阔、思想丰富的内容。
	逆向	根据学习对象，转向思考相反的对象，形成另一视域、思想的内容。
批判性阐发	批评	批评，指出错误，提出自己的独立见解。
	重构	批评，指出错误，并提出内容或思想的重构。

这两类阐发，主要引导学生通过学习性写作来实现。"这种写作也叫认知性写作或学术性写作，是指以知识的学习探索和技能训练为目的，为了完成具体的学习任务而进行的写作。"[21]学生可以通过已有知识、思想、技法、语言来设计大概念，进而在写作中演绎分析探究。这样，通过梳理知识获得知识的网格化构建，通过探究分析获得深化认知、思想，获得思想的创新发展。西方中小学生写小论文，就是这种学习的演绎。这样的写作阐发是一个新的起点，不仅是梳理思想、深化思想，也给人提供一个对话的载体，让读者提出批评与修改意见，让自己在不断地反思、矫正中发展学习力。

学生阐发与表达，教师要提供阐发的策略支架。比如：（1）你阐发的观点是什么？是否与文本的内涵一致？（2）依据在哪里？是否充分？（3）阐发是否有逻辑的自洽？逻辑是否已清晰缜密？（4）阐发的观点与理由是否独到？等等。教师也要对学生阐发的逻辑、理据、表达等的错误及时矫正修改；教师还要将学生阐发文章择优推介，让学生在比照中发现差距，获得借鉴。这样学生的阐发实践才有意义，其学习力才能得到真正提升。

（二）学校与社会层面

教育离不开环境，环境离不开文化的构建。要构建培育学习力的文化，首先也就要改变两种文化。首先是功利文化。学习力是长期积淀培育的结果，学校、教师与家长会更多关注应试效果，更多地关注应试语境的命题与答题策略，这种急功近利的心态阻碍了发展学习力的实施。其次是封闭文化，学习力必须在对话讨论中不断深入与发展。没有多元思想的冲击，无法促成思想的丰富与推进，也无法矫正学习策略。当今学校、家长不让孩子参加对话研讨活动，担心浪费时间。这样，孩子在孤岛上难以发现问题、吸收思想，以发展学习力。

为此，学校与社会当支持培育学习力的文化氛围：一是为学习力培育搭建平台，比如举办读书会，读书类小论文比赛等，让孩子提出读书感悟，让获奖学生感受读书思考的成就感，让没获奖的同学受到读书思考的鞭策。二是支持教师发展学习力的活动，比如美籍华人方帆的"发现式学习法"，值得我们借鉴。他在美国教鲁迅小说《孔乙己》《社戏》《故乡》单元："我们是采用'发现式学习法'来学习这个单元的。'发现式学习法'是学生们在小组里用交叉阅读的方法阅读文章，也就是每个小组成员阅读文章的一部分，然后在小组里面综合全文，理解内容之后，学生跟老师分享阅读的感受，然后提出他们的问题。老师从中挑选几个有趣的问题，全班进行头脑风暴，看看如何解决这些问题，以及如何用小论文的形式写出来。"[22] 这种构建交流分享、提出问题共同解决的学习氛围与文化，还有这种注重阐释表达的学习方式，我们学校、家长、社会当鼓励借鉴与尝试。

五、结语

联合国教科文组织 2015 年重新界定知识，认为知识的内涵包括信息、理解、技能、价值观与态度。[23] 这里界定的知识，不只是静态知识（知识信息、对提取信息的个人理解），更是动态知识，即运用技能在真实情境中使用知识，用自己的价值观与态度去判断并选用知识，以解决现实与未来生活的问题，且创造新的知识。这种知识只有具有学习力的学生才能获取。教育是让学生掌握学习力，使其具有适应个人终身发展与社会发展的人格品质与关键能力。为此，语文教师当有教育情怀与责任守护，远离短视、功利与狭隘的视域，探讨发展学生学习力的教学策略与文化建设，让学生在未来世界里学会生存、获得发展，让社会在多元世界永葆生机与活力。

注释：

[1] 陈维维、杨欢 . 教育领域学习力研究的现状与发展趋势 [J] . 开放教育研究，2010（2）.

[2] 盖伊·克拉克斯顿 · 构建学习能力：帮助年轻人成为更好的学习者 [G] . 布里斯托尔：TLO 出版社，2002.

[3] [16] 钟启泉、崔允漷 . 核心素养研究 [M] . 上海：华东师范大学出版社，2018.

[4] 埃里希·弗洛姆著，李穆斯译 . 占有还是存在 [M] . 上海：世界图书出版社，2015：18.

[5] 马草 . 论阐释、过度阐释与强制阐释——与张江先生商榷 [J] . 江汉论坛，2017（1）.

[6] 陈发明 . 多重语境下中学语文文本阐释的坚守 [J] . 中国教育学刊（京），2019（3）.

[7] 约翰 B. 彼格斯，凯文 F. 科利斯著 . 学习质量评价：solo 分类理论（可观察的学习成果结构）[M] . 高凌飚、张洪岩译 . 北京：人民教育出版社，2010：32.

[8] 奥兹门，克莱威尔著 . 教育的哲学基础 [M] . 石中英，邓敏娜，等，

译．北京：中国轻工业出版社，2006：9.

[9] 约翰•杜威著．我们如何思维 [M]．伍中友，译．北京：新华出版社，2010：6.

[10] 钟启泉．批判性思维：概念界定与教学方略 [J]．全球教育展望，2020 (1)．

[11] 周秋红．建构主义学习理论及对学生学习方式转变的启示 [J]．教育创新，2009 (4)．

[12] 教育部考试中心编写．中国高考评价体系说明 [M]．北京：人民教育出版社，2019：23.

[13] 叶嘉莹．美玉生烟——叶嘉莹细讲李商隐 [M]．北京：北京大学出版社，2018：016.

[14] [加] 迈克尔•富兰，玛丽亚•兰沃希．极富空间：新教育学如何实现深度学习 [M]．于佳琪，黄雪锋，译．重庆：西南师范大学出版社，2016：2.

[15] 杨志成．面向未来：课程与教学的挑战与变革 [J]．课程•教材•教法，2021 (2)．

[17] [18] 钟启泉．解码教育 [M]．上海：华东师范大学出版社，2020.

[19] 中央教科所比较教育研究室．简明国际教育百科全书：教学（下册）[M]．北京：教育科学出版社，1990：237.

[20] 陈嘉映．谈谈阐释学中的几个常用概念 [J]．哲学研究，2020 (4)．

[21] 荣维东．重建写作课程的概念类型与内容体系——基于普通高中语文课程标（2017 版）写作内容的解读 [J]．语文教学通讯（A），2019 (6)．

[22] 方帆．我在美国教书 [M]．北京：中国人民大学出版社，2018：88.

[23] 联合国教科文组织．反思教育：向全球共同利益的理念转变 [M]．联合国教科文组织中文科译，北京：教育科学出版社，2017：003.

阅读守正：回归文本的语境阐释

摘要： 当今新的阅读理念不断出现，多元阐释、个性阐释、深度阅读、大概念、项目化等等，但也随之出现了脱离语境甚至凌空蹈虚的阅读阐释，这不仅带来了阅读价值的流失，也带来了阅读思想与语文教学的混乱。时代教育呼唤阅读素养的提升，期待核心素养的发展，教师需要阅读理念的守正，不因新的阅读理念的实践而失去尊重文本存在和作者意图的阅读底线，继而涵育阅读阐释的基本素质，成为一个具有发展力与创造力的阅读者与引领者。

一、教师文本阐释存在的问题

"阐"有发挥、引申的意思，阐释就是借此来解释文本。"阐释指对对象的理解与解读。二者前后相连，具有时间的先后、程度的深浅与价值高低的关系。理解是对对象的顺向认识，是初步的、基础性的认知，以忠于对象为原则；解读则是对对象的深层认知，是在理解之上的进一步探究与发挥，会带有主体的个体特征与差异。文学阐释是指以作品（文本）为中心的理解与解读行为。文学阐释的目的是获得意义，它可理解为意义的寻找与赋予过程。"[1]可见，一是阐释是文本理解与解读后的意义生成，是对文本潜在意义的读者体悟的转化。二是阐释语篇，离不开具体的文本语境，但当前教师却常出现偏离语境的阐释，主要如下。

（一）孤立阐释

此为罔顾语境的阐释。弗斯认为："一个词的完整意义，总是包括语境的，离开完整的语境，就不可能产生严肃的研究。"[2]每个字在不同的句子、段落、篇章中，有不同的语境意义，但有些教师没有这种意识。比如一教师阐释《答谢中书书》"晓雾将歇，猿鸟乱鸣"：晓雾将要停歇，猿鸟却突然纷乱鸣叫，又是一片喧闹。景语即情语，教师认为"猿鸟纷乱鸣叫"，则是折射作者内心的杂乱、内心的烦躁，显然与作者表达"陶醉山水之乐，心情自然奔放"的心境相悖。

（二）窄浅阐释

此虽结合语境，但分析不到位，未能全面深入语境中。主要表现有二，一是未读懂语句背后的文化意义、深层信息与艺术特质等。如对鲁迅《故乡》结尾这句话：这正如地上的路；其实地上本没有路，走的人多了，也便成了路。某老师阐释为：我感受作者对未来抱有希望，相信更多的人会寻找未来社会发展的路。这也就没读懂作者深层的暗示与炽热的期待：改变中国愚昧的现状的路，本无所谓有无，只要社会上思索、探寻的人多了，也一定会有，作者对国人与国家未来满怀期待。第二表现为"知性"阐释。知性是用概念概括表象进而用概念诠释认识的能力，"知性"阐释体现在凡是对一部文学艺术作品，不做情节、人物、景物等等的具体形象的深入分析品味，只是简单肤浅地得出共性的抽象的类似贴标签的一般性结论，表现为阅读思想的概括性、标签性。

（三）"读解"阐释

此为无视真实语境与作者情感的阐释。此表现为一是。何谓读解？陈日亮告诉笔者："'解读'是动宾式，即解开、解释、解剖所读的文本，揭示内涵。'读解'是主谓式，即读了之后自己的理解、解决、阐说、发挥，侧重主观的心得感悟。孙郁的《一个漫游者与鲁迅的对话》，其后记中有谓'倒是读解式与书信体，更能表达自己的意思'。"
比如汪曾祺《昆明的雨》，有教师努力向学生阐释其阅读领悟："生命
要有善感的心。"这种源自个人情感与体验而生发的个性读解，无视文
章的语境与作者要表达的对昆明的喜爱、赞美之情，罔顾掌握叙事抒
情散文特点的单元目标。

二、"语境"的类别

语境阐释是阅读阐释的前提，只有这样，才能真正读懂文章、作
者意图，真正把握文章的情感与审美价值。当前教师阐释，不仅存在
脱离文本语境的错误，也存在语境概念不清的问题，故而有必要分析
语境的类别。

（一）语篇语境

文章是语篇，"所谓语篇，指一段有意义、传达一个完整信息、逻
辑连贯、语言衔接、具有一定交际目的和功能的单位或交际事件"[3]。
阅读阐释当根据语境揣摩其意。现在诸多学者或教师认为语境仅是上
下文语境，这是片面的。因为一篇文章不仅受到上下文的语意限制，
也受作者要表达的主题限制，于是不妨分为篇章语境、主题语境（或
情感语境）。比如《散步》有段话："这南方初春的田野，大块小块的
新绿随意地铺着，有的浓，有的淡；树上的绿芽也密了；田野里的冬
水也咕咕地起着水泡。这一切使人想起一样东西——生命。"有教师认
为：这春天田野的美好，足见作者内心的快乐，为母亲能熬过冬天而
兴奋。这是浅层阐释。因为他没看到这是写母亲熬过冬天后的情景，
文章后面写"我决定委屈儿子，因为我伴同他的时日还长"。教师应考
虑贯穿全文的珍惜与母亲相处岁月的情绪，进而揭示状写生机春景的
隐秘内心：这景物描写不仅为母亲熬过冬天能欣赏春天之美而欣慰，
也暗示这样美的景致，母亲能欣赏享受的时日不多，为下文尊重母亲
的选择作情感铺垫。

这种阐释，以读者从语言文字中能够读出的潜隐情思为界，文本

隐秘其中的要借以互文文本或其他途径获知的隐秘情思，不应为教学阐释的内容。如有学者分析汪曾祺《昆明的雨》："'为什么要在这句话（传说陈圆圆随吴三桂到云南出家，暮年投莲花池而死）的前后写男女之情呢?'作者何孔敬在《那个女人没眼力》中记述了这件事的始末。继而提出'失恋的打击，对于汪曾祺来说是刻骨铭心的，挚友的欣赏、卖书沽酒的豪情和终日的陪伴让他渡过难关，让他终生难忘。所以，他能异常清晰地记得当年相对无言"一直坐到午后"所见到的情景"，[4]这个资料有研究的价值，学者的独特阐释也有一定意义。但课文或注解均未提供这个背景，教师在课堂上提出这样的阐释，学生难以理解，所以教学中，这些资料不应作为教学中文本阐释的依据，这种阐释也不可作为教学内容。

（二）文化语境

"文化语境是作者所在的文化团体、社会政治制度、经济生活方式、历史传统、时代特征、地理环境、风俗习惯、民族心理、思维放肆、宗教信仰和价值取向等社会性因素。"[5]诸多教师无视这种语境，就往往出现两个问题。一是以现代人的思想、心理等审视时代久远的作品，对作品进行现实视角、理念的评价。有教师对"塞翁失马"一文提出异议，指出这篇文章的逻辑问题，因为都是巧合导致的结果，不具有典型性。阅读阐释中，当寻绎文章文化背景，许倬云认为："这一段故事，肯定了老子所谓的'祸福相依'，又回到了《易经》所指的方向。"而这方向是"成功不会长久，失败也有回头的机会，当时自己的作为，一定程度上决定了未成败的方向"。[6]二是忽视作品选择的意象、典故、人物的动作与语言等，也就无法真正读懂人物的内心与思想。如《泊船瓜洲》："春风又绿江南岸，明月何时照我还"，对"绿"字，教师分析阐释："绿"字，运用拟人手法，生动形象地写出了江南的春意盎然、作者的喜悦之情。可见该教师不懂在古典诗词中，芳草、春草和杨柳相似，与离别、思归有关。如《楚辞·招隐士》："王孙游兮不归，春草生兮萋萋。"王维《送别》："春草年年绿，王孙归不归?"

教师就无法知道这"绿"字在诗中，不只是展现江南的春意浓郁，更有思归的文化寓意，潜隐作者辞官归家的急切心愿。

文化语境，也指不同民族的审美文化与心理。"西方文学以叙事为主流，中国文学以抒情风格见长，西方诗学长于分析解说，逻辑性强，中国诗学偏好直觉点评，简约含蓄。"审美心理上，中国传统审美心理偏于表现，西方偏重于再现，偏重于心灵与理智的统一。故而，阅读阐释也当尊重不同民族的审美文化与情感伦理。

（三）情景语境

"情景语境，既指生成话语的直接因素，包括时间、地点、周围情况，又指从具体情境中抽象出来的间接因素，包括主题、参与方法、用语方式等。"[5]作品阐释，最需关注的情景语境有二。

一是交际语境，文章交流的对象、情景等，这是外在情境。《纪念白求恩》中"白求恩同志毫不利己专门利人的精神，表现在他对工作的极端的负责任，对同志对人民的极端的热忱"。一教师认为：这里用了"极端"这样的词语，让我顿然感受赞扬之情的凸显，这即忽视交际语境的窄浅阐释。其阐释应当是：贬词褒用，这个性化的语言，凸显作者演讲的感性，消除与听众的距离，足见作者的用心与诚心。

故而，阅读阐释不能无视交际语境。阅读教学可从写作交际环境出发，比如教学《答谢中书书》，当首先思考主问题：作者是如何表达自己无意仕途的意愿？这样表达有什么特殊效果？而不该这样思考：文章如何描写景物？如何在景物中潜隐自己情感与志向？教学《出师表》，当思考：作者为了"陛下矜悯愚诚，听臣微志"，是如何陈情以打动皇帝？而不该思考：作者是从几个方面陈情？如何陈情？

教师也不可无视作者选用的文体。王荣生也认为："好的阅读教学，往往基于合适的文本阐释；不那么好的阅读教学，其原因往往是不顾文本体式，采用了不当的阐释方式、阅读方法。"[7]一教师，阐释八年级上册课文《永久的生命》第二段："这段话，作者以小草做比喻，生动形象地告诫我们不能因为生命的短暂而悲观，文章具有说服力度。"教师因不知文体而致错。这是一篇散文诗,此中小草等形象生动,不具说理张力,只有阐释功能,也只有情感张力与韵味绵长的艺术张力。

二是写作的背景语境,这是内在情境。"没有背景的艺术不能叫作艺术。"[8]分析作品,当分析作家写作背景,包括作家境遇、心态、环境等。一教师认为:《答谢中书书》中"自康乐以来,未复有能与其奇者",加上"料"才是准确的,因为这是一个判断,不是事实,凡判断,都是有事实的佐证。教师混淆了抒情散文与说理文的文体,抒情散文的主观情绪强烈,作者在此隐去"料",是有意强化、凸显自己的兴奋之情;教师也忽视当时社会汲汲仕途且此风由来已久的背景,作者以谢灵运自比,少了"料"字,也凸显对官场文化、历史的不满,凸显自己毅然决然的脱俗之态。

当然,阐释的三种语境,不是一定选一用之,有时是两者甚至三者兼具。这诚如傅庚生所道:"读一篇文章,要把那写在平面上的文字,看成立体的东西:有高低,有远近,有隐显,有明暗。要抓到一篇中的警策,或是故事开展的最高峰;要从情景融会的字句中,找出他们的联系;要知人论世,辨明不得已而用的曲笔;要体味字里行间的话,听出弦外之音。然后才算把这篇文字读'透'了。"[9]

需指出的是,教学中的阐释要基于学生的认知、经验等因素,并以之为界。有些教师用高校的文学理论或专家的深度阐释,来指导学生阐释文本,学生难以理解与领悟。比如《秋天的怀念》,教学参考书的答案是:"题目的表层意义是,文章回忆的往事发生在秋天,文章表达的是对母亲的怀念。深层意义是,'秋天'常常隐喻着生命的成熟、思想感情的沉淀;'秋天的怀念',暗示着作者经受过命运残酷的打击,经历过暴躁绝望的心理过程,在母亲去世后,在风轻云淡的秋天,在菊花绽放的世界,才真正体会了母爱的坚忍和伟大,懂得了母亲的期望,悟出了生命存在的意义。如果说,题目中的'怀念'直接指向母亲,那么'秋天'则蕴含着'生命'的意味。"这就是无视学生语境的阐释，学生囿于经验、水平难以理解。根据学力学情，当这样阐释：秋天点明了回忆的时间，那是母亲去世的季节，而我也是在这个季节里理解了母爱的伟大，更明白了生命顽强存在的意义；因此我对秋天就特别敏感，从而怀着一定要坚强活下去的信念，这信念也深深融入对母亲的怀念之中；虽是秋意萧瑟，但是菊花盛开，秋天仍然给人生机勃勃的感觉，以此暗示是成熟的季节，侧面表明"我"已经成熟。

教学中的阐释也理当守住语文学科性质。语文学科首先体现为工具性，语文核心素养是语言的建构与应用。过多地注重人文意义的阐释，也就忽视了语文的学科特点，削弱语文工具性的价值。比如初中课文《富贵不能淫》，一些老师将重心转移到儒家的闪耀思想和人格力量的光辉的大丈夫阐释，而不是破解"富贵不能淫，贫贱不能移，威武不能屈，此之谓'大丈夫'"如何推理，阐释从推理中看到儒家的逻辑与隐含的文化脉络，实现思维的发展与提升，真正获取阅读的方法。故而，阐释课文时，首先并重点思考呈现指向语文要素的阐释，再适当进入人文性阐释。

三、策略：实现阅读方法与思维的回归

矫正教师阐释的错误，审视当前教师现状，最主要的是实现阅读方法与阅读思维的回归。

（一）阅读方法：碎片取向向结构取向回归

碎片取向的阅读破碎、散乱、随意，这样没有文章脉络的梳理与文章主题的把握，属只见树木不见森林的阅读。如此阅读，无法掌握全貌，无法准确领悟情感、思想。而结构取向阅读，则是阅览全文，对文章情感脉络、人物关系、背景、文化等结构的清晰把握，这体现了对文章篇章的把握与领悟，体现了高阶思维的深度阅读。这两种取向，可从《答谢中书书》比较中发现异同。

取向	阅读思考点
碎片	1. 写了哪些景物？2. 景物描写有什么特点？3. 为什么要写晓雾、夕日？4. "实是欲界之仙都"，表达怎样的情感？5. 作者夸张地说："自康乐以来，未复有能与其奇者"，其意为表达什么？
结构	课内思考：1. 写了哪些景物？2. 景物描写有什么特点？3. 景物按照什么线索写的？4. 写景时前面开头一句有什么作用？5. 对于"仙都"一词，前面是如何照应来描写释的？6. 最后两句与开头一句景物描写，作用各是什么？7. 课后思考：翻阅资料，你认为"自康乐以来，未复有能与其奇者"对吗？为什么？

可见结构取向的阅读，才是真正读懂文章的情思，破译作者潜隐的丰富内心与文化背景，这个基础上的阐释才能彰显宽度与深度。

（二）阅读思维：读解思维向科学思维回归

阅读阐释致错，有知识与其结构短板的原因，也有读者强化而变异的原因。个人体验与情感倾向的读解思维，直接影响着文章语言、情感信息等的取舍。比如，阅读《闺怨》："闺中少妇不知愁，春日凝妆上翠楼。忽见陌头杨柳色，悔教夫婿觅封侯。"一教师因其阳光经历与乐观心境，于是就产生个性读解：生活当追求阳光，与其埋怨悔恨自己的过去，不如快乐享受当今。这是阅读后思想的生成，是"创造性误读"，但就阅读角度而言，失去文章价值与课程意义，失去了对文本情感、文化、艺术等的深度理解，无助于阅读思维的发展与提升。故而，阅读阐释时，当从感悟、揣摩、涵养、沉浸等情感性、体悟性的读解思维，转向科学思维，实现对篇章语境、文化语境、情境语境的确证分析。

2019 年 1 月，教育部考试中心研制的《中国高考评价体系》定义"科学思维"："采用严谨求真、实证性的逻辑思维方式应对各种问题。能够根据对问题情境的分析，运用实证数据分析事物的内部结构和问题的内在联系，以抽象的概念来反映客观事物的本质特征和内在联系。运用抽象与联想、归纳与概括、推演与计算模型与建模等思维方法来组织、调动相关的知识与能力。"可见科学思维是以"实证、寻绎、推理、审辩"为主要特征。阐释阅读，主要体现：一是实证性，阐释的观点必须源于真实语境，从语境中分析事物的内部结构和问题的内在联系；二是所有的阐释、推理当具有关联性、逻辑性；三是分析时当运用抽象与联想、归纳与概括等思维方法；四是分析文本的表达逻辑，演绎求真的科学态度，介入审辩、质疑的思维。

尊重文本的阅读品质，关乎文本价值的彰显，更关乎思维发展与提升，关乎教师自身的成长与发展。今天新理念、新方法纷呈的背景下，教师当守正融新，坚守阅读的底线，以尊重文本存在和作者实践为前提，在文本语境中探索多元、个性、深度的阅读，确保任务群、项目化、大概念阅读的提质增值，真正培育阅读品质与素养，为教师自身与学生的未来成长与发展负责。

注释：

[1] 马草．论阐释、过度阐释与强制阐释——与张江先生商榷［J］．江汉论坛，2017（1）．

[2] 弗斯．J．R．语言学论文，伦敦：牛津大学出版社，1957：07.

[3] 刘陈诞．教学篇章语言学［M］．上海：上海教育出版社，1999：03.

[4] 张心科.《昆明的雨》的匠心独运与别有寄托中学语文教学[J].2021(9).

[5] 贡如云．语篇教学论［M］．南京：南京大学出版社，2019.

[6] 许倬云．中国文化的精神［M］．北京：九州出版社，2018：120.

[7] 王荣生主编．阅读教学教什么［M］．上海：华东师范大学出版社，2016：18.

[8] 杜草甬、商金林：夏丏尊论语文教育［M］．郑州：河南教育出版社，1987:10.

[9] 李杏保，方有林，徐林祥主编，国文国语教育论典（下册）［M］．北京：语文出版社，775.

理性审视：现实与未来二元冲突中的"读书"

——从叶波对温儒敏、靳彤对叶波的"商榷"谈起

摘要： 温儒敏提出要让学生培养读书兴趣，使其喜欢海量阅读，而叶波提出当前读书要以课堂为阵地，摒弃精英主义的价值取向；靳彤提出应建立语文教育的自信以促成"读书"。专家学者都在呼唤着学生读书，只是策略有些分歧。笔者认为专家学者，今天应更关注思考在学生面临中考、高考压力的背景下，引导学生高效阅读的策略，让学生感受牵引生命成长、未来发展的读书价值。本文从文化、教师素养、教师这三个维度探寻引导读书的现实与具体的举措，让学生有明晰可操作的读书方法，培养读书的自觉与良好习惯，以满足学生、时代、社会的期待。

一、学者的"商榷"

温儒敏认为[1]：提高语文教学效果有各种各样的办法，但最管用最有效的是读书，是培养读书的兴趣，这就是关键，就是牛鼻子。抓住了这个牛鼻子，既能让学生考得好，又能真正提高学生的语文素养。于是一要反思语文教学的普遍模式，树立"读书为要"的自觉；二要区分不同类型而采取"1＋X"拓展阅读的方法；三要授之以渔，要教读书方法，比如默读、浏览、快读、跳读、猜读、互文阅读，以及如

何读一本书、如何进行检索阅读等；四要提倡海量阅读，鼓励"连滚带爬"地读；五要将课外阅读纳入教学计划。

叶波对温儒敏观点提出"商榷"[2]：一是语文不等于读书，"囫囵吞枣"式的读书也不是唯一的教学方法；二是中国古代关于语文的教学中，以读书为主的教学方法所产生的教学效果也是值得怀疑的；三是教师只注重精读方法而忽视默读、浏览、跳读等方法，大约也不符合我国语文教学的老师与现实。课堂教学是学生语文素养发展的主阵地，读书兴趣与习惯只是语文教学的目标之一，欣赏文学、写作技巧也是阅读的基本目标，采用"1＋X"的读书，更在某种程度上弱化了教材的"准入与区隔"机制。叶波提出"为教育的语文"理念：一是倡导"为全体学生而教"的语文教学价值观，过于倚重课外的读书，客观上放大了不同家庭背景在语文学习效果上的差距，隐约透着精英主义的价值取向；二是坚守立德树人的语文教学目的观，读书是个体通向群体文化生命的基本方式，但是迷糊了边界的"读书"同样模糊了"文化生命"的差异性，"德"由此变为抽象泛化的存在。三是课堂教学为语文教学的主阵地。

靳彤对叶波观点提出"商榷"[3]，一是叶波误读了"囫囵吞枣"式阅读，温儒敏文中的读书，是针对语文教学中普遍存在的忽略整体把握，过于条分缕析而言。在概念和外延上与语文课标倡导的"多读书、好读书、读整本的书"的"读书"是一致，温先生也强调课程内容的具体化。二是叶波提出的"中国古代关于语文的教学中，以读书为主的教学方法所产生的教学效果也是值得怀疑的"理据不足。三是课外阅读本就是语文课程的有机组成部分。四是多读书、读好书是课标的要求，是全体学生的权利。五是在读书的问题上应当建立语文教育的自信。六是"1＋X"是开放有活力的语文教学。

三篇文章中，叶波是一组；靳彤捍卫温儒敏先生的读书思想，是另一组。叶波提出商榷：语文不等于读书，能言善写才是语文学习的目的；温儒敏的"读书"，边界的"读书"同样模糊了"文化生命"的差异性，"德"由此变为抽象泛化的存在；对读书提出现实的做法，提出读书应以课堂为主阵地，不可过分倚重课外阅读。

温儒敏、靳彤"读书为首要"的观点有道理与意义，叶波先生从教育谈语文，忽略了语文阅读的特定含义与意义。但笔者认为，现在专家、学者更应关注中学读书的现状并提出解决策略。其实，语文要读书，早有共识，只不过是现代社会的发展，读书开阔视野、精神滋润等尤其重要；也是因为现在学生不喜欢读书，视野狭窄，今天尤要提出读书之必须。但目前读书引导存在一个困境：学会默读、浏览、快读、跳读、猜读、互文阅读以及如何读一本书、如何进行检索阅读，但学生依然无法做到海量的阅读，更无法形成阅读的兴趣，当前学生面临中高考的压力，教师当理性审视现实与未来的二元冲突，思考如何引导学生学会阅读，在有限教学课时与课外学习时间内提升阅读质量，为未来终身学习培育阅读思维与习惯。

二、现实与未来的二元冲突的突围前提

引导读书是一个系统工程，其中学校文化与教师自身素养，是营造氛围的前提条件。

（一）文化构建

学生行为受环境影响，文化氛围直接影响着人们的情绪、价值取向等。读书文化的建设，有助建立读书氛围，激发阅读兴趣，改变阅读选择等。这可从三个方面构建。一是社会层面，营造社会氛围，让社会有读书的共识。2017年6月，国务院通过了《全民阅读促进条例（草案）》，其宗旨："为促进全民阅读，保障公民的基本阅读权利，提高公民的思想道德素质和科学文化素质，培育和践行社会主义核心价值观，传承中华优秀传统文化，推动社会文明程度显著提高。"二是学校层面，要不断开展校园阅读的指导讲座、经验分享和读书之星的评选等，组织与带动校园的读书活动；三是**班级层面**，制定班级阅读计划与个人阅读计划，通过读书分享会、个人读书成果展示等活动，营

造读书氛围。学生在此氛围中，感受读书的迫切感，领悟读书价值与成功经验。

（二）教师素养

学生读书兴趣培养与习惯养成中，教师示范之功不可或缺。哈蒂认为"教师承担教练与榜样的角色，在示范时有意识地使用观察学习的原则。社会示范背后的核心概念是让学习者有机会观察有能力的人展现的技能。"[4]关注教学现状，我对一些教师阅读方法存在疑问。笔者让教师对美国作家卡雷《天使》一文，作阅读导向的问题设计，一老师这样设计：1. 神为即将诞生的孩子挑选了一位天使，这位天使是谁？2. 那位即将诞生的孩子对到地面生活是什么样的心情？请用横线画出所有表现这样心情的句子。3. 那位叫"妈妈"的天使会为即将诞生的那个孩子做哪些事情？4. 神答道："你的天使会保佑你，哪怕会付出生命的代价。"对这句话你是怎么理解的？请结合生活实际谈一谈。5. 神回答道："你的天使的名字不难记忆，你就称呼她妈妈。"短文为什么到结尾才告诉天使是"妈妈"，这样写有什么好处？

这份设计，问题颇多。问题1难度缺失，学生不加思考便可知悉。问题2、3，学生可知表现孩童心情的句子与母亲对孩子做的事情，但此为初步了解文章的内容，这只是知道内容的浅阅读。问题4，结合生活实际谈对"你的天使会保佑你，哪怕会付出生命的代价"的理解，此题跳出文章，学生的理解毫无意义。问题5，学生思考知道了"篇末点题、吸引读者"的写作技巧，但这只是其中一个技巧，忽视了文章更主要的艺术：用想象的手法表达母爱的品质，趣韵绵长。

可见这样的教师，并不具备高品质读书的素质：一是未抓住文章关键点，文章的主题与想象的手法，是文章的关键点；二是未抓住文章的精妙，文章的想象手法是其精妙之处，要让学生知道精妙是如何演绎的，这样演绎为什么让人感觉真实自然？这样演绎有什么好处？三是未让学生真正理解与生成思想，应设计学生的运用情境，让学生展现自己具身理解。如设计问题：你能在200字内向未学过此文的同学推荐这篇课文吗？你能用生活的例子来阐释这个故事的主题吗？你写什么主题的文章，可以用上这个想象的手法？你会如何演绎？这就要求教师要有丰富而高效的阅读经验，有丰厚的阅读素养，这样才能给学生提供阅读的示范与引领。

三、实施关键：提升阅读价值、激发兴趣的教师作为

有了引导读书的前提，更要有落实学生读书的具体策略，让孩子喜爱海量阅读，甚至"连滚带爬"地阅读，这是一个美好的愿景。今天极少数孩子能海量阅读，但这不是老师引导促成，而是兴趣自觉使然。基础教育阶段，老师精心策划学生读书活动，是一个现实与必需的工作。温儒敏提出"1＋X"的阅读，也提出了默读、浏览、快读、跳读、猜读、互文阅读以及如何读一本书、如何进行检索阅读的方法，但这方法模糊而不具操作性，学生依然无法掌握阅读的抓手，更无法形成阅读兴趣。夏丏尊认为"只要是白纸上写有黑字的东西，当作文字来阅读来玩味的时候，什么都是国文科的材料"[5]。这也就要求教师具备引导学生阅读玩味的有效方法，观诸实践，可从三个区域引导。

（一）书目域

让学生喜欢读书，首先是要让学生学会选择书籍，不是说一句开卷有益，就让学生随意、随性选择书目。蒲江清先生于 1940 年认为："北新书局所出高中国文选（民国二十三年）编者在编辑大意上说：'一年级以墨家为主，兼及儒家，二年级以道家法家为主，并完成儒家；三年级以文化为中心，一方面收束一二年级，一方面扩大学术范围。'这样一来，这一套课本，不像是学习中文的读本，而是中国文化史读本了。这样的读本非国学专家不能教，非大学文科的学生不能读。即使大学校哲学系的毕业生，完成了儒家道家没有呢？中学生如何完成得了？"[6]尤其在当今，学生书目推荐选择尤为重要。"当人类迈入'现代'的门槛之后，一边是器物、制度越来越文明了，一边却是语言的堕落腐化更严重了——各种意识形态的戕害、新媒介的推动、知识

产品的庸俗化使然。"如果没有适时适当的引导，学生读书只会带来负向价值。

为此，当思考四种类型阅读的书目推荐。一是任务型阅读，是现在常用的"1＋X"，引导学生单篇阅读后，推荐同类主题或不同风格、题材的作品，引导关联比较阅读。二是兴趣性阅读。关注学生的兴趣点而分别推荐书目，如学生有的对古典的诗词喜欢，开列叶嘉莹、蒋勋、孙绍振等人欣赏诗词的书单，引导学生课后阅读；如果学生喜欢文化，可以引导学生读易中天的《中华史》、章祺的《上下五千年》等书。三是涵养性阅读，这是提升自己思想涵养、开阔视野阅读，指向人文、自然、科学等素养培育的阅读行为，可以根据学生的需要，推介一些自然科学、社会科学的经典作品。四是发展性阅读，就是把握前沿，拓展视域，教师要适时推荐学生生存发展关键能力、未来社会的发展趋势与要求等书籍，使其明确未来发展的方向。

（二）方法域

当前，默读、浏览、快读、跳读、猜读、互文阅读等阅读方法，无法改变学生阅读索然寡味的现状，最主要原因是没有指向最根本、最可操作性的能力——阅读思维能力。再说，阅读要有效率，学会速读，是一种策略，但学会速读，只是记住文章的大概，只是演绎记忆性、认识性阅读，这只属阅读扩展视域、丰富思想的初级阶段。

钟启泉谈"基础教育"："其一，强调'基础性'——基础教育不是成'家'的教育，而是成'人'的教育，是培养有社会责任感、有教养的公民的教育。其二，强调'能动性'——基础教育不能满足于'低阶认知能力'，需要在低阶认知能力的基础上发展'高阶认知能力'。"[7]何谓高阶认知能力？钟启泉认为："从布鲁姆（B. S. Bloom）弟子安德森（L. W. Anderson）修订的'新版教育目标分类学来看，教育目标是由金字塔的基底起始向塔尖发展的，是由①记忆、②理解、③运用、④分析、⑤评价、⑥创造'6个层次构成，①②③是低阶认知能力，④⑤⑥是高阶认知能力。"[8]于是，读书活动中，不能仅仅呼唤学生读书，更应该思考如何引导学生指向高阶认知能力培养的读书，让学生掌握改变认知、扩大视域，创造思想，提升言语表达能力的阅读策略，让阅读促使生命的创造与生命质量的提升，以适应未来的发展。为此，读书当分四步过程。

第一步：阐释。看懂文章是第一步。现在教师检查学生是否读懂，就看是否能够复述。但复述是机械的甚或是简单的复制，并不能完全反映是否真正读懂。阐释则不同，是让阅读思想走入自己思想与情感的境脉，承载自己的真切理解，实现读懂文章的第一步，有如下两个层次。

第一层次，阐释作者的本意。学生阐释是否体现真正读懂，可以这样检查：1. 说说文章的主题或作者最想告诉读者的是什么？2. 阅读要关注文章整体，"语文文本的阐释必须在整体框架中，在对文本抽象总结中认识具体、认识各个具体之间的关系，并进一步把握抽象意义。"[9]阅读文章后，能否有条理有逻辑地书写"摘要"或"向读者推荐此文"？3. 文章隐晦句子的阐释，隐晦句往往潜隐作者的深层意义或情感。能否用自己熟悉的故事或生活事例阐释文中某些隐晦的句子？如此就从文章主题、文章逻辑、句子深潜信息三个维度把握文章，也就把握了关键点。

第二个层次，阐释作品的多重意义。叶嘉莹引用西方阐释学理论，认为："除了 Meaning（作者的本意）以外，还有 Significance。Significance 就是读者从作品中获得的一种衍义，它不一定是作者的本意。不管是 Meaning 还是 Significance，在西方的阐释学里都认为它们可以有很多的层次。"[10]教师可以引导学生在阅读时，从情感、文化、社会、伦理等角度思考，阐释自己对作品的理解，深化或拓展作品的意义。

第二步：品鉴。《普通高中语文课程标准》（2017 年版、2020 年修订）"课程目标"中指出："鉴赏文学作品。感受和体验文学作品的语言、形象与情感之美，能欣赏、鉴别和评价不同时代、不同风格的作品，具有正确的价值观、高尚的审美情趣和审美品位。"品，品味；鉴，鉴别，鉴镜。品鉴，是阅读文章的第二步，可从三个维度引导。

级别	维度	内容	支架
初级	言语	语言之美，能感受语言中美好的情思、幽默睿智的思想或留韵之美。	哪句话或哪段话的表达，您最感兴趣？为什么？
	构思	感受文章运思架构之美，如侧面落笔、想象虚拟、托物寄意、皮里阳秋等等艺术之美。	文章演绎，为什么会吸引你？你认为文章构思巧妙表现在哪里？为什么？
中级	情感	读懂丰富的情感以及背后的文化与时代价值。	作者在最想表达的情感或思想是什么？这种情思，有什么文化背景与现实意义？
	形象	描写层面：形象个性或典型。意蕴层面：形象象征或暗示之艺术。	文中哪个人物形象，你最难忘？为什么？
高级	群文比鉴	读出文章主题、构思、形象与他文的独出机杼之处。	文章主题、构思、形象等和你以前学习过的文章相比，有什么特别之处？为什么？

第三步：审辩。何源认为："一篇一部（篇）作品能成为经典名作并不是完全客观的，而带有较强的主观性，含有特定时期特定人群的价值判断在内，这样主观性决定了经典名作并非对任何时代，任何人群而言都是完美的。"[11]故而阅读更是不能膜拜，要有审辩思考，彰显深邃思想。谢小庆认为"审辩式思维是最重要的国民素质，表现在认知和人格两个方面。其突出特点表现为：1. 合乎逻辑地论证观点；2. 凭证据讲话；3. 善于提出问题，不懈质疑；4. 反省自身的问题，对异见保持包容的态度；5. 认识并理解一个命题（claim）具有特定的适用范围和概括化（generalization）范围；6. 直面选择，果断决策，勇于为自己的选择承担后果和责任。"[12]教师可从单篇、群文中引导思辨。单篇主要是对作品语言表达、构思、逻辑演绎、文章思想、文化等的质

疑。群文审辩，要引导对比、关联等审辩。诸如：1. 这篇文章与其他文章相比在思想、表达等的不足之处；2. 同样的主题或形象是否还有其他形式的演绎？

第四步：建构。语文学习终极目的就是涵育语文素养，让学生在未来学习路上能学会阅读。"欧盟对'素养'界定：'素养是适用于特定情境的知识、技能与态度的综合体。'这里的情境主要是个人情境、社会情境与职业情境。"[13] 要有适合情境的素养，就要构建自己的知识、技能与态度，以演绎高品质的学习力："不仅包括学生已经获得的能力，还包括在未来获取新知识、构建新的知识体系的学习能力。"[14] 叶嘉莹披露了一次写诗的经历。她居住北京时，一天飘飘洒洒下大雪，她做梦梦到一个青山碧水的地方，水边开着莲花，于是就写下了一首诗。文章写道："可我那次梦就梦到一句'独陪明月看荷花'。这一句更不像诗了，所以我就用李商隐的诗，把前面三句凑上了：一春梦雨常飘瓦，万古贞魂倚暮霞。昨夜西池凉露满，独陪明月看荷花。这三句原来在李商隐的诗中是不连贯的，是我把它们连在一起的。"[15] 这就是演绎"建构"。建构是学习中最主要、最能体现学习力的一环，学生可从三个方面实现。

维度	内容	支架
语言建构	借用文章的句子迁移至自己的言语表达中，构建自己的话语形式。	文章哪些句子或词，可以用在你的句子里？
	仿写句式，韵致，演绎自己的表达，让读者感受表达背后的文化与韵味。	文章的什么句式、韵味可以用在你的言语表达中？
知识建构	形成自己境脉化的知识网络，形成属于自己的思想或概念。	我认为文中可以提出一个关键词或句子，此词或句有几层意思？我可以提出某个知识概念，这个概念可从几个方面阐释？

维度	内容	支架
思想建构	形成自己文本阅读的思想，彰显阅读的独特深邃与逻辑缜密的思考与体认，演绎接受美学提出的读者对文本与文学的建构意义。	阅读后，我可以提出我的什么观点？这个观点的内涵是什么？
	寻找跨学科阅读内容、思维、思想等的关系，分析文本思想、思维与表达与其他学科的异同。	阅读后，你发现什么学科哪些部分的思想、思维有相通之处？其他学科的某思想、思维对掌握这部分语文知识、能力借鉴之处在哪里？

这种建构是思维的深化、意义的生成，也是作品生命的延展，诚如叶嘉莹所道："从李商隐的诗诠释到什么？而我用义山诗句写的是什么？这已经是从诠释到感发和接受了，所以诗歌的生命是不死的。"[16]

（三）监控域

温儒敏认为"提倡多读书，不能停留于一般提倡，光有阅读量的要求也不行，还要有相应的评价。"[17]这是对的，但难以执行。比如采用成长记录袋等方式记录学生的成长过程等等，这些在现实中不具操作性，当前最重要的还是让学生学会自我监控。

哈蒂指出："我们需要发展一种关于我们正在做什么、我们要去哪里，我们怎样到达那里的觉知；我们要知道在手足无措的时候应该做什么。这样的自我调节或元认知技能是所有学习的最终目标之一。它们就是我们所说的'终身学习'，就是我们希望'学生成为自己的老师'的原因。"[18]指导学生阅读，也就要引导学生运用元认知技能，这可从三个维度实现自我监控。

维度	内容	支架
认知体认	反思自己的理解认知。	我理解的依据在哪里呢？这依据是全面、可靠的吗？

维度	内容	支架
思维过程	反思自己思维过程的起点、过程的合理性与思考逻辑。	我对这个问题，思考的起点是什么？这个起点依据是什么？过程合乎认知规律吗？思考逻辑严谨吗？
情境运用	检查自己运用的语句与原文意义的关系，语句引用或化用是否符合表达语境。	我对这个句子的运用是否离开或曲解其在文章的含义？这个句子或思想符合自己表达的语境吗？

如此，学生阅读有自我监控的方法与自觉，让学生能矫正自己阅读习惯与策略，提炼阅读经验，为未来学会学习、终身学习铺就良好基础。

"阐释——品鉴——审辩——构建"的探究阅读，实际上也就是拒绝了占有式学习："（此）就是抓住自己所学到的一切，或者牢牢记在心里，或者仔细保存在自己的笔记本中。他们不需要产生或创造新的东西。"[19]而在演绎教育所期待的存在式阅读："他们领悟这一思想并主动地、创造性地做出反应，他们学到的知识促进了自己的思考，于是他们脑子里就出现新的问题、新思想和新观点。"[20]这样阅读，学生可充实灵魂、提升思维、创造思想，促成阅读兴趣持续与生命成长。

四、需要理清的关系

阅读，常受到传统阅读观念、课时、考试等困扰，当前提出现实的阅读策略还不够，还要厘清三则关系。

（一）传统阅读与探究阅读

传统阅读，如温儒敏倡导的默读、浏览、快读、跳读、猜读、互文阅读以及如何读一本书、如何进行检索阅读等，台湾地区老师提出的四法：浏览式阅读，略读式阅读，精读式阅读，选读式阅读。[21]这样作为开阔视野、丰富思想的平常阅读，是有意义的。但学业负担重，涵养性、兴趣性阅读落实极为有限。于是，不能在规定性篇目、"1＋X"领域内，放弃指向思维发展与提升、文化传承与发展的探究阅读，教师当以良好阅读习惯，提升阅读品质，让学生在有限的时间内，真正实现思维的发展与提升、言语的建构与运用、文化的传承与发展等核心素养的培育，培育良好阅读习惯，为未来终身学习创造条件。

（二）课标规定阅读与兴趣性阅读

课标规定的阅读，是学生阅读的基本篇目，是任务性阅读。兴趣性阅读，是为未来发展的阅读，是属于个性化阅读的一种，这是值得鼓励的，但有两个前提：一是兴趣性阅读当与课标规定阅读兼顾。二是兴趣性阅读，重在思想的吸收与生成，阅读后当有文章思想的点评、梳理与形成自己的思想，提出阅读于未来发展的启示；也要发现某领域中存在的问题，思考解决方向或策略，此演绎分析、吸收与思想构建，为教育、社会所期待。

（三）阅读与考试

基础教育无视应试现状，也是不负责与不现实的。如何让学生读书，既能开阔视野，丰富思想，又能适应考试，这是老师关心的问题。其实，阅读是可以赢得考试的，因为多阅读可以带来语感的敏锐，带来跳读、猜度等的阅读习惯的自觉，提升阅读速度，而四步阅读所培育的能力目标，也与考试测试目标并不游离。2020 年 1 月 8 日，教育部考试中心《中国高考评价体系说明》指出："学科素养是指即将进入高等学校的学习者在面对生活实践或学习探索问题情境时，能够在正确的思想价值观念指导下，合理运用科学的思维方法，有效整合学科相关知识，运用学科相关能力，高质量地认识问题、分析问题、解决问题的综合品质。"演绎"阐释——品鉴——审辩——构建"的探究阅读，学生学会基于文本的阐释，就真正读懂字词的语境意义；而学会品鉴，就会分析字词、构思的艺术之美；学会审辩阅读，就会有关联思维、比较思维的培养，演绎合理运用科学思维方法；而建构自己言语与表达、思想，丰富与提升真实情境中的写作语言、思想，这也就是培养教育部考试中心要求的"高质量地认识问题、分析问题、解决问题的综合品质"。

五、反思与期待

张华认为："世界共同的核心素养，可化约成四大素养：协作（collabortion），交往（communication），创造性（creativity），批判性思维（critical thinking），由此构成享誉世界的'21世纪4c's"。[22]世纪是竞争的世界，此背后是思想的竞争，读书能扩大视域、丰富与发展思想。基础教育阶段，最主要目的就是培养学会阅读、终身学习的生命，迎接21世纪的挑战。

中小学的读书现状是，年龄越大，学生阅读兴趣越淡，课外阅读时间越少。原因一是小学生有空读书，发现读书对考试、对写作"作用不大"；二是课业负担随年龄增大而增加，中学生面临中考、高考压力，学生阅读时间被其他科目挤占；三是中考、高考的能力测试，也似乎未给海量阅读、连滚带爬的学生带来明晰的"肯定与回报"。归根到底，还是教师没有引导学生热爱读书的策略，无法让喜欢阅读的学生，感受思维提升、思想丰富的生命成长，感受平时阅读与选拔性考试的密切关系。

温儒敏认为："少读书不读书就是当下'语文病'的主要症状，同时又是语文教学始终低下的病根。"[23]此说有一定道理。读书牵引生命成长，也影响着社会发展。今天，研究者当走出研究所这一象牙塔，走进基层学校，分析学生阅读真实现状，探寻问题解决的可行策略，真正构建学生喜欢读书的氛围，以满足学生生命成长之需，满足时代、社会之期。

注释：

[1][17][23]温儒敏.培养读书兴趣是语文教学的"牛鼻子"——从"吕叔湘"之问说起[J].课程教材教法，2016（6）.

[2]叶波.为语文的教育还是为教育的语文——与温儒敏教授商榷[J].全球教育展望，2020（8）.

［3］靳彤．语文教学以"读书"为要——与〈为语文的教育还是为教育的语文〉作者商榷［J］．全球教育展望，2021（2）．

［4］［新西兰］约翰·哈蒂，著．可见的学习与学习科学［M］．彭正梅、邓莉、伍绍杨，译．北京：教育科学出版社，2018：085.

［5］夏丏尊，夏丏尊教育名篇［M］．北京，教育科学出版社，2007：151.

［6］李杏保、方有林、徐林祥主编．国文国语教育论典（上册）［M］．北京：语文出版社，2014：618.

［7］［8］［13］［22］钟启泉、崔允漷主编．核心素养研究［M］．上海：华东师范大学出版社，2019.

［9］陈发明．多重语境下中学语文文本阐释的坚守［J］．中国教育学刊（京），2019（3）．

［10］叶嘉莹．从西方文论看李商隐的几首诗［J］．陕西师范大学学报（哲学社会科学版），2005（7）．

［11］何源．整本书教材编写的关键词：兴趣、整体、思辨［J］．语文建设，2021（4）．

［12］谢小庆．审辩式思维［M］．上海：学林出版社，2016年：013.

［14］教育部考试中心编写．中国高考评价体系说明［M］．北京：人民教育出版社，2019：23.

［15］［16］叶嘉莹．美玉生烟；叶嘉莹细讲李商隐［M］．北京：北京大学出版社，2018.

［18］［新西兰］约翰·哈蒂著．金莺莲、洪超、斐新宁译．可见的学习——最大限度地促进学习［M］．北京：教育科学出版社，2015：116.

［19］埃里希·弗洛姆著，李穆斯译．占有还是存在［M］．上海：世界图书出版社，2015.

［21］卢美文．阅读理解［M］．香港：三联书店，2013：03－13.

语文浅层阅读的表现及矫正

摘要：语文浅层阅读，是由于学生知识浅层、思维浅层、情感浅层导致的阅读浅表化，此无助于实现阅读的真正价值，更无助于阅读习惯的养成与阅读素养的提升。在提高阅读效益的时代背景下，引导学生远离浅层阅读，提升阅读品质，成就新时代合格的阅读者，有其现实的迫切性。

浅层阅读是指对文章的言语意蕴及言语形式艺术的肤浅感知，是缺乏理解性、挖掘性和内化性的阅读学习形态，是认知水平低层次的心智活动。浅层阅读乃浅层学习之表现，无助于阅读素养的提升，无助于学生未来的发展，我们当拒之。

一、浅层阅读表现

（一）知识浅层

"语文的阅读素养当包括阅读知识、阅读能力与阅读情志组成的三维要素空间，其中阅读知识是阅读素养的组成基础。"[1]知识的浅层把握，无法促成阅读能力的提升与阅读情志的培育。

知识的浅层首先表现为对文字意义、修辞知识、文体知识、章法知识、语法知识、文化知识等把握肤浅。如教学郑振铎的《猫》，老师提出为什么要先写前面两只猫？学生没有章法知识，只会说："是为了更好地凸显对第三只猫的愧疚之情。"这个答案只对了一半，没有进一步解读出此艺术之美。因为作者如此描写，不仅展现自己对猫的情感曲线，还增加了文章的生动性张力。

其次表现为新阅读知识与旧阅读知识、不同体式之间的阅读知识等，未能建立有机联系。我们常看见这样令人沮丧的现象：学生了解诗歌状景言情的手法，但不会理解散文的状景笔法；了解事例在说明文中的作用，但不理解事例在议论文中的作用。这些都是因为没有把握阅读知识的原点，没有打通各知识间的联系，导致对阅读知识的浅层把握，无法形成阅读知识的整合建构。

（二）思维浅层

"阅读能力的核心不是理解能力，而是思维能力。"[2]阅读是复杂的动态思维过程，一方面要唤起头脑中储存的知识信息，更主要的是对信息的筛选、提取、整合、分析。思维浅层，导致筛选、分析等能力的低下。

思维浅层，一是表现为思维碎片化。如无视意脉（又称"情志脉"）的浅层分析。学习《答谢中书书》，老师问："'猿鸟乱鸣'，'乱'字何解？"学生说："乱"字写出了猿鸟鸣叫的纷乱嘈杂。此为见文不见人、见文不见脉的碎片化阅读，是没有思维深度的浅层阅读。一切景语皆情语，在意脉观照下，我们可知文中之"乱"，当是写出了林鸟自由奔放的鸣叫之状，更是作者心灵自由的投射。

二是表现为思维套板化。如思维标签化，学生一看到鲁迅的文章，就立刻想到是"匕首""投枪"，一看到杜甫的文章就顿时想到"忧国忧民"，根本无视文本的具体语境。

三是表现为思维的套路化。归有光《项脊轩志》结尾句："庭有枇杷树，吾妻死之年所手植也，今已亭亭如盖矣。"老师问：此句作结，有何妙处？学生马上想起一个品味语言的套路：什么用法＋生动或突出描写什么之境＋表达作者什么情感或思想。于是答曰：作者用夸张的笔法，生动形象地写出枇杷树茂盛之状，表达了对妻子的思念之情。这个答案似乎可笑，但大有人在。学生有了答题套路，就不会对文本做进一步的探讨。

（三）情感浅层

情感浅层是指学生对文本不带情感的机械分析与储存，与文本之间存在情感疏离。

一是表现为学生对文本缺乏情感的共鸣。我们碎片教学或知识的枯燥讲解，学生没有"积极参与"，没有情感的介入，如何有情感的共鸣？对作品如何有情感深度？作品又如何有艺术生命？

另一表现就是学生无法实现语言、思想的内化。陈日亮先生道："读完这篇（指《荷塘月色》）历久传诵的名篇，我们带走的是什么样的情绪共鸣，什么样的人生感悟？难道就仅仅是美丽的荷香月色吗？"[3]陈先生之道，背后是学生对于文本无法内化的忧虑。浅层阅读只是记住文本内容、语言、思想，而这些又无法在真实语言实践中运用，这只是占有式而非存在式的学习，不能深化理解文本。

二、语文浅层阅读之矫正

引导学生矫正浅层阅读，可从三个方面进行。

（一）拓宽知识

教学中引导学生丰富阅读知识的同时，我们还要引导学生对不同体式、不同题材等知识触类旁通，掌握言语形式、艺术等基本规律，整合建构阅读知识体系。

可以引导学生进行专题阅读。专题可以是某作家、某话题（如诚信、励志等）、某题材（如思乡、思亲）、某技法（如衬托、写景），学生有了专题的阅读，有了此专题视域下的对比、归类等思考，就有了宽广的视野和丰富的知识与思想，阅读思考就更具深度。

比如老师提出：《泊船瓜洲》"春风又绿江南岸，明月何时照我还"，此中"绿"字用得好，请分析。学生立刻就有答案："绿"字，拟人手法，生动形象地写出了江南的春意盎然，表达了作者喜悦之情。这就是因文化积淀缺少而致的浅层阅读。为此，可有意引导学生做"古人思乡诗常用手法"的专题思考，开阔视域，把握思乡中的状景、托物、叙事、用典、想象等手法。而从状景手法的梳理中学生会发现，在古典诗词中，芳草、春草和杨柳相似，与离别、思归有关。如《楚辞·招隐士》："王孙游兮不归，春草生兮萋萋。"王维《送别》："春草年年绿，王孙归不归?"李后主《清平乐·别来春半》："离恨恰如春草，更行更远还生?"范仲淹《苏幕遮·怀旧》："山映斜阳天接水，芳草无情，更在斜阳外。"可见，这"绿"字在《泊船瓜洲》中，不只是表现江南的绿意盎然，更有思归的文化寓意，寄寓作者希望辞官归家找到心灵宁静的急切心愿。

(二) 深化思维

不让思维在浅层平滑，一是在语境的揣摩中深化思维，从前后语境、意脉语境、文化意境等揣摩语句潜隐的思想或情感，揣摩作者的表达意图。这样，可让学生避免语离开句、句离开篇的孤立分析，以及没有玩味文本的笼统抽象的分析。

一位老师执教郑振铎的《猫》，问：你认为郑振铎是怎样的一个人? 学生 1：是个爱猫的人。学生 2：是个知错就改的人。学生 3：是个尊重生命的人。学生 4：是个对弱小生命同情与尊重的人。回答中有的就是浅层阅读的表现，因此，就要引导学生认真揣摩具体语境，寻找出表现作者对猫的态度与情感的句子。比如"如此的过了几个月，它在我家仍是一只若有若无的动物"一句，可以读出作者平时对猫并不关注在乎；而从"我心里十分的难过，真的，我的良心受伤了"可以看出作者冤枉猫后的难过与自责。这样，学生就知道：学生 1、学生 3 是浅阅读，没有读懂作者潜隐在文章里的真实情感；学生 2 更是与文本的核心意义相距甚远；而最贴近的是学生 4，这是紧扣文本语境的精准阅读，也是语境意识观照下的深阅读。

二是在理性思考中深化思维。教学中，要引导学生不满足于信息筛选的初级阅读水平，掌握信息整合后的提炼、概括等能力，实现更高一层的理性思考。如《狼》的教学，老师提出：狼的"智慧"表现在哪里？学生说：①"狼不会争抢屠夫抛下的骨头。"②"狼看见屠户拿刀，不敢上前。"③"一只狼假寐以诱敌，一只狼在后面攻击。"这些都是对的，但对"智慧"的感觉，都是感性的，需要对学生进一步引导：请概括狼"智慧"的特点。这样，学生就得对"智慧"表现深入分析，区分不同特点与确定归类：①③是知其合作之妙，②是知其冷静慎思之利。我们要让学生能够学会推理、鉴赏，更要学会质疑批评。如学习马致远《秋思》，可以提问：①"小桥流水人家"一句，有人说这与前面灰暗的景色不协调，有人反对此说，你是怎样看的？为什么？②"断肠人在天涯"一句，有人说妙在"点出主题，把感情推向高潮"，有人认为破坏了诗歌的含蓄美，也有人提出其他评价，你是什么看法？说说你的理由。这样的思考，可以深化对文本的认识，提升思维品质与鉴赏水平。

（三）亲近文本

引导学生不疏离文本，让思想、言语走进自己的心中，要关注两个创设。

一是创设以心契心、以情悟情的情景。教学实践中，可以让学生回味文本，寻找自己与文本的情感的共鸣点。比如：①请用一个关键词，概括你对文章的感受；②文章哪句话你最有感触？说出你的理由；③你能用生活中的事例证明文章的某个观点吗？

我们还可以引导学生与作者对话，比如设问："你最想对作者说的一句话是什么？""如果你要感谢作者，你会怎么说？"这样，学生找到作者、文章与自己的共鸣点，从而进入深层次的阅读感悟与体认。

二是创设真实的语言运用情景。PIRS 对"阅读素养"如此界定："理解与运用社会需要的或个人认为有价值的书面语言形式的能力，年轻阅读者能够从各种文章中建构意义，他们通过阅读来进行学习、参与阅读社群并获得快乐。"[4]而创设真实的语言运用情景，就是引导学生演绎与内化阅读所获的语言或思想，在理解与运用书面语言与形式的情景中，深化理解文本，获得阅读与表达的快乐。如执教陶弘景的《答谢中书书》，可以让学生选句组话："山川之美，古来共谈""青林翠竹，四时俱备"是什么意思？你能否把这些句子用在你的一段话中？学生思考句子在文本中的意思，调集自己的积淀与体验，写出诸如下面的句子：①放假了，收到一同学发来的微信："山川之美，古来共谈，周末我们鼓山一登，览自然之胜景，享古人之情趣"；②"青林翠竹，四时俱备，把自己融进大自然，你会发现情感的畅适、人生的美好。"通过这样的练习，学生在品味课文语句的同时，能将之运用在自己的语境中，从而深化了言语理解与认知。

浅层阅读带来的是阅读的低效，是阅读价值的流失，无助阅读素养的提升。这种现象，语文老师与研究学者当警醒。"从教育的观点而言，国民的核心素养是可以透过教育加以引导，透过教学加以培养，透过学习获得。"[5]引导学生远离浅层阅读、培育阅读素养，我们老师重任在肩。

注释：

[1] 刘晶晶，郭元祥. 小学语文阅读素养：内涵、构成及测量 [J]. 课程·教材·教法，2015（10）.

[2] 余玲艳，代建军. 语文深度阅读教学的分析模型 [J]. 教育科学研究，2017（5）.

[3] 陈日亮. 如是我读：语文教学文本的解读个案 [M]. 上海：华东师范大学出版社，2011：52.

[4] 张所帅. 坚守与创新 [J]. 全球教育瞭望，2017（2）.

[5] 黄光雄，蔡清田. 核心素养：课程发展与设计新论 [M]. 上海：华东师范大学出版社，2016：154.

读解：指向深度阅读的个性阐释

摘要：当前阅读教学主要存在两个问题：一是引导学生掌握去境脉化的静态知识的浅层阅读，二是以教师的个性读解作为教学内容。尤其是后者，无法演绎单元教学目标视域下的阅读，无法实现教材的课程价值。为此，当审视并矫正教师的个性读解，演绎学生具身体验与情境运用的真实阅读，实现多元思想与表达语言的生成，演绎深度阅读，以更好地实现文化的传承与理解、语言的建构与应用。

一、"读解"之释义与提出背景

"读解"一词，最先由陈日亮先生提出。他告诉笔者："'解读'是动宾式，即解开、解释、解剖所读的文本，揭示内涵。'读解'是主谓式，即读了之后自己的理解，解决、阐说、发挥，侧重主观的心得感悟。孙郁《一个漫游者与鲁迅的对话》，其后记中有谓'倒是读解式与书信体，更能表达自己的意思'。"可见，此"读解"是基于文本语境的理解，是实现思想的深化与生成、情感的渐染与认同、情境的应用与创造的深度阅读，演绎的是布鲁姆所倡导的存在式阅读："他们能领悟这一思想并主动地、创造性地作出反应。他们学到的知识促进了自己的思考，于是他们的脑子里就出现新问题、新思想和新观点。"[1]其实，读解式的阅读早已有之。王国维《人间词话》以"昨夜西风凋碧树，独上高楼，望尽天涯路""衣带渐宽终不悔，为伊消得人憔悴""众里寻他千百度，蓦然回首，那人却在灯火阑珊处"，喻"大学问者"经过的三种境界，王国维明知这是情诗，仍将其运用到自己对读书的理解上，幽默而见语言张力。鲁迅《集外集拾遗补编·〈绛洞花主〉小引》中说："《红楼梦》是中国许多人所知道，至少，是知道这名目的书。谁是作者和读者姑且勿论，单是命意，就因读者的眼光而有种种：经学家看见《易》，道学家看见淫，才子看见缠绵，革命家看见排满，流言家看见宫闱秘事……"这"读者的眼光"，就是融入自己的人生体验的读解。

当前阅读教学存在两个不可忽视的问题。一是忽视个性体验与真实情境运用，学生往往还只是在掌握去境脉化的静态知识。这是在演绎占有式学习，"（此）就是抓住自己所学到的一切，或者牢牢记在心里，或者仔细保存在自己的笔记本中。他们不需要产生或创造新的东西"[2]。如此学习，无法生成自己的阅读感悟，也无法掌握阅读方法，实现读一文或一书而能读一类文或一类书的课程价值。二是以个人的读解作为阅读教学的课程目标，无视单元目标与学生的认知水平、体验体悟。例如，某教师读出《背影》主题为"生之背，死之影，不能承受的生命之轻"。对此，温儒敏先生评道："深入到对于生命、死亡等命题的思考，把握住了文章的深层意蕴，而且对孩子进行这方面的启发引导，也是必要的。因为你对作品有深入的、带着自己体验的理解，所以能讲得如此精彩。"[3]教师带有自己体验的理解就是读解，但若以此为教学目标，恐难以引发学生的共鸣。

《普通高中语文课程标准（2017年版）》在"课程性质"中指出："语文课程应引导学生在真实的语言运用情境中，通过自主的语言实践活动，积累言语经验，把握祖国语言文字的特点和运用规律，加深对祖国语言文字的理解与热爱，培养运用祖国语言文字的能力。"这是在引导学生深度学习。"深度学习，是学生感知、思维、情感、意志、价值观全面参与、全身心投入的活动。"[4]故而，阅读教学当引导学生跳出去境脉化的识读圈子，鼓励学生从具身体验与情境语用中，演绎出合乎文本、合乎逻辑的读解，也就是实现情感内化与思想、语言生成的深度学习，实现阅读的创生价值，实现语言的建构与运用、思维的发展与提升。

二、读解之类型

观诸教学实践，我们可以把"读解"分为以下两种类型。

（一）具身体悟型

此表现为结合自身阅读体验而生发的个性阐释。阅读教学不可能脱离学生的主体体验，而必须以学生的主动体验为主要方式，对之进行有意义的构建。《义务教育语文课程标准（2011年版）》在第三部分"实施建议"中的"教学建议"指出："阅读是学生的个性化行为。阅读教学应引导学生钻研文本，在主动积极的思维和情感活动中，加深理解和体验，有所感悟和思考，受到情感熏陶，获得思想启迪，享受审美乐趣。要珍视学生独特的感受、体验和理解。"如统编教材八年级上册《藤野先生》后的积累拓展题："'弃医从文'是鲁迅一生中的大事，除了课文，还有一些文章对此也有记述，如《〈呐喊〉自序》。课后查找相关资料，读一读，加深对鲁迅这一人生选择的理解。联系实际，说说鲁迅的人生选择给了你哪些启示。"如此引导学生联系实际，回溯人生体验，审思与表达个性感受，实现"有意义的构建"，继而实现阅读的创生价值。如此阅读也就有了触动与培植心灵的张力，也就促进了人格价值与人生价值的生成。

建构主义者认为："因为知识的产生是依据情境上的信念和经验，每个人的信念与经验都是不同的，因此所形成的知识是主观的、个人的，而且是我们认知的成品。"[5]阅读教学中，引导学生再现自己独特的信念与经验，则可得出自己独特的认知，彰显文章的多元价值。如学习《滥竽充数》一文，学生大多只会道出文章的主题：无真才实学者，混日子难以持久；吃大锅饭，则会在制度的缺陷中培养懒人、庸人等。一个差生则感慨道："同伴的冷漠，也会助长不学无术者。"学生联想到自己滥竽充数而无人提醒、帮助的体验，提出了真切而独特的感悟。具身体悟也表现为具身迁移。此表现为结合自己对生活、人生的认识，生发出与文本不同的思想感悟，如陈日亮先生写道："（读书笔记）如果能够坚持下去，积以时日，一旦形成习惯，非仅满足而已，还会顿然发现自己恍若走进了一片属于自己的语文世界，犹如陶渊明所说的'初极狭，才通人。复行数十步，豁然开朗'，但关键是，你是否发现那'仿佛若有光'？今天，我从白杏珏的笔记中，分明看到了这一线希望之光。"[6]如此联想"迁移"而阐释读书笔记的过程与要求，生动、亲切而具有阐释的张力，实现个体在知识、能力、情感、态度、价值观等方面的融合式发展，实现阅读的再生性价值。陈日亮先生道："对所读作辩证思考或拓展延伸，这种更饱满更深入地与作者展开对话的巅峰体验，是阅读的更高境界，会给人更多启示，更具有学习借鉴的价值。"[7]

（二）情境语用型

布鲁姆等人将理解分为三种："记住公式"（记忆水准），"能说明电流、电压、阻抗之间的相互关系"（理解水准），"能把欧姆法则运用于生活情境"（运用水准）。[8]如果能将阅读思想、语言等运用到写作、生活情境中，达到理解的"运用水准"，则不仅可以深化对阅读的理解，更能生成自己的语言，真正实现语言的建构与运用、文化的传承与理解。

具身理论认为："在教育教学中，应将认知、身体、环境视为一个系统，将社会实践活动引入教育教学，把单项的、静态的、离身的传授过程，变成互动的、生成的、具身的实践过程。"[9]阅读是写作或表达的基础，阅读是充实思想底蕴与语言底蕴的主要途径。可教师往往割裂阅读与写作、表达的链接，抑制学生对写作、表达的感悟。教师常引导学生："多读多背，就会让你有厚实的文化积淀，有丰富的语感。"然而学生只会涵泳背诵、体味文章，却无以致用、生成。李帆等人认为学习当关注生长性素养的重构，提出："生长性素养重构，是学习者能够根据在学习、生活与工作中面临的新问题，调用与重组已有素养形成新的解决问题的方案的过程。生长性素养，是运用已有知识和技能在新情境中生成新知识和新技能的素养。"[10]将学过的文章链接到自己的习作或表达中，使之在新的境脉中演绎新的意义与新的活力，学生也就有了生长性素养。据此，情境语用型读解主要分为三类。

一是引用类。恰当引用文句，显现丰厚的文化底蕴。如执教《记承天寺夜游》时，笔者引导学生思考："读过课文后，你在写作或表达时，可以用上哪些句子？"学生写道："庭下如积水空明，水中藻、荇交横。为萧瑟的秋日带来了生机与喜悦。""何夜无月？何处无竹柏？只是你没有欣赏的眼睛。"这些都是在读懂文章后的恰当引用，不仅加深了对句子的理解，更在情境运用中生成了自己的思想与表达，实现了阅读的再生价值。

二是仿用类。可引导学生仿写古诗的句子、句式甚或文章，以表达自己的情感与思想。如学习《行路难》时，笔者让学生拟写《读书难》《秋天难》等。一学生写《拟行路难·流水西去人不复》："暮至乌鸟悲朽木，秋来百花倚阑干。无风徒有鲲鹏翼，静海空展踏浪帆。镜悬高堂自喜怒，江逝孤舟不再来。杜公广厦起平地，太平盛世现一斑。行路难，行路难，多歧路，何蹉跎？日久精卫可平海，志坚愚公定移山。"如此仿写，诗意灵趣中彰显出不同的意境与格调。

三是化用类。如李煜《虞美人》中的"问君能有几多愁？恰似一江春水向东流"，就是化用了刘禹锡《竹枝词》中的"水流无限似侬愁"。又如，有学生谈"环保"话题时写道："呵护我们的青山绿水，爱护我们的云雀白鹤。要知道，如果到了'千山鸟飞绝'的时候，那么我们也就离'万径人踪灭'不远了。"如此个性化地品读与化用诗句，语言韵味悠长。学生学习了《答谢中书书》后写道："夕日虽已颓，沉鳞仍竞跃，积极的生命不因环境的变化而失去活力。"借用文章状景句子，展示阳光积极的生命状态。

宋代就出现的"集句"，集合不同诗句或词而成篇，也是值得借鉴的化用之法。阅读教学中，不妨鼓励学生阅读古诗文后，选取其中的词或句，结合表达情境，集合成自己的语言表述，表达自己的某种情感或设想。如讲完《答谢中书书》《记承天寺夜游》后，笔者采用此法，于是学生写出："横柯上蔽水作响，月色入户柏影交横；水之缥碧，鸟之相鸣，闲人息心，风烟不迷。"如此，学生就进一步理解了文章的字词，也学会了在新的语境中加以运用。

而化用古诗创设意境亦为一法，既能进一步品味与内化诗歌意蕴，又能让人感受文化气息与浓重诗意。笔者让学生化用李清照《声声慢》的意象，写一片段（不少于 80 字），表达自己的某种情感或思绪。一学生写道："黄花，满地败落；梧桐，更披细雨。车快要开了，我透过窗外的梧桐林，凝望烟雨朦胧的故乡。"化用词中黄花、梧桐的意象，构建苍茫伤感的意境，表达对故乡的眷恋与深情。如此化用，使文章韵味绵长，也让人感受到文章潜隐的诗意与情感。

对此三种技法，教师也常引导学生使用，但大多只是置于语用题中作为专项训练，而非置于阅读课文后的拓展演练，并未意识到依此实现课文的深化理解与拓展迁移的价值。这是需要改变的。

三、读解之原则

读解不是随意、随性的发挥阐发，也不是教学目标选择的原点，它要遵循三个原则。

（一）尊重原则

读解，最主要的前提是准确理解与尊重文本的原本意义。陈日亮先生告诉笔者：阅读的根在文本中，读解的思想要从文本中自然生发。如有学生读了苏轼的《定风波》后点评："生命需要豁达的心胸，当有'苏轼穿林打叶，吟啸徐行'的潇洒。"显然学生将"穿林打叶"的雨声误读成苏轼的洒脱行为，这样的读解则显得浅薄、轻佻。有学生从《记承天寺夜游》中读出"生活之美，就是与他人享受高雅的审美情趣"，这个读解有独特性，也有逻辑的自洽：睡欲被心灵的审美欲替代，性情中人的苏轼并不因此而满足，他把这种审美的快乐同他人分享。"遂至承天寺寻张怀民。怀民亦未寝，相与步于中庭"，此中"亦"字，连接了两人的精神世界。

教师在教学中对超出文本的解读或读解，当保持警惕。陈发明提出："接受美学历史性地提示了读者对文本和文学的建构意义，但读者一旦成为最高阐释者和文本的创造者，并视文学的历史就是作品的接受史，这就是滑向谬误。"[11]继而呼吁："中国当代文本阐释，让文学回到文学本身，让阐释回到文学本身，尊重作者、尊重意图、以文本为依托的个案考察，这是建构中国特色文学理论体系最切实有效的抓手，也是最具操作性的突破点。"[12]

（二）拓展原则

读解基于读者体验或自己独特的知识背景，只能是理解文本之后的拓展训练与引导。据此，教师不可以将自己的读解作为教学内容和教学目标。如一教师执教《登勃朗峰》时，就把这篇课文的阅读教学目标设定为"让学生感悟人生要慢慢走，要享受自然与生活的美好"，这是教师联想到自己生活、工作的忙碌而生发的感慨。这种读解是个性化、情绪化的，不仅无视文章意脉所呈现的情感与思想，而且是由自己的特殊感觉而片面截取的阐释，还罔顾单元教学的目标。阅读教学目标设定的依据，一是文章的文体特点，文章精要与妙处的分析，阅读方法所呈现的课程意义；二是单元教学目标。《登勃朗峰》是一篇游记，单元目标也指出：本单元了解游记的特点，把握作者的游踪，写景的角度和方法，并揣摩和品味语言，欣赏、积累精彩语句。因此，以让学生领悟教师个性的读解作为教学目标，是不合理的。

教师可以在引导学生学完这篇课文后，适当安排语言建构与思维拓展向度的训练，如：对文章哪句话你最有感触，你会获得什么人生思考？以《生活需要＿＿》为题开头，然后从文章中找到支撑的理由。如此拓展演练，能够引导学生回溯人生、思考生活，获得情感的共鸣与思想的构建。

（三）逻辑原则

杜威认为：如果在最宽泛的意义上，将大脑的任何想法都称之为"思维"，比如胡思乱想、遐想、一掠而过的感触、白日梦，那么傻子也有思维。显然这个思维是没有意义的，因为它不涉及"尊严、逻辑和道理"，也不可能产生"知识、学术与思想"。[13] 可见，要让读者接受观点或支持行动，就应有逻辑与道理的基础。同理，读解是阅读文本之后自己的理解、阐说、发挥，而支持的基础，一是文本的依据，二是逻辑的自洽。有学生感悟："我从莫怀戚的《散步》中读到'我和妻子都是慢慢地，稳稳地，走得很仔细，好像我背上的同她背上的加起来，就是整个世界'，我猛然感觉世界如此逼仄，只有亲情才构成属于我们的世界。"《散步》中的这一句，是说拥有了亲情，就拥有了整个世界，表达的是对拥有亲情的喜悦与珍惜。但从逻辑上无法由此句推理出世界的逼仄，因而该生犯了逻辑上归因谬误的错误。一学生写道："读《记承天寺夜游》，我看到作者在告诫世人要有超脱的心，要热爱世界、热爱生活。"显然学生产生了滑坡谬误。学生从读文后自己有所超脱的感受，继而滑到作者告诫世人超脱，又滑到热爱世界、热爱生活。如此意识滑坡，超出文本，亦超出作者写作时的语境，使其读解显得强词夺理。故而在教学中教师要引导学生读解须尊重文本的逻辑，彰显依据的可靠、思维的缜密。

（四）反思与期待

"中美基础教育的不同，表现出对待知识的不同态度：中国表达的是对知识的静态接收，而美国是对知识的动态改变。"[14] 诚如是言，中国教育注重对知识的积累与灌输，引导学生对知识权威的尊重，关注对知识的掌握与继承。而美国注重培养学生的质疑精神，关注学生在真实情境中运用知识的能力，期待学生对知识的拓展与创造，体现在阅读教学中，则是注重知识、思想的生成与真实情境中的运用。钟启泉基于二者差距，提出我国的"基础教育"概念："其一，强调'基础性'——基础教育不是成'家'的教育，而是成'人'的教育，是培养有社会责任感、有教养的公民的教育。其二，强调'能动性'——基础教育不能满足于'低阶认知能力'，需要在低阶认知能力的基础上发展'高阶认知能力'。"[15]基础教育决定了国家与民族的未来，我们当反思尚滞于关注低阶认知、无法促成生命成长的教育。

演绎读解是为实现构建性的学习，"构建性的学习，强调学习是学习者运用已有的经验，以自己的方式，主动地构建内部心理表征的过程"[16]。阅读教学中，教师要引导学生在真实情境中主动学习，构建语言与思想，实现深度学习。王宁指出："语文核心素养是学生在积极主动的语言实践活动中构建起来、在真实的语言运用情境中表现出来的个体言语经验和言语品质。"[17]引导学生表达基于文本与个人体验的读解，进而演绎积极主动的语言实践活动，实现真实的语言建构与应用、文化传承与理解，此为深度阅读之需，更是生命成长之需。

注释：

［1］［2］埃里希·弗洛姆. 占有还是存在［M］. 李穆，等译. 上海：世界图书出版社，2015：18，28.

［3］车凤鸣. 从温儒敏的评语来谈韩军的《背影》［J］. 语文知识，2016（2）.

［4］温雪. 深度学习研究述评：内涵、教学与评价［J］. 全球教育展望，2017（11）.

［5］周新富. 教学原理与设计［M］. 台北：五南图书出版有限股份公司，2019：45.

［6］［7］陈日亮. 语文教学归软录（上）［M］. 福州：福建教育出版社，2017：175，172.

［8］［15］钟启泉，崔允漷. 核心素养研究［M］. 上海：华东师范大学出版社，2018：9，6.

［9］司亚楠. 杜威的具身认知及启示［J］. 科教导刊，2018（24）.

［10］李帆，张伟，杨斌．生态型学习质量：核心素养的课堂生成逻辑与实践路径［J］．课程·教材·教法，2020（10）．

［11］［12］陈发明．多重语境下中学语文文本阐释的坚守［J］．中国教育学刊，2019（3）．

［13］约翰·杜威．我们如何思维［M］．伍中友，译．北京：新华出版社，2015：2—4．

［14］包祥．教育原来如此美好［M］．南京：江苏教育出版社，2010：15．

［16］刘义，高芳．情境认知学习理论与情境教学模式简析［J］．教育探索，2010（6）．

［17］王宁．语文核心素养与语文课程的特质［J］．中学语文教学，2016（11）．

指向深度学习的传统文化经典阅读

——以《劝学（节选）》阅读教学为例

摘要： 传统文化经典阅读的教学目的与内容的确定，在中学教学中存在分歧。实践表明，实现真正的文化传承，涵育文化素养，仅是通过诵读难以实现，还需要通过句子玩绎、思维剖析与自身体悟获得真正的理解；还要通过审辩的思考、阅读思想的建构，获得真正的内化，创造阅读的再生价值。

一、背景：经典阅读的向度分歧

对《劝学（节选）》的教学内容的确定与目的的选择，中学教师莫衷一是，此源自教师修养等的自身原因，更源自专家学者的分歧，其分歧有三。

第一，涵育素养向度。王荣生提出把课文当作"定篇"来教，按照选文功能将课文分为定篇、例文、样本、用件、引子五类。所谓定篇，是"文学、文化的经典"，学生的学习任务是"熟知经典，透彻地理解课文本身，从而积淀为文学、文化的素养"。[1]

第二，思维寻绎向度。部编版教材高一上册"第六单元"单元学习任务提出：学习本单元，以"学习之道"为核心，通过梳理、探究和反思，形成正确的学习观，改进学习方法，提高学习能力。要准确把握作者的观点和态度，关注作者思考问题的角度，学习其有针对性地表达观点的方法；学会发现问题，从合适的角度以恰当的方式阐述自己的看法。

部编版教材认为"通过梳理、探究和反思"，以"形成正确的学习观"，这是引导教师作知性的分析，而"关注作者思考问题的角度，学习他们有针对性地表达观点的方法"，是引导学生学会情境下的交流表达，学会思维的针对性。

第三，内容把握向度。胡馨方、叶黎明关注内容的把握，指出《劝学（节选）》教学内容，应该涉及以下几个方面：第一，劝谁学，阐明荀子劝学的对象分析；第二，学什么，强调学习的内容并非传统，意义上的"知识"，而是"礼"；第三，怎么学，明确学不仅仅是读书，还要有行动。[2]无论是节选中的"善假于物"，还是原文中的"学之经莫速乎好其人，隆礼次之"，都不是书本知识的简单获取，而是效仿优于自己的人或物。立足全篇，知人论世，了解《劝学》原本的含义，才能完成对文化的传承与反思。

二、问题呈现

传统文化的经典阅读，上面三种目标，有一定道理与价值。但在教学中，存在三个问题。

问题一：如何实现真实、深刻的理解？

熟知经典，透彻地理解课文本身，积淀为文学、文化的素养，只是演绎占有式的学习，无法实现深度的解读，更无助于高阶思维的培养。占有式的学习，"就是抓住自己所学到的一切，或者牢牢记在心里，或者仔细保存在自己的笔记本中，不需要产生或创造新的东西。"[3]事实上，只是熟读，而没有结合自身认知、体验情境、运用情境等，是无法真正理解文章的内容与思想，也无法达到深度理解的。再说，只是熟读，没有审辩的思考，思想如何获得真正的认同？又如何形成属于自己的理解，实现深度阅读的目的？

问题二：涵泳品鉴，学生就可以从中学会表达观点的根本方式吗？

这是一篇散文化说理的文章，不是一篇严格意义上的说理文，或者说是不完全契合现代说理意识的文章。如果只是涵泳品鉴，或只是教师句意的解释分析，没有审辩思维的介入，学生真的能学会表达观点的根本方式吗？

问题三：学生学习了"劝谁学""学什么""怎么学"等内容，就可以了吗？

陈日亮先生认为："读完这篇（指《荷塘月色》）历久传诵的名篇，我们带走的是什么样的情绪共鸣，什么样的人生感悟？难道就仅仅是美丽的荷香月色吗？"[4]学生学习了"劝谁学""学什么""怎么学"等内容，只是内容的掌握，演绎占有式的阅读，如何彰显自己的阅读感悟？如何可以形成自己的思想，获得思想的启迪与建构？

"深度学习，是学生感知觉、思维、情感、意志、价值观全面参与、全身心投入的活动。"[5]为此，学生阅读《劝学（节选）》等传统文化经典作品，当不断引导体悟、思辨与情境运用，实现深度阅读的价值，以实现文化的传承与发展。

三、策略：文化经典深度阅读的三部曲

第一部：理解——深度阅读的前提

布鲁姆等人将理解分为三种：例如"记住公式"（记忆水准）；"能说明电流、电压、阻抗之间的相互关系"（理解水准）；"能把欧姆法则运用于生活情境"（运用水准）。[6]

就《劝学（节选）》这篇文章，如果只是达到记忆水准，也就没有深层次的理解，于是教学中，就当引导达到后两种的理解。

理解水准的理解分为初级与高级。初级是情境认知的理解体认。《义务教育语文课程标准》（2011版）第三部分"实施建议"之"教学建议"指出："阅读是学生的个性化行为。阅读教学应引导学生钻研文本，在主动积极的思维和情感活动中，加深理解和体验，有所感悟和

思考，受到情感熏陶，获得思想启迪，享受审美乐趣。要珍视学生独特的感受、体验和理解。"如此，可以引导学生结合具身体验诠释对文章的理解，如设计问题：①文章的哪一句，你最有感触？为什么？请举个生活的例子来说明；②"君子日参省乎己，则智明而行无过矣。"你有生活的体验或周边他人的例子来赞成或反对吗？

也可以在课前，引导模拟情绪获得具身体验与理解。比如台湾地区黄实铭老师在执教根据庄子与惠施对话改编的《大树与小木匠》，先让学生思考学习单[7]：①你觉得这树有什么用途？你会停下来欣赏它吗？②如果砍下来，可以做什么？如果不砍下来，它树立在那儿做什么呢？③为什么它可以顺利长这么大？④你觉得它孤单吗？为什么？⑤它可能遇到好事，也可能遇到不好的事，可能有哪些呢？⑥如果你是树，那么多人靠近你，你的心情如何呢？你想要说什么？⑦如果有一个人过来，看了树就走掉了，那个人为何对树没兴趣？

如此引导让学生进行比较，推论思考，模拟情绪，预备困境，同理共感，更能理解文章的表达。在《劝学（节选）》教学前，也可以如此设计：①如果你鼓励他人学习，你会怎样鼓励？②你在生活中看到他人劝导学习，又是怎样的？你当时的感受如何？学生思考后，老师再引导分析揣摩课文的演绎，学生更能理解文章表达的技巧，也促成自身深入的思考。

高级层次的理解是基于高阶认知的理解。"从布鲁姆（B. S. Bloom）弟子安德森（L. W. Anderson）修订的新版教育目标分类学来看，教育目标是由金字塔的基底起始向塔尖发展的，是由①记忆、②理解、③运用、④分析、⑤评价、⑥创造 6 个层次构成，①②③是低阶认知能力，④⑤⑥是高阶认知能力。"[8]

知性思维作为一种理解力，是形成抽象概念的能力，它具有分析、规定、划界、定义等性能，演绎的就是高阶思维。

此一是意脉寻绎。只有文章内部意脉的清晰，才有阅读的深度把握。就单篇教学而言，可以思考：①"学不可以已"是论点，与下面三个分论点之间，关系如何？②学习与作用、方式的关系如何？③三个分论点的关系是并列的吗？如此引导对文章意脉的纵深思考，不停留在浅层的理解上，学生的思维就获得发展与提升，理解也就更透彻、完整。

此二是梳理概括。就任务群教学而言，我们就当引导学生，在群文中分析理解，形成丰富、立体与深刻的思想。如此则为演绎高价思维、知性思维，比如：《劝学（节选）》强调"学不可以已"；《师说》强调"是故无贵无贱，无长无少，道之所存，师之所存"；《改造我们的学习》强调"采取生动活泼新鲜有力的马克思列宁主义文风"。可以设计两个问题：1. 你认为这三者之间有什么逻辑关系？请用一句话阐发自己从这三篇文章中获得的学习观点，然后以此三点读书看法作出彰显逻辑缜密的阐述。2. 对比这三个读书观点，你认为哪个观点是最主要的基础？为什么？

运用水准的理解是将阅读思想、语言等运用到写作、生活情境中，生成自己的语言，真正实现语言的建构与应用，实现文化的传承与理解。具体可分两个层次。

初级层次：句词运用。如提出要求：请在"木直中绳，𫐓以为轮"后面加上你的几句话，表达你的意思。这近乎学生常演练的造句，是实践认知心理学中的具身理论："在教育教学中，应将认知、身体、环境视为一个系统，将社会实践活动引入教育教学，把单项的、静态的、离身的传授过程，变成互动的、生成的、具身的实践过程。"[9] 如此，有学生写道："荀子云'木直中绳，𫐓以为轮'，重塑形象，唯有砥砺不止，浅尝辄止者无以塑之。"如此具身认知的实践应用，不仅学会运用文章字词，也就进一步理解了句子在文中的意思。

高级层次：文化运用。朱自清认为："在中等以上的教育里，经典训练应该是一个必要的项目。经典训练的价值不在实用，而在文化。"[10]《劝学（节选）》中，蕴含了哪些文化因素呢？可以看到早在战国时期就发现读书的价值"重塑自身，助你成功"，提出学习的要求等，劝导国人崇尚学习。我们当引导学生了解中国历史上重视学习传统文化，增加对国人学习文化的认知。而在设计应用情境中，就当有文化传承的意识，拒绝低俗恶搞或平庸无聊。比如，可以创设任务情境。

情境任务一	情境任务二
你高一朋友认为读书无用，不如跟父亲做点生意。你如何选用文章的句子，加上自己的体验来劝导他？	自然景区要设立读书屋，请你选用文章的词语组合一个句子或对偶句，勉励游客不妨也停下脚步，读书思考，或宣导正确的读书方法。

第二部：审辩——深度阅读的关键思维

《普通高中语文课程标准（2017 年版、2020 修订版）》"中华传统文化专题"的"学习目标与内容"提出："加强理性思考，增进对中华文化核心思想理念和中华人文精神的认识和理解，体会中华文化创造性转化和创新。"而要让学生理性思考，也就要有审辩式的思维。"审辩式思维是最重要的国民素质，表现在认知和人格两个方面。其突出特点表现为：1. 合乎逻辑地论证观点；2. 凭证据讲话；3. 善于提出问题，不懈质疑；4. 反省自身的问题，对异见保持包容的态度；5. 认识并理解一个命题（claim）具有特定的适用范围和概括化（generalization）范围；6. 直面选择，果断决策，勇于为自己的选择承担后果和责任。"[11] 因为文化、时代、社会背景的不同，学习经典文言文，落脚点应该是文化的传承与反思，进而形成自己的思考。为此，《劝学（节选）》阅读教学中当培育质疑反省的审辩式思维。审辩维度一：说理思维。按照标题的提示，文章在劝导学习，你认为劝导有力度吗？或提出：文章用比喻的方法来阐释学习的方法与意义，有说服他人学习的张力吗？徐贲认为："在说理中的运用类比，并不是说明的理由或证据，而只是说明与解释。"[12] 古人习惯用比喻、类比来"说理"，但是这种没有建立在确证与分析性思维基础上的说理，缺失张力。如此，审视古代说理文化与思维，再思考现代的说理思维与意识，我们对传统文化的演绎就有更理性的传承。

审辩维度二：说理思想。影响西方说理的美国图尔敏论证，由一个主张（claim）、资料（data）、正当理由（backing）、支援（backing）、限定词（qualifier）和反驳（rebuttal）六大部分组成[13]。它关注了证据理由（资料）、推理的依据（正当理由）；设计限定的范围，消除自己"观点是否无条件限制"的疑惑；并不忘对他人质疑的辩驳（反驳），释解他人疑问。此演绎的是基于确证的对话、反思的说理思想。如果学习《劝学（节选）》后提出问题：荀子在文章劝导学习，读者还会有什么疑问呢？是否学习了一定可以有助于你视野的开拓？若不能，怎样的学习才是高效的呢？学生就会为了自身观点的支撑，主动介入对话、反思等说理思想，在学习传统文化经典时，自然有了现代说理的人文思维与科学思维的涵育，也就明确类比比喻是表达观点的方法之一，但并非是"表达的观点的根本方式"。

第三部：建构——深度学习的终极追求

裴娣娜认为，要采取建构性教学促进学生的发展，"认识学生的主体结构，努力发展学生的主体结构"[14]。经典阅读也是如此。PIRS对"阅读素养"如此界定："理解与运用社会需要的或个人认为有价值的书面语言形式的能力，年轻阅读者能够从各种文章中建构意义，他们通过阅读来进行学习、参与阅读社群并获得快乐。"[15]学习了《劝学（节选）》，就要引导学生从文章中建构自己的思想。本单元以"学习之道"为核心，可以设计情境，让学生实践两类建构。

一是文化母题中的文化建构。歌德认为"母题"是人类过去不断重复，今后还会继续重复的精神现象。为此，阅读完《劝学（节选）》后，我们可以让学生确定不倦学习、文人志趣、雅士之风等文化母题，然后翻阅资料，思考而形成自己的思想。如此，在这背景性概念之下再次阅读经典文章，则不仅带来阅读思想的拓展与深化，也促成思维的发展与提升。

二是阅读思想的建构。设计任务，引导学生，学习文章后，审视现实，关注未来，构建自己的思想，如：

设计一	设计二
通过学习本单元的关于学习的文章，请你在班会课上，谈谈你认为"学习之道"应该是什么？	上网查找古人谈学习之道的文章，结合本单元的课文，写一篇《古人学习之道最主要的关键词：……》小短文。文章"引用"有明晰的出处，有具体的分析。

设计一，不只是记忆积淀，更是学会分析思辨，从而形成自己的思想。设计二，是演绎学习性的写作，学生通过群文阅读，分析解读出古人就学习之道中最为重视的关注点。学生在小短文的写作中，提升自己的认知，厚实自己的阅读思想。

理解是经典阅读三部曲中的第一部，是领悟与传承的前提；审辩思维是阅读的关键思维，经典阅读没有审辩思维的介入，就无法洞悉文化的局限与对自身思想体认的矫正；而不建构自己的思想，还无法实现真正的理解与内化，实现深度阅读，真正实现文化传承与发展的终极追求。

四、结语

博尔赫斯认为："经典是一个民族或几个民族长期以来决定阅读的书籍，是世世代代的以不同的理由，用热情和忠诚去阅读的书。"经典阅读，是文化传承的重要途径，直接影响着学生精神世界的构建，影响着立德树人教育目标的实现。今天，我们要引导学生涵泳经典，更应该引导演绎深度阅读，内化、吸收经典的文化精神。如此，才能实现文化的传承与发展，才能回应培育语文核心素养、实现立德树人的社会与时代的热切期待。

注释：

［1］王荣生，宋冬生．语文学科知识与教学能力［M］．北京：高等教育出版社，2011：153.

［2］胡馨方，叶黎明．文言节选文《劝学》的教学问题分析［J］．语文建设，2017（28）.

［3］埃里希·弗洛姆．占有还是存在［M］．李穆斯，译．上海：世界图书出版社，2015：28.

［4］陈日亮．如是我读：语文教学文本的解读个案［M］．上海：华东师范大学出版社，2011：52.

［5］温雪．深度学习研究述评：内涵、教学与评价［J］．全球教育展望，2017（11）.

［6］［8］钟启泉，崔允漷．核心素养研究［M］．上海：华东师范大学出版社，2018：9，4.

［7］杜威．我们如何思考：杜威论逻辑思维［M］．章玮译．台北：商周出版，2017：31—32.

［9］司亚楠．杜威的具身认知及启示［J］．科教导刊，2018（24）.

［10］朱自清．经典常谈·文艺常谈［M］．北京：中华书局，2015：3.

［11］谢小庆．审辩式思维［M］．上海：学林出版社，2016：13.

［12］徐贲．明亮的对话：公共说理十八讲［M］．北京：中信出版社，2014：146.

［13］杨宁芳．图尔敏论证逻辑思想研究［M］．北京：人民出版社，2012：67.

［14］裴娣娜．现代教学论基础［M］．北京：人民教育出版社，2015：182.

［15］张所帅．坚守与创新［J］．全球教育瞭望，2017（2）.

阅读教学：文体意识淡化及其矫正

摘要： 当下诸多语文教师引导学生阅读时，文体意识淡化，以致学生无法真正读懂文章的内容和表现艺术。也因阅读中无法区分不同文体的表达特点，导致写作时文体不清。文体意识淡化，源自教师未充分认识文体在阅读教学中的地位及价值。矫正文体意识淡化的偏差，需引导学生关注文体特质，掌握文体分辨关键能力，并设计好读写链接，以情境性写作促进文体认知。

语文课程标准提出阅读教学的文体要求为："能够区分写实作品与虚构作品，了解诗歌、散文、小说、戏剧等文学样式。"[1]审视中学教学的现状，依然可见文体意识缺失，以致阅读无法体味文体隐含的深层信息与表达艺术，无法实现真正意义上的深层阅读。王荣生说："好的阅读教学，往往基于合适的文本解读；不那么好的阅读教学，其原因往往是不顾文本体式，采用了不当的解读方式、阅读方法。"[2]在倡导深度阅读、高阶思维培养的今天，尤其需要重视并强化阅读教学中的文体意识。

一、教学中文体意识淡化的表征

文体意识淡化，致使不同文体的教学同质化、肤浅化，进而导致阅读价值流失。文体意识淡化主要有主观与客观两个方面的表征。

（一）主观层面：文体价值认识阙如

教师未能理解文体在文本理解与深度阅读中的地位、价值，表现为教学中不注重文体性质，而是过度地做两个分析。一是做戏剧、小说、诗歌等人物形象分析。如讲读《蚊子与狮子》一文，就分析蚊子的形象特征，而不是紧扣寓言的特点，分析如何借助形象寄托深刻的寓意；解读《雷雨》，只分析周朴园、鲁侍萍的人物形象，弃矛盾冲突于不顾。二是做文章主题分析。如执教《窦娥冤》，就以"如何凸显人物的悲剧性"为主题分析原因，不是从戏曲特殊的表达（如曲子、动作等）角度来分析如何演绎悲剧性。执教《与妻书》，就以"为人们谋永福有几层意思"为主问题，引导学生读懂"为人们谋永福的生命追求"的多重意义。这个主问题如从文本中抽取出来独立探究，显然是抽象的说教，需放在当下的语境里，观前顾后来领悟其中的语词意蕴。例如用"天下人"不用"吾人"，用"永福"不用"幸福"，都具有特殊的语境义，都可从作者当下的夫妻复杂情感交流的所指和炽热的家国情怀的喷发中，去发现书信（家书）这种文体如何运用类似论说式、口号式的句子，给予读者强大的感染力和震撼力。

（二）客观层面：文体素养缺失

首先，未能领会文体特征。王鼎钧认为：散文是谈天的延长，小说是说故事的延长，戏剧是吵架的延长，散文是谈天，诗就是唱歌。[3]正因为不懂散文诗的情感蕴藉与语意跳跃的诗性特征，有教师对课文《荷叶·母亲》最后一句"母亲啊，你是荷叶，我是红莲，心中的雨点来了，除了你，谁是我在无遮拦天空下的荫蔽"提出看法：这句话在文中没有支撑，因为没有描写母亲对自己的荫蔽，因此显得唐突断裂。这是因为其未能把握散文诗情感内蕴性与思维跳跃性的特质。就如读刘半农《教我如何不想她》："天上飘着些微云/地上吹着些微风/啊/微风吹动了我头发/教我如何不想她?"如果缺乏诗歌文体素养，就读不懂诗歌的跳跃与隐秘，就不明白为什么不写想她的"理由", 这样就难以读懂诗中的逻辑、情感与诗性。

其次, 未能领悟文体特殊价值。不同文体有其不同的演绎方式, 各具独特的审美价值。很多教师虽关注文体, 却未能在教学中解读并凸显文体在语篇中彰显的独特的美。用汲安庆老师的话说就是未能开掘文本的"篇性", "实现阅读主体与作者言语智慧、言语生命的融合"[4]。比如对《窦娥冤》, 有的教师只是分析曲子、动作来演绎窦娥内心情感与思想的关系, 没有凸显曲子的唱词、韵律之审美价值。对《劝学》, 有的教师只引导分析文章比喻的意义, 没有分析比喻阐释独特的诗意、形象及贴近生活易于理解的美感。如"开玩笑背起妈妈, 走了一步。却哭了。妈妈真轻", 这是散文的表达; 如果是"开玩笑背起妈妈/走了一步/却哭了/妈妈真轻", 这是诗歌的表达, 很多教师对此理解为"诗歌以突转的手法, 表现出自己的诧异内疚与未曾关心母亲的自责, 流淌着对母亲的挚爱之情"。这种诗歌解读与散文解读没有区分, 是因为缺失文体素养, 没有读出诗句情感起伏巨大的落差, 感悟到由此带来强烈震撼的审美价值。

二、文体意识淡化的原因

教学中, 文体价值认识阙如与文体素养缺失, 源自教师未充分认识文体意识与文体素养在阅读教学中的地位及价值, 具体表现为对教材编写特点、课改理念认识的偏差。

首先, 对教材双线组元的认识不到位。新教材编写体现语文要素与人文主题的"双线组元", 语文教学中, 人文主题要落实在语文要素的寻绎与领悟过程中, 要贯彻在语文素养包括文体素养培育过程中。而很多教师认为落实人文主题是关键, 教学侧重人文主题, 这样就无法实现语文要素与人文主题的融合, 以致忽视审美鉴赏与创造、思维发展与提升, 自然也就淡化了文体意识。

其次, 对课改理念认识不到位。课改理念"从'三维目标'到'核心素养'是教育的又一次飞跃, '核心素养'的确认意味着学校的课程与教学从'知识本位'转向'素养本位'"[5]。因此，学生学语文不应只学习语文知识，更要培养语文能力，为未来终身学习做准备；有教师认为教学中应注重实践活动，多读多思则可。这忽略了语篇是语文素养的基本载体。事实上，"文体归属决定文本逻辑的特质"[6]，不考虑文体的阅读，不只是无法读懂文本逻辑，还无法读懂表达中的情感与艺术，更无法真正实现深度阅读，提升语文素养。

三、文体意识淡化的矫正

文体意识淡化的矫正需要教师文体意识的自觉与提升。教学实践中，当从教学设计、关键能力、读写链接切入。

（一）教学设计要引导学生关注文体特质

教学设计应当引导学生关注作者选择的文体，关注文体特质，继而实现对语言表达深层信息的理解。

首先，可采取文体起点分析。《荷叶·母亲》可设计引导学生思考的内容：这是一篇散文诗，表达对母亲的挚爱，为什么却要从荷叶、荷花写起？学生认为作者开头让读者先感受荷花、荷叶营造的意境，从中发现并品味其象征的意义，自然联想到生活中"母爱"和"亲情"的美好，从而诱发出一种审美的共情，而这种诱发，正是恰当使用了作者最擅长的散文诗这一文体的诗性特征和表现手法。这样，读者对散文诗的诗性审美价值，就有了亲切的感受。

其次，采用对比分析。统编版教材采取双线组元编排，但单元课文有文体混杂的现象。如七年级上册第六单元包含《皇帝的新装》、《诗二首》（《天上的街市》《太阳船》）《女娲造人》、《寓言四则》（《赫耳墨斯和雕像者》《蚊子与狮子》《穿井得一人》《杞人忧天》）。这里有童话、诗歌、神话和寓言四种文体，围绕"展现童年情趣灵趣"主题。这样的编排提供一个很好的文体比较窗口，以便学生更好区分与领悟不同文体的特征。

童庆炳认为文体起码具有三层含义：文体具有体裁的规范、语体的创造、风格的追求。[7]这三层含义确定了文体的特有地位及作用，阅读教学的设计中，应注重文体知识及意义内嵌于理解、感悟、审辩、构建等语文活动中，促使教学中学生带着文体意识与作者、文本的深度对话。

（二）掌握文体分辨的关键能力，让学生远离文体模糊的阅读

首先，是对文体特质的领悟能力。比如教学《皇帝的新装》，一位老师提出：作者借用童话的形式演绎对虚假社会、人性的批评，有什么好处？学生回答：童话可以虚构，文章可以写得更有灵趣，这样更能吸引读者；像蒲松龄写《聊斋志异》一样，既能讽刺现实又规避迫害。显然，学生未能真正理解童话可以运用夸张、想象的笔法，给作者留下广阔的不受生活"限制"的自由空间，增加文章趣味，也彰显讽刺意义。这就需要教师及时引导，使之体味到童话文体的特点。

有的学生读《答谢中书书》时提出："'自康乐以来，未复有能与其奇者'，太武断，句前应该加上'料'字。"这也是文体不清而致误。学生将抒情散文误认为说理性文章。因为说理文中，这是一句观点、想法，不是事实。"'事实'是公认的知识，而'想法'只是个人的看法。任何'想法'都不具有自动的正确性，必须经过证明。"[8]如果是说理性文章，这里加上"料"是对的，但在个人情感浓郁的书信体散文中，演绎的是情感逻辑，而非事理逻辑，不加"料"，才是对的，更能凸显作者远离官场的兴奋与坚定之情。

其次，是对文章体裁的识别能力。学习毕淑敏《精神的三间小屋》，笔者让学生写一个 100 字左右的推介词。学生写道："这篇文章从'第一间，盛着我们的爱和恨''第二间，盛放我们的事业''第三间，安放我们的自身'，严密论证观点：在熙熙攘攘的俗世，为自己的心灵建造三间小屋，安放自己的爱恨、事业以及精神，是一种多么高雅的享受。"显然，学生受教材编排文体不清的影响，将文章看成说理文。而不知这是个人情感浓郁、感性凸显的议论性散文，作者不是在理性说理论证，而是在抒情议论。文章自然不必讲究严密逻辑，而只重在触发读者的感性顿悟。

最后，是培养学生阅读中的文体策略意识。"我们需要发展一种关于我们正在做什么、我们要去哪里，我们怎样到达那里的觉知；我们要知道在手足无措的时候应该做什么。这样的自我调节或元认知技能是所有学习的最终目标之一。它们就是我们所说的'终身学习'，就是我们希望'学生成为自己的老师'的原因。"[9]要让学生学会阅读，让学生具备文体策略意识是必需的。这就要引导学生在阅读中有文体要素的感悟及反思意识，以调整或矫正阅读行为，形成良好的阅读习惯。比如阅读《劝学》，可以这样引导：①作者劝学，是从哪几个方面劝的？这是从文章里读到的吗？②为什么不用例证加分析或对话加分析的劝说方式？这样有什么优势与不足？③我这样理解文章比喻手法与寓意，合乎文体与篇章、文化语境吗？④如何推介这篇文章，让读者更好地接受文章的观点？如此，学生阅读策略具有文体或语篇高度，阅读中会积极反思与监控阅读的逻辑起点与阅读思维，矫正阅读行为，培养良好的阅读习惯。

（三）设计读写链接，引导学生在写作情境中深化对文体的认识

阅读教学中诸多教师喜欢读写链接，让学生在写作情境中演绎深度阅读。一位教师让学生仿写《荷叶·母亲》作《感谢你，母亲》，学生往往不描写母亲对自己的呵护行为，就直接描写树对幼树的呵护，然后感悟"母亲的呵护，就像大树对幼树的呵护，我心存感激"。教师应该有文体运用的判断能力，指出叙事文章没有生活事例的支撑，只是物象的描摹，读者就无法感受源自生活的叙说力度。再如《春》，其实是散文诗，教师不懂这一文体的特点，也让学生仿写课文以向他人介绍"家乡的春"，学生就会写家乡"小草、树、风、雨"泛泛的美，无法让人感受独特的美感，让人感觉写作浮华与写作生命的苍白浮躁。如果设计成学习描写"四季中的一个片段，表达自己欢愉、失望或恬静的心情"，则能让学生关注文体与表达的关系。

没有关注文体特质的读写结合，既读不好，也写不好，以写促读

也做不到。因此，读写链接的设计，当引导学生认真审视文体特质，把握文体要求。

四、提醒与期待

值得提醒的是，阅读教学亟须强化文体意识，但不能割裂文体的共通性。文体共通性有二。

一是文本的文体逻辑演绎。周建设认为："文学是讲逻辑的，主要不是讲逻辑知识的学问，而是讲文学表达的内容要符合认知的规律。"[10]不管是诗歌、小说、散文都要在文体特征视域下逻辑自洽、符合认知的演绎。比如对《女娲造人》的理解，从文本自身逻辑上就可看出不应存在的问题。文章有这么一句："大地上虽然有了人类，女娲的工作却并没有终止。她又想：人是要死的，难道死了一批再创造一批吗？这未免太麻烦了。"纰漏：人为什么会是要死的？这是神话，但也必须合乎"情理逻辑"，文章前面说：人的身体虽然小，但据说因为是神创造的，相貌和举动也有些像神，也和飞的鸟、爬的兽都不同。既然相貌和举动也有些像神，也和飞的鸟、爬的兽都不同，人又是神创造的，为什么又会死去呢？显然文章也未交代清楚。[11]

寓言演绎逻辑虽和一般叙事文章有相通之处，但阅读中不能因文体不同，而有意忽视其不符合逻辑与文体特质的演绎。

二是艺术审美价值的趋同性。比如：散文的借景抒情与诗歌的借景抒情相同，散文的对比与诗歌的对比也相同。教学中，要让学生找到不同文体的共同点，学会知识与能力的迁移、建构。

学生阅读中文体意识影响着阅读习惯与质量，影响着思维培育与发展，更影响情趣、信念、人格的涵养。积极矫正阅读教学中文体意识淡化的偏差，引导学生在品鉴、评价与构建时有文体意识的自觉，是实现语文深度学习，培养适应未来学习的阅读习惯与素养的关键。

注释：

[1] 中华人民共和国教育部．义务教育语文课程标准（2011年版）［S］．北京：北京师范大学出版社，2012：15.

[2] 王荣生，主编．阅读教学教什么［M］．上海：华东师范大学出版社，2016：18.

[3] 王鼎钧．文学种子［M］．北京：生活·读书·新知三联书店，2014：87－103.

[4] 汲安庆．阅读教育的四重境界［N］．光明日报，2019－10－16.

[5] 钟启泉．解码教育［M］．上海：华东师范大学出版社，2020：36.

[6] 孔凡成．评判文章逻辑应基于语境的正确运用：也谈《拿来主义》中的逻辑问题［J］．中学语文教学，2021（5）.

[7] 童庆炳．文体与文体的创造［M］．北京：北京师范大学出版社，2016：12－25.

[8] 徐贲．说理教育从小学开始［N］．南方周末，2009－04－30.

[9] 约翰·哈蒂．可见的学习：最大限度地促进学习［M］．金莺莲，洪超，斐新宁，译．北京：教育科学出版社，2015：116.

[10] 李节．语文课与逻辑能力培养：周建设教授访谈［J］．语文建设，2016（6）.

[11] 石修银．三个意识：阅读能力测试顺序引领［J］．中学语文教学，2016（10）.

（本文第一作者为建瓯一中李泓）

单元教学视域下高阶认知能力培育

摘要： 阅读教学中高阶认知能力培育，是高品质的教学追求，更是学生语文思维发展与提升的要求。新教材编写体现单元教学特点，语文教师当在单元教学视阈下培育高阶认知能力，培育核心素养。当前，探寻高阶认知能力的品质，分析具体案例，寻绎高阶认知能力培育策略与原则，有其现实意义。

一、高阶认知能力释义与阅读语境中的特征

钟启泉认为"基础教育"："其一，强调'基础性'——基础教育不是成'家'的教育，而是成'人'的教育，是培养有社会责任感、有教养的公民的教育。其二，强调'能动性'——基础教育不能满足于'低阶认知能力'，需要在低阶认知能力的基础上发展'高阶认知能力'。"[1]何谓高阶认知能力？"从布鲁姆（B. S. Bloom）弟子安德森（L. W. Anderson）修订的新版教育目标分类学来看，教育目标是由金字塔的基底起始向塔尖发展的，是由'①记忆、②理解、③运用、④分析、⑤评价、⑥创造'六个层次构成，①②③是低阶认知能力，④⑤⑥是高阶认知能力。"[2]而高阶认知能力在语文阅读语境中有两种

特征。

（一）知性分析

黑格尔认为："知性作为一个概念判断和推理的能力，是从概念规定表象对象开始进入纯概念思维，从而摆脱表象直接性的过程。"[3]知性分析作为一种理解力，诠释抽象概念的能力，它演绎分析、规定、划界、定义等思维性能。基于阅读教学本质，当培育三种知性分析能力。

第一是信息整合力。信息整合力拒绝思维的感性或碎片，是篇章语境下信息筛选、整理为形成定义或分类的思维能力。此包含着两种形式。一是下定义。能否给文章的主题、关键词、人物形象等做个定义诠释。这直接考验着对文本的整体把握与情思理解。二是概括，此是对文章思想、要点等的梳理总结。提炼出中心词、关键词、中心句等。

第二是逻辑分辨力。教师没有逻辑分辨力，最明显表征是只有现象或特点的陈述，没有意脉意识。周建设认为："文学是讲逻辑的，主要不是讲逻辑知识的学问，而是讲文学表达的内容要符合认知的规律。"[4]教师无法理清文章演绎的内在逻辑，就是演绎碎片化思维，没有文章与段落意脉的寻绎，不仅无法解读作者的思路与情感密码，学生思维无以发展与提升，无法培育高阶认知能力，演绎深度阅读。

第三是内蕴解读力。低阶认知未能介入分析思维，只能浮浅理解，难以深入语言文字的深层，而内蕴解读力，则演绎深度阅读，解读言语与形式潜藏信息或暗示、隐喻或象征等意义。

（二）理性分析

理性是一种摆脱感性思维的干扰，有清晰思维方向，充分思维依据，能对事物或问题进行审辩解剖、质疑批判的思维品质。就阅读语境，理性思维常见如下两种。

一是审辩思维。谢小庆认为："审辩式思维是最重要的国民素质，表现在认知和人格两个方面。其突出特点表现为：1. 合乎逻辑地论证观点；2. 凭证据讲话；3. 善于提出问题，不懈质疑；4. 反省自身的问题，对异见保持包容的态度；5. 认识并理解一个命题（claim）具有特定的适用范围和概括化（generalization）范围；6. 直面选择，果断决策，勇于为自己的选择承担后果和责任。"[5]有此思维素质，阅读承载冷静理性的审辩思考，避免膜拜盲从言语情思与表达，彰显自己思想、语言的建构与创造。

二是建构思维。语文学习终极目的就是涵育语文素养与构建知识、技能与态度。建构思维演绎建构力，此建构力诠释关键能力的内涵："不仅包括学生已经获得的能力，还包括在未来获取新知识、构建新的知识体系的学习能力。"[6]此亦是高阶认知能力中的创造品质。此思维有三种含义。一是建构语言。此为体现语言、思想迁移的灵活力，构建自己的言语表达与话语体系。二是建构知识大概念。大观念又称为"大概念""核心概念""基本观念"等，是超越学科事实性知识而做出的重要"推论"或"概括。"[7]三是建构就某观点、某任务、某话题等的阅读思想，诠释学会阅读为终极目的的课程理念。

二、案例分析：高阶认知能力培育在阅读教学中的实践

阅读教学，若是指向低阶认知能力的关注，停留在记忆理解文本内容、语言的层级，则不是在引导实现存在式学习："他们领悟这一思想并主动地、创造性地做出反应，他们学到的知识促进了自己的思考，于是他们脑子里就出现新的问题、新思想和新观点。"[8]当今强调单元教学背景下，阅读教学浅表化、喧闹化现象尤其严重，若没有对此提出批评矫正，语文教学将再次陷入困境。

观察《记承天寺夜游》教学，发现存在两个问题。一是阅读层级低，只是对文章字句的分析理解，停留在"读懂"层面，演绎低阶认知能力的阅读学习。二是群文教学过程无视学生认知能力与规律，导致阅读价值流失。现在常见两种阅读教学"新方式"。一是单元群文阅读，与《三峡》《答谢中书书》《与朱元思书》整合一起，设计任务：

看看古人如何表达自己对山水的热爱，或古人如何在景物中融入自己丰富的情感？第二种是选择苏轼诗歌如《定风波》《赤壁赋》等，设计任务：苏轼是豪放派的作家，从这些诗中，你可看出诗人的豪放表现在哪里？有什么共同特点？然后自拟题目（如《豪放的苏轼，豁达的人生》《苏轼引领豪放的词风》等），写一篇不少于500字的短文。这两种都是缺失课堂价值的教学。因为一节课，学生能读懂一篇文章就不错了，更不用说是群文阅读，如果硬要在一节课阅读群文，除非是课前做了大量的功课，不然都只会导致浅表性阅读与教学，或被教师机械牵引，学生无法真正深入思考，无法真正产生自己的阅读感悟与审美鉴赏。某教师执教这篇课文，演绎在单元目标视域下适时关联前面课文的单篇精讲，在课后关注单元篇目，并引导作单元知识的整合与梳理，形成更高层次的知识、能力的建构。此教学过程指向高阶认知能力的培育，值得思考。其教过程学分如下六步。

第一步：了解苏轼

要求1：说说你眼中的苏轼是怎样的一个诗人？若用一个词来概括，你会选什么词？为什么？

了解作者，很多教师就是提出："你说说苏轼是一个怎样的人。"学生答案就是浅表或类雷同的，如"豁达的人""热爱生活的人""豪放派的代表"等。学生回答如此随性，不用思考理由的支撑，也不用演绎思维判断整合，无助于思维发展。而教师这样设问，则是引导知性概括，学生自由思想，并提出支撑的充足理由，则促使学生思维深化与严谨。

要求2：阅读《定风波》与译文，思考哪些句子中可见作者的形象？

选用同是乌台诗案背景的诗作，如此，学生视野悄然打开，不仅容易理解作者的心境与人生态度，也有助于拓展思维的宽度，促成关联性思考。

第二步：读懂文章

要求1：读懂字词：A请一个同学朗读，其他同学发现问题；B同桌之间，翻译一遍。

要求2：在（　）补上情绪词，如竟然、突然，但是、于是、恰好、幸好、可是、难道……

元丰六年十月十二日夜，解衣欲睡，（　）月色入户，（　）欣然起行。（　）念无与为乐者，遂至承天寺寻张怀民。（　）怀民亦未寝，（　）相与步于中庭。庭下如积水空明，水中藻荇交横，盖竹柏影也。（　）何夜无月？何处无竹柏？但少闲人如吾两人者耳。

要求1，没有什么亮点。要求2，让学生通过揣摩情绪词，读懂意脉——读懂作者情绪变化，读懂文章脉络。这样，学生阅读非碎片化，彰显思维张力。如此设计情境体验，学生展示自己填写的情绪词后，教师引导矫正，学生就掌握了作者情感曲线，继而体悟曲线艺术之美与真诚人文之美。

第三步：深化理解

要求1：选取《定风波》文中的词，或文中词加上自己的词，点评苏轼的心境。思考：下面哪些是对的呢？

①一蓑烟雨任平生；②微冷，山头斜照却相迎；③穿林打叶，吟啸徐行；④心之归处，也无风雨也无晴。

这是很好的示例。学生排除了③，因其误认为"穿林打叶"是诗中苏轼的行为。在运用情境中通过选词点评心境，就能发展学生思维，也引导学生真正读懂作品。

要求2：学习刚才的方法，选取文中词组合成句，或文章词加上自己的词，点评苏轼《记承天寺夜游》的心境。

学生展示：①月下携友，心境空明；②月色有诗情，中庭有画意；③中庭徐行，月下为乐；④闲人心空明，徐行意欣然。这就是用文章中的句子表达自己的真实体悟，引导深度阅读，但学生点评，①④最佳，因为褫其表象而透析诗人心境愉悦之因，解读潜隐的生命意态，彰显思维张力。学生在比照中，感悟低阶认知能力与高阶认知能力的迥异。

第四步：品味反思

要求：讨论：你喜欢这篇文章吗？为什么？思考支架：①哪一种手法值得我学习？②文章什么思想打动了我？

具身理论认为，"一个物体知觉的形成，不仅取决于物体本身提供什么刺激，也取决于有机体本身的结构与能力"[9]。执教者不是在灌输言语与艺术，而是引导学生表达自己的阅读体验，但只是引导"肯定""欣赏"，没有考虑学生复杂的认知状态。不妨加上：③你对文章的观点赞成吗？④你赞成作者的人生态度吗？⑤文章是否可以有修改的地方呢？

这样学生可以自由思想与表达，演绎审辩思维。

第五步：内化生成

要求1：思考：读了这篇文章，你会在表达或作文上用上哪些句子？教《答谢中书书》时引用示例：青林翠竹，四时俱备。把自己融进大自然，你会发现情感的畅适、人生的美好。改用示例：夕日虽已颓，沉鳞仍竞跃，积极的生命不因环境的变化而失去活力。

"语文能力是一种综合能力，理解、感觉、体验、察悟，包括语感，主要靠大量'涵泳'，逐步习得。如果缺少个人的阅读体验与感觉，没有个性化阅读，而老师讲解太多、太细、太零碎，还可能破坏那种涵泳的美好感觉，使美文鉴赏变成冷冰冰的技术性分析，甚至沦为考试应对技巧。"[10]温儒敏强调个性化阅读、个性化思考，而阅读学习情境就是学生个性化阅读与思考的基石。教师引导学生联系自身体验，彰显个性化解读，并将感悟理解连接在言语表达中，从而实现语言建构。学生思考后展示，如：

①庭下如积水空明，水中藻荇交横。为萧瑟的秋日带来了生机与喜悦；②水中藻荇交横，生活复杂难理；③何夜无月？何处无竹柏？只是你没有欣赏的眼睛；④月色入户，欣然起行。感受春夜的恬静，散享生活的诗意。

此中只有学生②是错误的。如此准确的情境运用，演绎深度阅读的高阶认知能力，学生在情境运用中，彰显个性化阅读，深化了对课文的理解，也丰富写作表达的语言。更主要的是延展了作品生命，诚如叶嘉莹所道："从李商隐的诗诠释到什么？而我用义山诗句写的是什么？这已经是从诠释到感发和接受了，所以诗歌的生命是不死的。"[11]

第六步：单元训练设计

上完本单元后，完成下面的两个题目：①郦道元、陶弘景、苏轼纵情山水，折射出不同的人生态度，你喜欢或反对谁的人生态度，为什么？请在语文课的读书分享会上，与同学分享你的观点与思考；②与同学谈论问题：从郦道元、陶弘景、苏轼这三篇文章中，可以看出文章中融情于景的手法有什么特点？为什么？要求耐心听取同学的观点或提出质疑。

现在有的教师取消单篇教学，一节课中，演绎群文，或者两篇文章对比阅读，似乎这就是落实"单元教学"。这是一种误解，这只是演绎浅层阅读，学生没有深度的理解，无法培育高阶认知能力。单元教学的概念，一是指单篇教学在语文要素与人文要素主题视域；二是指在单元课文讲完后，引导作逻辑自洽的深度思考，实现单元某种知识、某种能力等的整合、梳理与生成。该教师这个设计，引导学生结合自身体验与信念，提出自己对某个主题或语文要素的思考；又引导学生通过大概念"融情于景手法"等的理解，实现知识网络的构建与知识迁移、生成等。如此则是演绎知性思维与理性思维，促成思维发展与提升，实现语言建构与运用，获得阅读知识与方法等的领悟。

三、单元教学高阶认知能力培育的原则

培育高阶认知能力，课堂是主阵地，观诸单元教学实践，当从前提、向度与操作层面确定培育原则。

（一）前提：尊重性原则

尊重性，体现有三。一是尊重学生体验与具身认知的特性，不可扼杀学生个性思考与感悟。陶孟和《社会学科的性质》指出："教育不

是传布偏见，不是灌输成说，乃是解放幼年的心灵，发展自己的判断力。换言之，教育不是给人见解，乃是帮助人得到见解。"[12]二是尊重学生认知规律。哈蒂认为"我们需要作出重大的转变，从过分依赖表层知识到降低对其的重视程度，要将教育目的转变为形成深层理解或发展思维能力，达到表层学习和深层学习之间的平衡，帮助学生成功构建正当合理的有关知识和事实（概念层面）的理论"。[13]可见，教学不可无视学生认知能力与思维特点，而径直开展单元阅读或群文阅读，以避免破坏"浅层学习——深层学习——构建有关知识与概念"的渐进性与平衡性。三是尊重单元目标与文本特征，不可离开单元语文要素目标，而按照自己喜好或个性读解设计教学目标并演绎教学。

（二）向度：素养性原则

高阶认知能力培养，拒绝占有式学习："（此）就是抓住自己所学到的一切，或者牢牢记在心里，或者仔细保存在自己的笔记本中，他们不需要产生或创造新的东西。"[14]也只有培育基于文本语言、文化与交际语境的分析思维、审辩思维与创造思维的素养，才能培育高阶认知能力。为此，演绎素养性原则，培植阅读能力，让学生掌握指向终身学习的阅读素养，才是阅读教学的根本目的。也正因此，阅读教学课程设计要从"知识本位"转向"素养本位"，不能满足于记忆、运用、理解的低阶认知能力培育。

（三）操作：挑战性原则

哈蒂认为"教师可以设定具有适当挑战性的目标，然后构建情境帮助学生实现目标，从而做到有效备课"[15]。观诸当前阅读教学，目标常是浅易实现而非挑战性的，这无助于思维发展与提升、知识拓展与建构。根据文本特点与单元教学目标，当主要从两个维度设计挑战性目标。一是阅读策略维度，如从比较阅读、关联阅读、批判阅读等处设计，拓展与深化思维；二是阅读任务维度，如从概念阐释、阅读观点形成与佐证、观点与生活契合等处设计，让学生学会整合与形成阅读思想，促使生成境脉化知识，从而培育高阶认知能力。

《中共中央、国务院关于深化教育教学改革全面提高义务教育质量的意见》（2019 年 6 月 23 日）提出"强化课堂主阵地作用，切实提高课堂教学质量"，指出"充分发挥教师主导作用，引导教师深入理解学科特点、知识结构、思想方法，科学把握学生认知规律，上好每一堂课"。语文教学直接影响学生素养与思维，关乎学生生命成长与社会发展。语文教师当在单元教学的视阈下，引导关注学生高阶认知能力的培育，促成学生思维与学习力发展，以适未来生命与社会发展之需。

注释：

［1］［2］钟启泉，崔允漷．核心素养研究［M］．上海：华东师范大学出版社，2019：6，4.

［3］王天成．黑格尔知性理论概观［J］．吉林大学社会科学学报，2010（3）.

［4］李节．语文课与逻辑能力培养：周建设教授访谈［J］．语文建设，2016（6）.

［5］谢小庆．审辩式思维［M］．上海：学林出版社，2016：13.

［6］教育部考试中心．中国高考评价体系说明［M］．北京：人民教育出版社，2019：23.

［7］卢臻，董雪，李昕．统编高中语文教材单元目标群建构策略与实践案例［J］．中小学教材教学，2020（12）.

［8］［14］〔美〕埃里希·弗洛姆．占有还是存在［M］．李穆斯，译．上海：世界图书出版社，2015：18，28.

［9］叶浩生．具身认知的原理与应用［M］．北京：商务出版社，2017：24.

［10］温儒敏．温儒敏论语文教育［M］．北京：北京大学出版社，2010：17.

［11］叶嘉莹．美玉生烟：叶嘉莹细讲李商隐［M］．北京：北京大学出版社，2018：172.

［12］李杏保，方有林，徐林祥．国文国语教育论典（上册）［M］．北京：语文出版社，2014：34

［13］［15］〔新西兰〕约翰·哈蒂．可见的学习：最大限度地促进学习［M］．金莺莲，洪超，斐新宁，译．北京：教育科学出版社，2015：86，53.

语文核心素养视域下的问题设计转向

摘要：当下的阅读教学存在单纯阅读、浅层阅读、隔离阅读三个方面的问题，主要原因是语文教师没有提升学生语文核心素养的自觉意识，在引导性教学问题的设计上，还在沿用早已成习的做法。从语言建构与运用、思维发展与提升、审美鉴赏与创造、文化传承与理解四个维度出发，设计不同于传统教学的引导性问题，帮助学生提升语文核心素养，是解决阅读教学存在单纯阅读、浅层阅读、隔离阅读的有效途径。

　　《语文课程标准》修订组组长王宁教授说："什么是语文核心素养？语文核心素养是学生在积极主动的语言实践活动中构建起来的在真实的语言运用情境中表现出来的个体言语经验和言语品质。"[1]审视当下的课堂教学，我们会发现其存在这样三个方面的问题：一是单纯阅读，未与语言实践活动连接；二是浅层阅读，语言实践活动无法引导学生彰显思维张力；三是隔离阅读，未体现阅读与社会生活的连接，未真正实现对文化的理解与传承。存在这三个方面问题的主要原因，是语文教师没有提升学生语文核心素养的自觉意识，在教学问题的设计上还在沿用早已成习的做法。这些问题语文教师当尽力矫正。

一、语言建构与运用维度

语言建构与运用，简单地说就是引导学生积累语言素材，获得语感，并能够辨析语言表达的准确性与艺术性，掌握语言文字运用的规律，形成在具体语境中运用语言文字进行交流的能力。主要途径或策略是引导学生学会移用与仿用优美、新鲜、典雅的词语与句式，捕捉课文中的语言运用规律与表达亮点，选择恰当的语言训练形式，引导学生在真实的言语实践活动中主动积累、内化与表达，将习得的语言文字与表达形式转化后纳入自己的语言体系。请看下表两个层面的说明：

层面	内容	内化形式
语言词汇层	新鲜，鲜活，凝练	移用，仿用
语言形式层	①优美的语言②幽默的语言③灵动的句式④巧妙的表达艺术	移用，仿用

以教学陶弘景的《答谢中书书》为例，很多教师往往这样设计教学：通过诵读积累词汇，感悟课文语言的凝练之美与景物的形象之美。这样设计只体现了积累语言的要求，而没有引导学生内化语言，自然无法实现语言学习的迁移。我国台湾地区学者黄光雄、蔡清田认为："课程设计也要选择适宜的生活经验，帮助学生将所学到的应用到熟悉的情景中，以促进学习的迁移。"[2] 为此，转向后的教学设计可修改为如下内容：

1. 写一段话，嵌入文中的一两个句子。

2. 仿用句式。

（1）写一段话，化用文中的一两个优美句子，表达某种情感或思想。

（2）仿写下面句子中的其中一句。

①两岸石壁，五色交辉。青林翠竹，四时俱备。

②晓雾将歇，猿鸟乱鸣；夕日欲颓，沉鳞竞跃。

3. "竞跃"是什么意思？能否再组一个四字词语？

如此设计，便可让学生在理解、积累好词佳句时不局限于课文中的词语句式，而是将之运用在新创设的语境中，进而学会运用优美典雅的语言，彰显词句表达的诗意与情感，实现从"言语理解与认知"向"具体语境的真实运用"的转向。

二、思维发展与提升维度

"阅读能力的核心不是理解能力，而是思维能力。"[3]阅读是复杂的动态思维过程，不仅要唤起头脑中储存的知识信息，更主要的是还要对信息进行筛选、提取、整合、分析。思维层级表现为思维的层次性。朱绍禹先生将"阅读分为复述性阅读、解释性阅读、评价性阅读与创造性阅读"[4]，并指出其思维水平呈现出由浅入深的态势。由此，要实现思维的发展与提升，必须实现以下三个转向。

（一）改变感性体味的浅层阅读，转向理性深思的深层阅读

郑振铎的《猫》演绎了爱心等情感教育和反思精神等思想教育，教学这一课，对人物思想的把握，大多数教师都颇为重视。比如，有教师就这样设计引导性教学问题："你认为作者是一个怎样的人？能自圆其说、言之成理即可。"这样引导，看似在对多元解读进行呵护，但解读虽然可以多元却亦有"界"。思维有深浅之分，教师不能仅仅满足于"自圆其说"，还应该引导学生掌握课文文本的内核，进行深入阅读。为此，转向后的问题可以这样设计："根据文章揣摩作者的写作意图后，你认为作者是一个怎样的人？"

之前的提问，学生只能答出作者是个爱猫的人、知错就改的人、尊重生命的人等。显然，这样的阅读是浅阅读，与课文文本的核心意义相去甚远。而学生要回答转向修改后的问题，就得揣摩课文语境，

才能说出作者是个对弱势生命同情与尊重的人。如此紧扣语境、直指课文核心与作者原意的阅读，才是相对而言的深阅读，才会有思维的张力。

（二）改变碎片语言感悟的阅读指向，转向逻辑性体味的阅读

陈日亮先生说："一切文本皆人本，不能只见文不见人。如果真有所谓语文的纯工具论（不是纯工具性），那么所指即是不见人的文。有这样的文吗？看来把一篇文章作割裂或孤立地分析讲解赏析，也是其中的一种，而不单指脱离语境的文脉和背景的字词句章的教学。"[5]时下的语文教学，随意抓住几句碎片语言就思考品味，罔顾整体与段内情志脉络的现象颇为严重。这非常不利于学生对课文整体的把握，更不利于学生良好阅读习惯的养成。

还以教学陶弘景的《答谢中书书》为例，有教师这样设计引导性问题："'晓雾将歇，猿鸟乱鸣；夕日欲颓，沉鳞竞跃。'文中描写了晨晓与夕落时怎样的景象？"这样的问题只是引导学生对局部句子进行理解，见文不见人，没有引导学生对课文的深层意脉进行把握，学生自然无法体会景中投射的作者情感，阅读便只能是碎片化的阅读。为此，转向后的设计可修改为如下内容：

1. 课文是一段话，若要分段，可分几段？请说出理由。
2. 如果以"答谢中书书"为副标题，你会加上一个怎样的主标题？理由是什么？

这样设计，指导学生学会分段，他们就能掌握课文的行文脉络，而练习加主标题则是在引导学生把握整体内容后，读懂作者行文演绎的情感，并培养学生的概括能力与以文解文的阅读习惯。

（三）改变对限域文本写作技巧的把握，转向对类篇写作艺术的感悟

关于指导学生学习把握《答谢中书书》中状景抒情的艺术，有教师这样设计引导性问题："这篇课文写观山之景时，选了哪些景物？目的何在？"如此提问，只能让学生掌握《答谢中书书》状景言情的表达艺术，根本无法引导学生形成对状景这一类文章的阅读与写作能力。为此，转向后的设计可修改为：

阅读下面一段话，结合课文与以前读过的文章，向低一年级的同学介绍鉴赏状景言情类散文或诗歌的方法。

王国维的《人间词语》：昔人论诗，有情语、景语之别，殊不知一切景语皆情语。

提示：可以先找出课文写了哪些景色，并从景物中揣摩出作者的心境，以及作者欲向友人谢中书表达什么。

邵朝友、崔允漷说："在学科构成中大观念可以代表学科核心概念，大观念的理解及其运用大观念解决问题的表现，体现了学科课程目标的要求。考虑到当今科学素养代表了学科课程目标，因此大观念的理解与运用直接体现了学科素养的要求。"[6]上面修改后的问题设计，旨在引导学生学会回溯课文，解读出"一切景语皆情语"的言情达意的写作艺术，掌握诗歌体式的鉴赏方法这个"大观念"，进而感悟状景言情一类文章的学习规律，提升鉴赏能力，实现学科课程目标。

三、审美鉴赏与创造维度

"审美鉴赏与创造"在诗歌、散文教学中尤其需要重点培养，具体方法主要是引导学生对文章之美进行体验感悟、欣赏评价，使学生在美的渐染与品味中，获取审美意识与审美能力，培育学生创造美的能力与品质。教学杜甫的《望岳》时，有教师这样设计引导性问题："当你登高纵目，与云朵、飞鸟、山峦融为一体时，也许就会心气清朗，油然产生类似《望岳》传递的感受。反复诵读这首诗，体会结尾两句的含义。"这样设计，只能唤起学生的体验性记忆，而不是在引导学生品味和鉴赏诗歌的美。转向后的设计可修改为如下内容：

1. 朗读诗歌，体会诗歌节奏与音韵中蕴含的情感。

2. 展开想象，用自己的话描绘"荡胸生层云，决眦入归鸟"的画面。

3. 诗歌结尾是"会当凌绝顶，一览众山小"，涵泳这句诗，展开联想，你能感觉到美在何处吗？

读出诗歌节奏与音韵，是为了感受诗歌特定体式的美感。诗歌离不开想象，在品味诗歌的意象时，加入自己丰富的想象，更能感受到诗歌的意境之美。为此，教学《望岳》时教师要引导学生品味诗歌语言气势中所潜隐的情感，品读出诗人壮志凌云的豪爽之美，并引导学生联系人生，感悟诗歌语言中蕴含的哲理之美。

四、文化传承与理解维度

学生对民族文化的理解不尽如人意的原因有二：一是教学中教师未能挖掘出民族文化因素，比如教学古典文学作品时往往重言轻文，或是见言不见文；二是教学中教师未能打通文化与现实之间的关系，致使学生对传统文化有隔离感。为此，教学中的问题设计应当实现三个转向。

（一）由重言轻文转向言文并重

教学《诫子书》时，有教师这样设计引导性问题："画出课文中表现'志'的句子，联系上下文，说说你对课文中'志'与'学'关系的理解。"这样设计，针对句子与文脉的理解，根本不能引导学生体会课文承载的文化因素，包括我国古代的家训文化、家训文化背后的儒家文化，以及儒家文化中的"君子观"等。转向后的设计可修改为如下内容：

1. 揣摩课文，你认为古代文化中的"君子"具有什么品质？

2. 诸葛亮在文中对孩子满怀期待，体现了古代文人的操守，你能读出诸葛亮潜隐于文中的情怀吗？

如此设计，引导学生通过对课文文本进行揣摩分析，学生便既可玩绎文本，培养文言语感，又可洞见古人对君子的要求，了解古代文人宁静修身的情怀，理解儒家思想，进而理解中华文化中的丰富精神。

（二）改变以文解文的狭窄路径，转向与生活相融的连接

首都师范大学王云峰教授说："设计真实的语言运用情境的目的，是将学生的语文学习与实际生活中运用语言进行理解、表达和相互交流沟通的需要直接相连。"[7]现代汉语的学习与运用，为学生学习古代文学作品提供了基础与借鉴。引导学生实现理解与传承中华文化中，应当引导学生在实际生活情境中，结合语境表达对文化的"自我"与"现实"的思考。

教学《岳阳楼记》时，有教师这样设计引导性问题："文章体现了范仲淹的快乐观，你认同吗？为什么？"这样提问，根本无法解读出范仲淹快乐观的时代意义，当然学生也就很难与范仲淹实现情感的共鸣。转向后的设计可修改为如下内容：

范仲淹"先天下之忧而忧，后天下之乐而乐"的观点，你是怎样理解的？请举现实生活中的两个例子加以说明。

这样提问，让学生结合现实生活，思考作者的观点在当下的价值，并列举生活中的例子加以说明，可以引导学生远离空话套话，真正"凝视古人，审视现实"，学生的收获自然要多得多，深得多。

（三）改变简单或模糊的提问，转向引导学生对课文蕴含的思想感情与当下社会生活联系的深度思考

《生于忧患 死于安乐》中的忧患意识，在当下仍有非凡的现实意义。教学这课时，有教师这样设计引导性问题："细读文章，谈谈你是如何理解'生于忧患，死于安乐'这一观点的。"显然，这一问题对学生的要求过于简单，既无法让学生深入思考孟子的思想，也无法培养学生条分缕析的思考习惯。为此，设计可修改为如下内容：

> 作为当代中学生，你认为"生于忧患，死于安乐"还有现实意义吗？把你的看法写下来，字数150—200字，要求条理清晰。

这样引导学生思考现实社会，并提出具体要求，学生的思考自然会渐渐深入与清晰。这是阅读与写作的连接，背后是阅读的深化与对社会的深入思考，教学中教师可以借鉴。

黄光雄、蔡清田曾说："国民核心素养是后天习得的，并经由学习者一段时间的学习与积累充实以获得素养。"[8]语文核心素养的培育，是语文教育的目标与责任，语文教师当在教学中不断探索，孜孜以求。

注释：

[1] 王宁. 语文教育与核心素养——语文核心素养与语文课程的特质 [J]. 中学语文教学，2016（11）.

[2] [8] 黄光雄，蔡清田. 核心素养：课程发展与设计新论 [M]. 上海：华东师范大学出版社，2016：154，53.

[3] [4] 余玲艳，代建军. 语文深度阅读教学的分析模型 [J]. 教育科学研究，2017（05）.

[5] 陈日亮. 救忘录——一个特级教师的读书零札 [M]. 上海：华东师范大学出版社，2014：59.

[6] 邵朝友，崔允漷. 指向核心素养的教学方案设计：大观念的视角 [J]. 全球教育展望，2017（06）.

[7] 王云峰. 在语言运用中提升语文素养 [N]. 中国教育报，2017—04—12.

写作

探寻：为了未来发展的思辨性写作

——从时评学习热谈起

摘要：一些教师热衷于将时评文作为写作学习的范本，这一做法值得商榷。有的时评文论证缺乏深度、说理乏力，以此为范文，难以提高说理能力和培育思辨意识。中学议论文教学当引导基于分析、辨析的思辨性写作，为学生适应未来的学习生活创造条件。

一、谨慎：时评文作为作文教学的范本

现在一些教师喜欢印发时评文，对其进行分析并让学生模仿写作。这诚然有一定的道理。因为时评与当今"关注时事、点评时事"的任务驱动型写作的要求契合。在目前没有公认的严谨规范的议论文章的前提下，从时评文中学习不失为简捷的方法，但我们也不能一味膜拜媒体的时评文。先看下面这篇 2019 年 2 月 21 日《人民日报》发表的文章。

"升级"我们的文化供给

一部让地球"流浪"的电影，被誉为中国科幻电影的里程碑，票房突破 40 亿，热度持续至今；一次让故宫"灯如昼"的活动，"霸屏"朋友圈，也成为元宵佳节一种新的浪漫，表达人们日益爆

棚的精神文化需求，显露出巨大的爆发力和推动力。而这种喷涌的对高品质文化产品的渴求，意味着我们的文化供给和表达方式需要不断"升级"，来进行及时的响应。

近些年火热的文化类节目也在创新升级。刚刚结束的第四季《中国诗词大会》，不仅在赛制、舞美等方面有不小的创新，还突出了诗词的"日常生活化"和"传统文化性"，首次增加传统诗词在现实场景中的应用题，生动展现经典诗词活在当下的魅力。要让传统文化在更广阔范围生机盎然，就必须让其在更现实的层面产生影响。《中国诗词大会》就在这个方向上发力。

去年走红的文化综艺节目《声临其境》今年也"更现实"，第二季不仅继续用"声音飙戏"，还别具匠心地把拟音师邀请至舞台，将这一群"声音的魔术师"展现给观众的同时，也真实呈现他们面临的生存危机：从业者寥寥，技艺面临失传。这种关注现实、聚焦行业的创新举措，不仅有助于一项技艺的复苏，更有助于"声音产业"的良性发展。

也要看到，在广袤的乡村和偏远地区，文化供给还不能让所有人满意，有硬件缺软件、有人气缺人才、有内容缺精准……种种发展中存在的问题，需要通过不断发展来解决。而解决的方子，就在"升级"二字：升级理念、升级机制、升级创作、升级表达，让文化内容更丰富多样，让传输机制更通畅便利，让表达形式更灵活亲切。

文化供给"升级"不会一蹴而就，需要持续发力。取得的进步，可喜，但不能止步。要让优秀传统文化在现实生活中不仅"火起来"，更要"一直火"。弘扬中华文化，需要"流行体"，更要"走心体"。我们要通过供给的提升、表达的创新、意识的进步，来更好地回应人民群众饱满的文化热情，推动传统文化的传承、文明素养的提高。也要通过讲好中国故事，共推中华文化走近民众，走向未来，响应这个伟大的时代。

这可以作为我们的范本吗？答案是否定的。因为这篇文章还不算一篇严谨深入之作。文章只是陈述了三点：①近些年火热的文化类节目也在创新升级；②在广袤的乡村和偏远地区还无法升级；③光靠升级还不够，弘扬中华文化，需要"流行体"，更要"走心体"。这些陈述都属于表面的思考。如果是思辨性写作，文章还应当有三个体现：

一是概念界定。标题是"'升级'我们的文化供给"，那何谓升级？文章没有一个概括性的定义。按照作者的理解，升级似乎就是让文化类节目更具现实性。而文章最后又提出"走心体"，似乎也是升级的内容。文章没有概括的定义，不见知性分析的思维，也就无法彰显思想的深度与思维的严谨。

二是读者意识。一篇议论文，不是思维单向度的演绎，不是选择性失明的审思，一定要揣摩读者的心理。文章能否再思考：为什么人们不愿意升级？人们对此有什么不同观点？这样的心理有什么错误？等等。这样，文章就有了深入的思考。

三是分析思考升级于今天、未来社会的重要意义。"让文化内容更丰富多样，让传输机制更通畅便利，让表达形式更灵活亲切"，这样能改变什么现实？能给社会与未来带来什么好处呢？文章没有指出，无法让人感觉"升级"的迫切性。

现在，不少媒体的时评文往往由于篇幅限制等原因，说理还不能体现严谨或深入。我们不能唯之是瞻，莫让学生因无法演绎深刻严谨的议论而被诟病。

为什么报纸会认可并发表这样的时评文？首先，报纸面对的读者，有各种各样的层次，它不一定要像学术文章那样严谨叙说；其次，报纸版面非常有限，难以让作者尽情演绎；再者，作为一个社会关注的媒体，只要传出一个声音，也就为社会提出一个方向，就有它的积极意义。然而中学作文教学，旨在培养未来能阐述自己科学思想、彰显自我价值的生命，只有让学生学会分析、辨析，掌握说理严谨与深入之策，方可实现。

二、寻绎：思辨性写作的四个维度

（一）思想维度：概念界定——彰显思辨的清晰

孙绍振教授说："智性逻辑的基础是概念的严密性、稳定性，在行文中的一贯性。为了保证概念的严密与一贯，最起码的办法就是下定义。如果作者在文章的开头，有起码的下定义的自觉，就不至于造成相邻概念的反复错位，交叉概念的叠床架屋了。"[1]例如2016年高考上海卷作文题"对'评价他人的生活'的思考"，一考生写的是《评价诚有益，岂可排斥之》。一见标题感觉应是非理性的愤青所写，但开头的概念界定却让人叹服：

> 我以为"评价他人的生活"，实是对生活中出现的事物、对他人怀揣一颗关切的心的评价。契诃夫语："冷漠无情，就是灵魂的瘫痪，就是过早的死亡。"退一步而言，当我们确实做到"不再评价他人生活"，不再对他人生活产生反应与思考。长此以往，人与人之间失去了彼此关心，街道上行走的，就是一座座孤岛。

评价他人生活的表现诸多，但文章聚焦"关切他人的评价"，论证就得以清晰深入。概念界定，可采用社会认同的观点，也可以是自我审思，以自己的思考来界定。但要注意的是，材料作文中心词的概念界定，必须符合材料中心词的内涵。如2016年高考全国Ⅰ卷作文题的两幅图：一幅图中，家长给降了2分的孩子一个巴掌；一幅图中，家长给提高了6分的孩子一个亲吻。一考生就此写了《教育不可让理性缺失》一文，并进行了概念界定："何谓'教育'？教育就是如何让学生健康成长，培养良好的习惯。"

标题没错，但对"教育"的界定有错。因为背景材料中没有提到良好习惯的内容。不能将材料作文写成话题作文，这是必须要遵循的原则。审思材料，紧扣材料提出中心词的概念界定，才能与材料真实对话，否则就是转移话题，就会有套作的嫌疑。

（二）视域维度：不选择性失明——展现思辨的立体

思辨性写作源自思考的立体性。真实世界是立体丰富的，只有做到不选择性失明，思考种种表现，思辨才可深化，文章才有说服力。写作中，立体思辨最常见的办法有二。一是寻找对立面。美国 Cody 认为："这就是一篇好的政治性写作的力量所在：你讨论问题，反驳对方观点，然后提出一个积极前进的方向。"[2] 你认为"碎片化阅读有益处"，就一定要设法回应"社会在倡导整本书阅读"；你说"社会当重视传统节日"，就当思考"有人认为过洋节才是与世界接轨，才是与时俱进"。如此，文章的思考才能得以深化。二是揣摩读者心理。学者徐贲说："'说理之文'（essay），它是作者写给别人看的，所以必须考虑到它的公共性，必须考虑到别人会要求提供什么论据，可能会有不同意见，如何才能说服他们。"[3] 故而，作文教学中，引导学生提出与阐述观点，当以平等交流的心态，揣摩读者心思，消解读者疑惑，如此方能彰显思辨的缜密周全。如下表中的例子：

框架 1	框架 2
《心储阳光快乐行》	《塞翁失马　焉知非福》
①福州市中招办今天正式公布了普高第一轮录取投档线，一切"盖棺论定"，喜极而泣者有之，伤心落泪者有之。	①经历过各种坊间传闻的录取线后，福州市中招办今天正式公布了普高第一轮录取投档线：几家欢乐几家愁。
②其实大不必如此。"为了看阳光，我来到这世上。"巴尔蒙特说。快乐是人生应该享受的，我们不必为一点挫折伤心。	②然而，"中考"这一着不慎，是否意味着"未来"满盘皆输？
③审思历史与现实，有抱负者往往都有一颗临挫淡然快乐不失的心。	③当"凤尾"还是当"鸡头"？这也许是一个仁者见仁、智者见智的问题。
④今天竞争激烈，挫折难免，心储阳光尤为重要，不仅对个人也对社会。	④无论此刻你得意也好，失意也罢，唯有调整好心态才是最可取的。

框架 1 就是封闭的自说自话，没有揣摩读者心中的疑问，讲的都是正确的废话，如此心灵鸡汤式的叙说，无法打动读者。而框架 2 则是揣摩读者的两个心理，然后一一分析，继而提出"调整好心态"的期待，这就可让读者消解疑惑，信服你的观点。

（三）思维维度：理性思维——演绎思辨的纵深

思辨性写作演绎着理性思维。

理性思维，第一表现为基于逻辑的批判思维。批判性思维作为一个技能的概念可追溯到杜威的"反省性思维"：能动、持续和细致地思考任何信念或被假定的知识形式，洞悉支持它的理由以及它所进一步指向的结论。作文教学中，应当引导学生拒绝奴性思维，学会探寻本质、独立思考，继而提升思维品质。如一考生就 2018 年高考全国 I 卷作文题写了《"中国制造 2025"背后的深思》一文，其框架如下：

①"中国制造 2025"，2015 年 5 月 8 日发布。

②天空授课、互联网发展等科技带来的社会巨大变化，让我们城市居民与农民获得巨大利益，但我们在科技发展的路上，存在某些失误：核心技术过度依赖他人。

③此之失误，制约国家发展，2018 年 4 月的中兴事件给我们敲响了警钟。

④现在国家加大科技的投入，"中国制造 2025"规划开始实施，相信我们的科技会得到更大的发展。对弱势群体等的帮扶随着科技的发展也会进一步得到落实。

⑤2035 年，我们一定会拥有更多的核心技术，但还当铭记：科技的强大，才有国家真正的强大。

这是自我反思之作，在审视科技发展、社会进步的同时，提出发展过程中的失误，给 2035 年的新一代一个警醒与告诫，并迸发强劲的思想冲击力。作者这样思考背景材料，联系生活，思考追梦之路中发现的"真实"（即"问题"），可见作者的冷静与理性，更可见其真诚守望与爱国情怀，我们当呵护鼓励。

理性思维，第二表现为辩证思维。此是与"非此即彼""非真即假"的二元逻辑思维相对立的思维方式，诠释从联系变化视角认知事物的理念。在此尤要关注两个意识。

一是全面审视的意识。一分为二地思考，如批评对方时当承认他的某些合理性。且看一学生批评拒绝文化升级的观点，他先这样写道："诚然，维护文化的原版味，保护文化的原生本色有一定合理性，但学会审视观众的审美心理，学会适时适度的现实演绎，才能让文化因接地气而传承。"

作者先承认对方观点的某些合理性，接着提出观点与理由，这样就可让对方心平气和地接受自己的观点。

二是条件分析的意识。具体问题具体分析，评价人物或观点应联系当时的环境，提出自己的观点当思考前提条件。如以"'升级'我们的文化供给"为题写作，可以这样提出前提：

> 然而，文化升级不是无条件的，它当以守护文化本色与文化传承的责任为前提，那些只为博取俗人眼球而刻意逢迎的"升级"不在我们的思考之列。

如此，就为文化"升级"设置了前提。这就如同概念界定，中心词含义清晰而不模糊泛化，彰显思辨的严谨。

（四）运思维度：层层追问——养成层进思考的思辨习惯

层层追问可使文章逻辑链条清晰，论证不断推进深化，最终使文章思维缜密、分析深刻。层层追问有"观点出发式"和"现象出发式"两种形式，以"'升级'我们的文化供给"为题，示例如下：

形式	观点出发式	现象出发式
特点	提出观点，然后追问	提出现象，然后追问
示例	①文化升级的概念是什么？②为什么文化需要升级？③别人对我的观点会提出什么疑问？我该如何释解疑问？④目前文化升级就是完美的吗？⑤今天，我们如何设法完善？	①我们今天文化传播出现了什么问题？②问题的表现在哪里？③这个问题带来的危害在哪里？④有人说这个问题与是否"升级"无关，同意吗？为什么？⑤既然这个问题与升级有关，我们该如何升级？

三、策略：构建交互学习的课堂

交互学习的课堂，是学生在尊重倾听与批评矫正中研讨学习的课堂。作文是自己思想的"合理"演绎，但"当局者迷，旁观者清"，受自身思想、视域、表达等的限制，学生本人对自己文章的错误、漏洞等有时便难以自知。为此，议论文教学过程中，就要在交互审视的合作中，指出他人文章的错误，探讨矫正的办法，让思辨严谨深入，彰显说理力度。

构建交互学习课堂的方法，常见有两种。

一是小组研讨式。可以与同学交换文章，让同学指出自己文章的问题。但作为"精神助产师"（苏格拉底语）的老师，当提供一个评议文章的支架，让学生有评判的抓手与依据，避免评议无序、无效的现状。评议支架可参考如下示例：

①文章的主题与概念是否清晰？②论据是否可靠？分析是否到位？③是否考虑他人的疑问？是否可以让对方消除疑惑？④是否考虑自己话语的环境以及提出观点的前提？⑤是否提出可行的解决办法？

二是分组辩论式。以小组为单位，小组里分为正反两组，然后开展辩论。在辩论中，学会矫正思路、缜密思考、深化思想。

写作不是职业，是人的生存技能。故而，作文教学当引导学生学会思辨、学会表达，掌握思辨性写作，如此，才能彰显与演绎自己的思想，为自己未来的生存发展，为丰富社会思想、彰显自我价值创造条件。

注释：

［1］孙绍振．孙绍振论高考语文与作文之道［M］．福州：福建人民出版社，2013.

［2］曹勇军，傅丹灵．中美写作教学对话十五讲［M］．上海教育出版社，2018.

［3］徐贲．明亮的对话：公共说理十八讲［M］．北京：中信出版社，2014.

思辨意识：议论文教学之首要涵育

摘要： 2018 年高考 I 卷、浙江卷等作文题公布后，学生、教师哗然，认为这样的命题与作文的思辨无关。其实，这是一种误解，此误解源自教师无法引导学生思辨。思辨是议论文的基本品质，思辨意识为议论文写作的首要特征，更为当今社会、新课标等所倡导，我们当用心涵育。

一、审思：没有思辨意识的"优卷"与教师理念的缺失

何谓思辨？《现代汉语词典》（第 7 版）的解释：思考辨析；哲学上指运用逻辑推导而进行纯理论、纯概念的思考。"普通人认识世界总是从经验开始，凭借自己的才智与努力，理解世界上种种现象，康德认为，与普通人不同，哲学家由逻辑思考抵达事物的核心与秘密，思辨具有犹如上帝俯视世界一切的智慧。"[1]没有介入逻辑思考，没有探寻事物的核心，就无法洞察事物的真相，无法对事物作深度思考，文章也就平庸苍白。我们来看 2018 年浙江某篇"优卷"的框架：

继往开来浙江人

滔滔长江，浩浩汤汤，民族母亲河流经浙江，孕育了浙江的

水土，涵育了浙江文化，培育了浙江的人才。

浙江文化历史悠久。早在 7000 年前，余姚的河姆渡已有了早期的文明……

浙江人才辈出，文化底蕴深厚。从古至今，浙江代有才人出。一代宗师王阳明，跳出程朱理学框架，独创心学，提出"致良知""知行合一"的伟大思想……

浙江人才自有风度，自有浙江风骨。浙江人在浙江文化熏陶下，从古至今，代代各领风骚，书写了浙江的传奇！

在今天的浙江，又形成了"干在实处，走在前列，勇立潮头"的新时代浙江精神。在互联网时代下，浙江最早流行移动支付，拉动生活节奏，浙江最为普及"互联网＋"创业，带动经济发展……

作为浙江学子，我为自己的故乡有如此文化，为先辈有如此风骨深深自豪且感动着……

继往开来的浙江人，不负历史悠久的故乡，不负蒸蒸日上的祖国，不负日新月异的时代，必将于今，书写新的传奇！书写新的文化！

正是这样继往开来的浙江精神，撑起浙江人民不败的雄姿。

标题是诠释命题背景材料的话语："代代浙江人书写了一个又一个浙江故事，创造了一个又一个浙江传奇。"一看就知道这是附和之作，没有自己的体验与思考。第 2 段，写"浙江文化历史悠久"。第 3 段是扩写材料中的话"一代宗师王阳明，提出'致良知''知行合一'的伟大思想"，诠释浙江人才辈出，浙江文化底蕴深厚。第 4 段写"在浙江文化熏陶下，从古至今，代代各领风骚，书写了浙江的传奇"，也是对材料的诠释。第 5 段是写"在今天的浙江，又形成了'干在实处，走在前列，勇立潮头'的新时代浙江精神"。可见，第 2—5 段只是扩写或诠释材料，呈现松散的并列关系，没有形成紧密的逻辑关系。最后两段无话可说，只能空洞地喊口号。

这是一篇没有思辨与思想的"高分"作文。依照标题，文章就当分析浙江人如何继往开来，今天新时代浙江精神与历史、现实的关系，以及此精神在当下的发展。文章简单列举、单维度描述，只是在材料的框架上做拓展，有何思想含量？又能给读者带来什么启发？

曾与一位浙江教师交流，他说：从审题的角度，我们关注考生作文中是否写到了这三点：是否紧紧围绕着"浙江精神"展开，很好地阐释"浙江精神"；文中所使用的材料，是否为浙江故事、浙江传奇和浙江人物；作文有没有体现考生的体验和思考。

很遗憾，这三点均与思辨无关，可见，教师自己的思辨理念是缺失的。加一条"作文是否分析浙江精神历史与现实原因"，就可看出思辨意识的引导。不妨将此文做如下修改：

第1段：在今天的浙江，形成了"干在实处，走在前列，勇立潮头"的新时代浙江精神。

第2段：此精神源自浙江文化历史悠久。早在7000年前，余姚的河姆渡已有了相当的文明。

第3段：也源自浙江人才辈出，浙江文化底蕴深厚。

第4段：今天，我们还有很多问题，期待"走在前列，干在实处，勇立潮头浙江精神"再度演绎。

第5段：不仅如此，新的时代，浙江精神还需赋予新的内涵。

第1段以新时代的浙江精神为突破口。第2、第3段分析探寻原因，体现思辨性。第4段为分析今天仍然需要浙江精神，提出时代意义。第5段冷静地提出浙江精神还需被赋予新的内涵，表达对浙江精神继承与发展的期待。如此，文章就有了对浙江精神的历史思考、现实关注与未来展望，彰显思辨意识。《考试大纲》中说明议论文发展等级的"深刻"指出：一是能透过现象看本质，二是能揭示事物的内在因果联系，三是观点有启发性。如此思考，也就具有"深刻"的特征。

二、突破策略：三种思维引导思辨介入

2018年全国Ⅰ卷的作文题公布后，教师一片哗然。福建阅卷场上也难见思辨作文，大多是雷同的赞誉之作。有的教师将责任归咎于命题者，其实，归根到底还是教师没有培养好学生思辨的习惯与自觉。

此命题要求：①"你们与新世纪的中国一路同行、成长，与中国的新时代一起追梦、圆梦"，这就暗示作文要写自己或目睹的追梦经历；②"以上材料触发了你的联想和思考"，暗示应当表达自己的联想与思考；③"给那时的18岁的一代人阅读"，你应当给那一代人一个提醒、一个借鉴。此借鉴越具体实在，意义就越大。大多数教师却认为当按照材料提出的信息，扩写并礼赞祖国的进步。没有思辨意识的介入，这样的作文必然空洞、雷同，如何让2035年的读者有阅读收获呢？

学生的思辨意识可从三种思维的介入中获得突破。

（一）感性思维

此思维指认识建立在感觉的基础上，以意识片段为形式的世界描述。作文中，则是总览材料后提出一个自己最有体会的感性"经验"，然后展开理性思考。如《社会的发展，需要开阔视野》框架：

1. 过去的18年里，北京奥运会的顺利举办彰显民族风采；汶川地震让我们更加坚强……

2. 我特有感触的是，互联网的飞速发展。

3. 互联网的发展，仿佛用一根无形的线将全世界联系在一起，开阔了我们的视野，丰富了我们的思想，拓宽了发展渠道，带来了社会的发展与进步。

4. 当然，互联网也给我们的社会带来挑战。

5. 今天，在人们的共同努力下，我们不断改善互联网的应用

和管理方式，通过科技创新等方式将互联网运用到生活的更多方面。

6.2035年，在你们新一代人的见证下，互联网的优点早已得到拓展，我们现在遇到的挑战，也早已克服。但你们也将迎接新的挑战，记住要心无畏惧，承担民族振兴的重任，探寻与完善视野拓展之路。

作者不是面面俱到地赞扬社会，而是聚焦与新世纪的中国一路同行、共同成长、相互见证的互联网发展，感悟它带来的人们视野的扩大，带动追梦中的社会变化，给2035年的青年一个经验推荐。如此具体联想与思考，加上理性分析，作文就不再空洞浅表，演绎思辨意识与真诚之心。

（二）知性思维

这是指运用普通形式逻辑的思维规则所进行的思维。"知性作为一个概念判断和推理的能力，是从概念规定表象对象开始进入纯概念思维，从而摆脱表象直接性的过程。"[2]材料作文中，此表现为摆脱表象，分析探寻内核与形成原因。如《大同理念下的中国奇迹》的框架：

1. 作为新一代即将接力祖国事业的我，见证了这18年来国家的喜怒哀乐：2008年汶川地震……

2. 而最要指出的是这18年间，我感受最深的变化，就是互联网建设的飞速发展；"村村通"和"精准扶贫"等，这都是大同理念的演绎。

3. 而大同理念的背后，是"天下大同"的儒家思想，更是"发展的路上，一个都不能落下"的国家意志。

4. 反观印度，印度大同理念的意识淡薄，贫富差距巨大，阻碍了国家的发展。

5. 今天更要守护大同理念，国家发展的同时勿忘生活贫困的群体，这是社会和谐安定的根本之策。

6. 希望处于 2035 年基本实现社会主义现代化的你们，继续秉承大同理念，一起努力在 2049 年实现国家的现代化，实现中国梦。

作者没有空洞赞扬时代，而是分析中国奇迹背后的根源——大同理念的落实；再探讨此理念背后的儒家思想与国家意志的支撑；接着与印度对比，反面提出此理念的意义；在分析现实后指出当下还有对大同理念的期待。如此，知性思维驱动纵向、横向的思辨，文章不仅思想深刻，而且大气磅礴。

（三）理性思维

这是一种有明确的思维方向，有充分的思维依据，能对事物或问题进行比较分析、质疑批评的思维。对这道作文题，有的考生依此思维，分析材料，反思自己追梦的教训，如《"中国制造 2025"背后的深思》的框架：

1. "中国制造 2025"，2015 年 5 月 8 日发布。

2. 天空授课、互联网发展等科技带来的社会巨大变化，让城乡居民获得巨大利益，但在科技发展的路上，我们还存在某些失误，如核心技术过度依赖他人等。

3. 此之失误，制约国家发展，2018 年 4 月的中兴事件给我们敲响了警钟。

4. 现在国家加大科技的投入，"中国制造 2025"规划开始实施，相信我们的科技会得到更大的发展，对弱势群体的帮扶等更会随着科技发展得到落实。

5. 2035 年，我们一定会拥有更多的核心技术，但应铭记：只有科技的强大，才有国家真正的强大。

这是自我反思之作，审视科技发展、社会进步的同时，提出发展过程中的失误，给 2035 年的新一代以警醒与告诫。文章因此迸发出强劲的思想冲击力。"苏格拉底把真实看得远比'能说会道'来得重要，只有真实才是合乎德行。"[3] 这样思考背景材料，联系生活，思考追梦之路之"真"（即"问题"），更可见作者的冷静与理性，可见其诚挚守望与爱国情怀，我们当热情鼓励。

三、教学行为：落实四个关键词

温儒敏谈起高考作文时说："2018 年的作文命题总体来说比较强调贴近现实，引导考生关注社会，命题的思想指向立德树人。"立德树人，就应当在作文教学中培育学生心系国家、承担社会责任的理性生命。笛卡尔说："我思故我在。"思想是生命存在的表现，思辨是议论文写作的基本品质，不引导学生学会思辨，学生只会远离现实、思想平庸，其作文也就失去了思想价值与生命力，写作教学也无法真正实现立德树人的目的。教学中，应落实四个关键词。

（一）批判思维

此为追寻思辨的深刻。《思维的反省特征主要表现为自我检测和自我矫正》指出："批判性思维的现代概念直接源于杜威的'反省性思维'：能动持续和细致地思考任何信念或被假定的知识形式，洞悉支持它的理由及其进一步指向的结论。"这种反省批判的思维与意识，为今天新课标所倡导。《普通高中语文课程标准》（2017 年版）指出："思维发展与提升是指学生在学习过程中，通过语言运用，获得直觉思维、形象思维、逻辑思维、辩证思维和创造思维的发展，以及深刻性、敏捷性、灵活性、批判性和独特性等思维品质的提升。"作文教学中，就当引导学生涵育批判思维，拒绝奴性思维，学会探寻本质、关注现实、独立思考，继而提升思维品质，张扬脱俗生命。

就全国 I 卷的作文题来说，就如《"中国制造 2025"背后的深思》一文的批评反思，赞扬追梦伟大之后，考生将更多笔墨放在反思追梦过程中的失误和缺憾，对或刻意夸大或妄自菲薄的现状提出批评。

人无完人，物无全美。理性与合乎逻辑的批判思维，可在作文中整体体现，也可在作文中局部表现。比如一浙江考生赞扬浙江精神之后，写道：

> 诚哉斯言，浙江的人文精神是无价之宝，值得我们去继承发扬。然而，若人人以礼赞之心粉饰太平，坐而论道，那么又怎能建设心态、发现问题呢？
>
> 不可否认，浙江以其独特的方式成为全国领先的科技强省，但隐蔽处，真的还有那么光鲜亮丽吗？……无论如何，这个时代召唤着发现矛盾并分享加以解决的声音，我愿以发展的眼光，持年轻有力的臂膀，发现问题，建设更美好的浙江。（《以我浙江热血，谱写浙江史诗》）

考生对浙江精神做冷静思考，提出不可以礼赞之心粉饰太平，继而探寻隐蔽处的问题，并充满发现问题、建设更美好浙江的期待。阅卷教师为其炽热情感与理性思辨所折服，给出高分，这就是负责任的引导。

（二）辩证思维

此为追寻思辨的全面。辩证思维，是与"非此即彼""非真即假"的逻辑思维相对立的一种思维方式，诠释联系变化视角认识事物的理念。在此尤其要关注两个意识：

一是全面审视的意识，一分为二地思考，如批评对方时当承认他的某些合理性，如一考生批评以高音喇叭驱赶广场舞的行为："诚然，冲突的发生某种程度上是公民维权意识增强的表现，但学会文明解决利益矛盾冲突，才有共赢和谐的生活……"

作者先承认维权意识的合理性，接着退一步分析错误，这样可让对方心平气和地接受自己的观点。

二是具体问题具体分析的意识，评价人物或观点应联系当时的环境，提出自己观点时应考虑前提条件。如一学生提出学会变通，在阐述变通意义后写道："然而，制形而变得通达和智慧以不丧失对梦想、信念、志向追求的初心为前提。正如江河不论如何蜿蜒迤逦，必当顺随地势流向海洋。"

如此，则为"制形而变"设置了前提，这如同于概念界定，中心词含义清晰而不模糊泛化，彰显思辨的严谨。

（三）揣摩读者

此为追寻思辨的缜密、周全。写作不是职业，是为了未来在公共区域表达自己的思想，捍卫自己的权利等，它是人的生存技能。美国学者徐贲说："说理之文（essay），它是作者写给别人看的，所以必须考虑到它的公共性，必须考虑到别人会要求提供什么论据，可能会有不同意见，如何才能说服他们。"[4]故而，在作文教学中，引导学生提出与阐述观点，当以平等交流的心态，揣摩读者心思，消解读者疑惑，如此就能彰显缜密周全的思考。

比如提出"勤奋，助你成功"，就当揣摩读者心理：很多人期待自己成功但不想付出努力，他们可能认为：①当今社会，成功更多的是靠机遇、关系；②我知道不能靠关系、机遇，但我执着勤奋了，为什么成功依旧离我很遥远？这就需要分析思辨，消除读者的认识误区。

如此，对于 2018 年全国 I 卷作文，就应回顾与诠释自己的联想与思考，也要考虑读者可能会对观点提出不同看法，并进一步分析阐述，让读者信服。对读者心态、思想的思考，不做封闭式的思辨与演绎，也能彰显全面思考。

（四）层层追问

此为追寻思辨的逻辑与深化。层层追问，作文不仅逻辑链条清晰，而且思辨贯穿交流意识、辩证意识与批评意识，论证不断深化，文章自然就思维缜密、分析深刻。

追问有两种形式。一种是观点出发式。就如 2018 年全国 I 卷，提出观点：世纪宝宝，见证了国家的变化。之后追问：①变化的表现何在？②为什么会有这样的变化？③别人对我的观点会提出什么疑问？④我该如何解释他们的疑问？⑤这样的变化是完美的吗？⑥今天，我们如何设法完善？

另一种是现象出发式。例子同上，可以追问：①我们今天有了什么变化？②变化的表现在哪里？③有人说这个变化是 A 原因，我同意吗？④变化不是所说的 A 原因，到底是什么原因呢？（分析后推出 B 原因）⑤这个 B 原因，还存在什么不足吗？⑥若是还有不足，我们又如何设法完善？

"2017 年版课程标准""基本理念"提出：语言文字运用和思维密切相关，语文教育必须同时促进学生思维能力的发展与思维品质的提升。而其"课程性质"中也明确规定：发展思辨能力，提升思维品质是语文课程所要培养的能力之一。社会期待学生学会表达、彰显理性思辨的生命，作文教学应引导学生涵育思辨意识，打造会思想的独立生命，为学生未来负责，为社会负责。

注释：

[1] 小川仁志．完全解读哲学用语事典［M］．郑晓兰，译．武汉：华中科技大学出版社，2016.

[2] 王天成．黑格尔知性理论概观［J］．长春：吉林大学社会科学学报，2010（3）.

[3]［4] 徐贲．明亮的对话——公共说理十八讲［M］．北京：中信出版社，2014.

背离核心素养涵育的非思辨性写作

摘要： 目前学生写作思想平庸俗套，不见思辨意识，主要原因是没有引导学生学会思辨。如此不仅无法让写作彰显深邃的思想，无法实现思维发展与提升，实现核心素养的涵育，更无法培育富有思想的生命。此文探讨思辨意识缺失的原因与培育思辨意识的教学作为，应写作生命的发展之需、时代发展之需。

笛卡尔道："我思故我在。"何谓思辨？《汉语大词典》解释：思考辨析；哲学名词，即纯粹的思考。"普通人认识世界总是从经验开始，凭借自己的才智与努力，理解世界上种种现象。康德认为，与普通人不同，哲学家由逻辑思考抵达事物的核心与秘密，思辨具有犹如上帝俯视世界一切的智慧。"[1]审视中学写作现状，常见思辨意识缺失，这折射出学生思想的苍白与思维的浅层，如此无助于思维的发展与提升，更无助于思想生命的塑造。

一、非思辨性写作的特征

（一）思想杂乱

第一种表现是一篇文章表达多种思想，读者不知作者最想表达的观点。如《最美就是中秋时》，写晚上，各自分散在这座城市的亲人们都来了，团聚在一张桌子前。窗外，月亮已升在高空，仿佛在祝福着我们的合家团圆。文章结尾：

> 别人都说，十五的月亮十六圆，但我却很奇怪今年中秋的月亮为什么这么圆，这么亮？
>
> 这样的天象有谁能说得清楚呢？其实也无须去研究和考证，只需用一颗美好的心去感受才是吧。

中秋最美是因为什么呢？是家人的团聚呢，还是有一颗感受美好的心呢？看文章应是前者，作者似乎并不知道美的真正源自，主题也就游离材料。结尾不妨修改为：

> 十六的月亮比十五的月亮圆，难道只是因为月圆而美吗？
>
> 不呢，那更是因为有着家人的团圆，我们在歆享亲情的温馨。

第二种表现是中心词含义混乱，违背逻辑学中的同一律。如一学生写《坚信》：

> 窗台上的那朵鲜花，我坚信它会开放，静静等待着。站在窗台边，往下看，那陡峭的山坡下，一个瘦小的男孩，双腿微微颤抖，挣扎着向上爬，虽然无法成功，但就是不放弃。他让我感叹，他心里一定坚信成功。

姑且不谈小男孩的坚信是作者的猜想，就是这两个坚信的含义也不一样：一个坚信花会开放，静静等待；一个坚信自己一定可以成功，不言放弃。文章概念、内涵不同一，没有逻辑意识，对"坚信"的思辨就不可能清晰、深入。

（二）思想浅表

一表现为思想浮浅，不加思辨，未洞察事件深层原因，思想在表面滑行。如一学生写《我的爱猫被送走了》，写自己深爱的波斯猫。

> 一次我心情不好，听到它喵喵叫唤，我凶巴巴地瞪着它，伸手想抓住它。波斯猫一急，连忙用手拍打我，我手上的皮被撕破了一小块。爸爸一见慌了，决意要送走它……
>
> 看到关在笼里喵猫叫唤的波斯猫，我心里一阵内疚，一阵痛苦：我们为什么要瞪它抓它呢？

文章结尾只是表达对生活的浅层思考，没有透过生活表象，反思自己的过错。读之除了有点伤感外，没有可值思考涵泳的意蕴。文章结尾修改为：

> 猫的叫唤和哀求的眼神，犹如一把利刃刺痛着我的心，我心震颤了：
>
> 这是猫的过错吗？这分明是我的过错呀。猫也是值得尊重的生命，迁怒于它，不尊重生命，难道这是文明人该做的吗？

如此反思，文章思想触及道德灵魂，也就具有耐人寻味的审美价值。文章的苍白，来源于生命的苍白；文章的无聊，来源于生命的无聊。我们要引导学生彰显思辨，透析本质，表达生命丰富而深邃的思想，让读者感受智性思考。

二是只是罗列，没有知性概括。知性思维作为一种理解力，是形成抽象概念的能力，它具有分析、规定、划界、定义等性能。如一学生写《快乐原来这么简单》，写自己不快乐，后来写日记，把快乐的事情记下来，渐渐地，不再沉浸在自卑情绪里。也开始和别人交流，和他人说出自己的快乐，自己心情渐渐舒畅……结尾写道："现在我懂得了，快乐原来就这么简单。"

作者没有思辨：写日记为什么会给自己带来快乐？为什么与人交流会使自己快乐？更没有概括快乐的共同原因。不妨把结尾修改为："现在我懂得了，快乐原来就这么简单，不把快乐藏在心里，记录与分享自己的快乐，快乐也就随之而来。"

文章不再是快乐原因的罗列，而是从中概括出共性，其思辨也就深入而不流于浅层。

（三）思想奴从

人是会思考的芦苇，反之，思想奴从，逢迎附和，没有自己思想的文章，就无法给人思想的启迪，也就无法彰显价值。

一为选择性失明。审视生活，很多同学只选择反映社会上的共性话语的一面，因此思想也就单一平面，缺失深度。如《轻轻地提醒》，大多写同学友善地轻轻提醒。而一同学则写：

> 上台前，有同学提醒我："加油，别紧张！""千万别被台下观众干扰。"……我无心听着。"老王，"小游从身后钻了出来，"你这稿子是不是拿错了？"轻轻的话却如同惊雷在我耳畔炸响。

结尾写道：

> 原来，提醒并非全是发自内心、实际有效的，而那些看似不起眼却是认真的提醒，则可让人感觉真诚与有效。

此学生不选择性失明，而是审思不同的提醒，悟其背后的不同内心与意义，表达对敷衍提醒的批评，这就有昭示生活的价值。

二为不敢反思质疑。很多学生认为赞扬他人、点赞时代，就是正能量，这种理解狭隘化了。一学生写：在金灿灿的秋日下，一位年轻的母亲不停挥动镰刀在劳作，一个青年男子正拉着耧牛一步步艰难向前，身后扶篓的老者，佝偻的脊背破坏了他的体形。结尾写道：

> 我似乎感到山风热浪的冲击。这就是我们为之震撼的乡村场景，这场景诠释着坚韧不屈的生命，诠释着千百年来默默负重的民族品质。

这是正能量的"思考"，但不一定发自内心。不妨再加质疑思辨：这种现象该继续下去吗？我们该用欣赏的态度去面对吗？后来作者换此作结：

> 站在事实面前，我缄默了。
> 当我们在"农民富了"的颂歌中体味"稻米流脂粟米白"的欣喜时，当我们的"嬉皮士"阶层在舞厅里发出呓语时，当我们的目光集中在进口高档商品时，可有谁知道日渐充实的钱袋包含了多少母亲的隐痛？又有谁知，兀立的粮囤凝聚了多少劳动的艰辛？

如此批评反思，表达出对当下农民的同情，对当今"嬉皮士"阶层的不满，诠释对农民的挚爱，更让读者感受炽热的正能量。

二、探寻原因：教师为什么听任非思辨性写作

教师无视学生非思辨性写作，原因有两个。一是减负观。孩子写作就当鼓励为主，若给孩子提出思辨的要求，会让孩子感到负担而不爱写作。

于是，学生能够写到 600 字，教师就欣慰了。"每个站点都有风景"，教师认为能写三个阶段的人生站点，写出各个站点的人生风景，就不错了。怎么还要学生学会思辨，思考各个站点之间的逻辑关系，写成诸如"每个站点都有风景，穿梭在风景中，我在渐渐成长"这样的文章？以"礼"为题，教师认为学生能够写出自己礼仪之有而被人

尊重就不错了，怎么还要让学生反思自己的"礼"是否正确，或思辨时代真正需要的"礼"呢？

二是力不能及。教师认为初中生受视域与认知能力的影响，思辨能力有限，还不能学会反思质疑；更为现实的，是等待高中学习议论文时，再来结合课标思辨性阅读引导学习思辨写作。

诚然，很多初中生还不能写到 600 字，还不能介入思辨，但不是说我们可以放低要求，迁就学生。再说还有很多学生，经过引导鼓励，可以学会思辨。2011 版课标的"目标与内容"指出："在发展语言能力的同时，发展思维能力，学习科学的思想方法，逐步养成实事求是、崇尚真知的科学态度。"而没有崇尚真知的思辨意识与科学态度，也就没有自己独到与深刻的思想，也没有语文核心素养的思维的发展与提升，也就无法实现课标要求的人际沟通和社会交往的写作目的。

事实上，借助写作培育富有思想的生命，是为社会负责，为学生的未来负责。王爱娣教授写道："（美国）写作课程的设置不是个别人、少数人，或者一群人的事情，不是个人行为而是国家行为，是从国家利益的高度为学生的未来发展设置适切的目标。"[2]而思辨意识的培育是渐进式的，当贯穿在中小学作文教学的始终。美国相较我国更是注重思维的发展与思辨意识的培育，在《英语语言艺术标准》中，明确提出："写作教学要达成的目标是学生应用语言结构、语言习惯用法、媒体和修辞等方面的知识，形成具有创造力和批判性的文本。"[3]中美作文教学的不同思想，导致学生思维与思想的鲜明对比，此可从同写"珍惜"一文中可见[4]：

中国学生只是生活的简单罗列，没有自己真实感性的体验，更没有自己对生活现象的思辨。作者说懂得珍惜的人才能得到更多，贪婪地索取只会带来永无止境的欲望，理由在哪里呢？贪婪的人或可能得到更多，永无止境的欲望不就是不断地得到吗？而"让珍惜进入灵魂"，于人于社会的影响在哪里？若不指出，又如何体现珍惜的价值？无法给读者带来思想的冲击。而美国学生审思自己灯光昏暗、天下雪、梦想离去时感性真实的体验，感悟灯光、理想等存在美好，进而从美好消失的迅疾中感悟珍惜的重要，如此更能唤起读者的情感共鸣，实现情感与思想交流的目的。

中国	美国
在生活中，服务员的一声"欢迎光临"，列车员的一声"祝你平安"，老师的一声"下次努力"，字里行间蕴含着关怀、爱心与不懈的守候。 　　每个人都有很多值得珍惜的东西，又何须在欲望的歧途中苦苦求得恩宠？懂得珍惜的人才能得到更多，贪婪地索取只会带来永无止境的欲望，让珍惜进入灵魂。让它伴随你一起走上人生的旅途，在珍惜的陪伴下享受生活，享受生命。	只有在灯光昏暗的时候，你知道自己需要光亮；只有在梦想离去的时候，你明白自己热爱它；只有在天下雪的时候，你怀念太阳；只有你迷路的时候，你讨厌眼前的路口。 　　盯着你的眼睛，希望有一天你会最终实现你的梦想，但是梦想来得很慢消失得很快。当你闭上眼睛你会看到你的梦想，或许有一天你会明白为什么，任何事情抓到手就会窒息。

三、矫正行为：作文教学培育三种意识

（一）批判意识——彰显思维的理性

批评意识牵引批判思维。批判思维是理性思维的一种，属高阶思维。作文教学中，要让学生审视生活，学会质疑思辨，彰显自己独立与理性的思辨。

1. 教学维度：教师当引导学生辩证思考生活，学会不断追问。比如以"充电"为题，当引导思考：生活中，我们是怎样充电？这样充电有意义吗？还有什么不足吗？我们又该怎样充电呢？这样，学生学会辩证思维，思想就不会平面或奴从，就能彰显独特、深刻。

2. 命题维度：引导学生对中心词作辩证或深入的思考。如设题"那才是尊重"，或"爱还要会爱""我读懂了（那眼神、话语、动作……）的含义"。当然还可以设计不同观点，让学生学会在比较中思辨。美国的作文题值得借鉴，它的作文要求基本"一辙"："请写一篇

清晰连贯的作文，就上述多角度的观点进行评述。你的观点可以与其中一个观点一致，也可以部分一致，也可以完全不同。"[5]我们也不妨设题如下：

> 有人说生气是拿别人的错误惩罚自己，也有人说不生气就不会捍卫自己的尊严，捍卫自己的权利。你对此有什么看法？请以"生气"或"不生气"为题，讲述自己的故事，写一篇记叙文。

如此，学生审视生活，多角度思考生气，思辨其原则与前提、方式等。不断引导，学生就有思辨的习惯与自觉，才能改变思维的奴性与肤浅，其思维品质就得以提升。

（二）寻知意识——牵引思维的纵深

弗洛姆道："'知'，意味着由表及里地寻找事物的根本原因和观看'赤裸裸'的现实。"[6]写作中，则表现为认真冷静地审思生活，透析事件背后的文化、情感与本质等。

1. 教学维度：我们当引导学生审思事件等的根源。如"变化"为题的作文：忘记带回自己购买的洗发精，折回去要回的路上一直忐忑不安，因为见证过这个店老板的小气贪婪。到了店里陈述理由后，老板竟爽快地还了。学生就当如下思考"变化"的原因：是对面又开了一家，店主有了竞争呢？还是店主欺诈顾客被工商部门处理过而改过呢？还是……

2. 命题维度：设计题目时，可有意引导学生褫其表象，思辨根源。如设计"原来这样""快乐的源头""我读懂了他的那句话""老师的秘密"等。当然，最好提供一个具体的背景，引导学生寻知思考。如作文题：

> 生活中，父亲一句话的背后是责任，妈妈提醒你的背后是牵挂，交警对路人挥手的背后是告诫，同桌成功的背后是不懈的努

力……品味与思考自己丰富的生活，你也会发现生活中某动作某表情某现象的背后，或让你感动或让你深思或让你……

请以"＿＿＿背后"为题，写一篇文章。

如此，给学生思考的示例与方向，学生就不滞于表面思考，就有寻知思考的自觉。

（三）逻辑意识——演绎思维的缜密

文章离不开逻辑的支撑，寻知意识与批判意识均以逻辑思维为基础。我们当引导学生涵育逻辑意识，让文章彰显缜密的质感。

1. 命题维度：可以设题"生活告诉我""这不只是生活""尝试了才知道"等，引导学生思辨生活。就如"这不只是生活"为题，当思考不断深入的话语逻辑：这不只是生活，那还有什么？你是如何推理的？这样的推理合乎逻辑吗？等等。

2. 教学维度：引导学生涵育逻辑意识，当特别注意两点。一是表达的缜密性。关注思辨话题与话题内涵的一致性，确保文章思辨的清晰与深入；关注观点与材料的中心词的内涵是否同一；关注句子前后的因果、推理、层递关系等是否合理。

二是理由的充分性。思辨结论的形成，当建立在充足的理由上。一学生写"原来如此"，写在韩国一饭店，感觉汉堡味道极好，然后到后台看到制作过程，只见师傅一丝不苟地制作一道道菜，恍然大悟：原来这汉堡的味道，源自师傅的精益求精。这个理由是不充分的，因为"精益求精"制作一道道菜未必就是汉堡的味道极好的原因。

学会思辨，就当不断反思追问：观点可以从前面推出吗？理由充分吗？话语合乎生活逻辑吗？等等，如此不断反问，文章思辨才会严谨而迸发强劲的张力。

思想丰富则生命强大，少年强则国强，今天与未来的竞争，首先是人才的竞争；而人才的竞争，首先是思想的竞争。今天，当负载时代的使命，作文不仅要引导学生学会演绎生活，更要引导学生学会思辨，实现思维的发展与提升，实现思想生命的塑造。

注释：

［1］〔日〕小川仁志．完全解读哲学用语事典［M］．郑晓兰，译．武汉：华中科技大学出版社，2016：185．

［2］裴海安，王爱娣．美国中小学写作教学对我国的启示［J］．语文教学通讯（高中刊），2018（12）．

［3］IRA，NCTE．英语语言艺术标准［S］."美国"IRA，NCTE，1996．

［4］高旭峰．以"珍惜"为题的两篇中美优秀初中作文比较研究［J］．阅读与作文，2015（5）．

［5］曹勇军，傅丹灵．中美写作教学对话十五讲［M］．上海：上海教育出版社，2018：204．

［6］〔美〕埃里希·弗洛姆．占有还是存在［M］．李穆斯，译．上海：世界图书出版社，2015：28．

问题意识驱动的审辩性说理写作

摘要：目前说理性写作中常见罗列理由的平面写作、探讨浅层的浅表写作。这样的写作思维不指向问题，探讨不思考读者心理，对策不针对现实，文章没有解决问题的现实意义。这不仅无助于思维的发展与提升，也无助于培养关注社会、承担责任的生命。引导学生掌握基于问题意识的写作，不仅是为提升说理写作品质，更为发展其高阶思维能力，并在未来彰显社会价值。

一、问题意识的释义与提出背景

何谓问题意识？"从心理学角度看，问题意识是指人们在认识和实践活动中因遭遇到矛盾和疑难而产生的困惑、怀疑和欲求解决的心理状态。强烈的问题意识能够促使个体主动去发现问题、分析问题、解决问题。"[1]在说理写作中的问题意识，则是表现为能发现问题，继而分析问题。

统编教材中也有问题意识的议论文章，但没有引起教师足够的重视。比如《六国论》开头："六国破灭，非兵不利，战不善，弊在赂秦。"继而提出问题："或曰：六国互丧，率赂秦耶？"文章在第二段分析了"五国赂秦而力亏终继迁灭",第三段提出问题："齐人未尝赂秦，终继五国迁灭，何哉?"这样，文章进入与读者对话探讨状态，解决读者心中的疑惑。很多语文教师分析课文时，有意或无意忽视了这些。学生的说理写作，基本没有问题意识。诸多老师认为说理文就是两种思路。一类起承转合："起"是开始，提出观点；"承"是承接上文，加以申述；"转"是转折，从正面反面立论；"合"是全文的结尾。另一类是两三点理由的铺陈，如"尊重英雄"，学生这样写："因为英雄，泛黄的史册闪烁着永恒的光芒……因为英雄，危亡的民族焕发出蓬勃生机……因为英雄，多难的祖国迎来了新生的黎明。"文章平面论证，更大的问题是封闭式的自说自话，没有对话意识，更没发现问题。比如可以追问：为什么现在会有不尊重英雄的现象？当下所谓的尊重有没有问题？作者没有审视现实发现问题，议论浮于浅层，思想流于平庸，文章也就没有针对性、现实性、批判性，也就是演绎没有思辨意识的写作。

二、"问题"的内涵

审辩性写作的前提就是写作者具有问题意识，其"问题"内涵有三。

（一）观点背景的问题

说理写作往往是为了解决问题，因事而发，因事而作。《中学语文教学》杂志主编张蕾给笔者提出论文的思路：第一步：现象描述。第二步：问题分析。（问题的本质和症结在哪里？问题产生的根源是什么？）第三步：原则、规律和理论呈现。第四步：问题解决。这个思路说明：说理写作要有鲜明的问题意识，要结合事物原则、规律和相关理论分析问题的本质和症结，并探寻问题解决方案。从中美学生作文开头两段[2]对比中，也可见问题意识的价值。中国一高二学生写的《中学生开展性教育的看法》，没有提出问题，只用"我国的性教育有很多不足"一句带过，没有指出不足在哪里；第二段马上跳转到"自己在初三时第一次接触到的'性教育'"。而美国一高三学生写的《应该提供综合的性教育》，则提出："约 32 个州的孩子的教育不公，性教育提供的信息简单，很多学校在小学阶段提供这种性教育，或者干脆不提供，在 18 个州中，大约一半只要求学校教基于禁欲主义或禁欲主义的——节育避孕方法，而这些方法被证实在预防青少年怀孕和促进性健康、性安全方面是危险和无效的。"作者从提出问题起笔，文章有了分析的现实对象，有了解决问题的方向，也就体现思考的针对性、迫切性与思想性。文章这样开头，提出基于现实、重要问题、与自己要研究等的问题，能为将来培养研究的问题意识。

（二）读者（或对手）辩驳的问题

这一类问题有两种。一种是读者或社会拒绝自己观点的问题。比如《莫让一叶障明眸》一文，先讲"被眼睛欺骗祸害无穷。因为信任，所以缺少防备，缺少'灾难'的天敌，后果可想而知"，接着阐述："人类是聪明的，明眸是雪亮的，怎么这么容易被假象所欺骗呢？这是因为假象往往颇具迷惑性……"这个问题提出的逻辑是：我"被眼睛欺骗祸害无穷"的观点若是对的，为什么很多人还会被欺骗？这表现为不仅是思考自己的观点与支撑的理由，也思考人们相悖的观点与理由，继而找到根治病因。

第二种是读者（或对手）辩驳时提出的问题。徐贲道："'说理之文'（essay），它是作者写给别人看的，所以必须考虑到它的公共性，必须考虑到别人会要求提供什么论据，可能会有不同意见，如何才能说服他们。"[3]探讨读者提出的不同意见，则体现问题意识，这可从对比中看出价值。

《心储阳光快乐行》自说自话，没考虑读者心中的疑惑，《塞翁失马，焉知非福》，演绎与读者的对话，揣摩读者心中的"问题"。一是名校情结——没考上好学校，是否意味着"未来"满盘皆输；二是名师情结——没考上好学校，是否意味着遇不到好老师？作者这样发问并一一释疑，读者就自然容易接受或信从你的观点。

但要提醒的是，提出的"问题"要讲究质量。质量，一是来自真问题，在说理写作中，常见学生稻草人现象：虚拟一个不存在的问题来探讨。比如体育的重要。有学生说：现在学生认为体育锻炼不重要，将时间花在读书中更有价值。这就是假问题，因为没人会质疑体育锻炼的重要性，只是课业负担重没时间锻炼。如果提出：现在很多人认为课业负担重，哪里有时间锻炼？这就是真问题。二是来自代表性、典型性的问题。比如下面两个问题：

封闭说理的文章	有问题意识的文章
《心储阳光快乐行》 　　1. 福州市中招办今天正式公布了普高第一轮录取投档线，一切"盖棺论定"，喜极而泣者有之，伤心落泪者有之。 　　2. 其实大不必如此。"为了看阳光，我来到这世上。"巴尔蒙特说。快乐是人生应该享受的，我们不必为一点挫折伤心。 　　3. 审思历史与现实，有抱负者往往都有一颗临挫淡然、快乐不失的心。 　　4. 今天竞争激烈，挫折难免，心储阳光尤为重要，不仅对个人也对社会。	《塞翁失马，焉知非福》 　　1. 一切"盖棺论定"，喜极而泣者有之，伤心落泪者有之，真应了那句话：几家欢乐几家愁。 　　2. 可惜，没有如果，一切都已成定局。 　　3. 然而，"中考"这一着不慎，没考上好学校，是否意味着"未来"满盘皆输？ 　　4. 在我们福州，名校一定就（全）是好老师，二类三类校就没有好老师吗？ 　　5. 无论此刻你得意也好，失意也罢，唯有调整好心态才是最可行的。

　　1. 有人提出：我是官二代、拆二代，我父母提供了未来我足够的资金，我为什么要读书？

　　　　2. 有人提出：现在研究生很多都从事快递行业，我们读书还有希望吗？

　　问题 1 不具有代表性，因为官二代、拆二代人数不多；而问题 2 则具有代表性，很多农民的孩子，城市一般阶层的孩子加起来，毕竟占了学生的大多数。如果探讨了问题 2，再探讨问题 1，那未尝不可。如时间有限，就当选择最典型、最具有代表性的问题进行探讨。

（三）对策面临的问题

观诸目前中学生说理写作的现状，学生对对策解决处于模糊状态。一般就是呼口号，不能提出具体策略、措施。这有学生阅历不深的原因，也与学生未能从改变现状的困境分析入手有关。比如上海高考题：小羽研制出新花茶，假冒伪劣产品泛滥后，她主动把制茶流程公之于众，牵头联系政府规范市场，成为众望所归的致富带头人。一学生《"领头羊"的眼泪》结尾："今天中国应该遵循'优胜劣汰'之定律，强化品牌自身创新意识与能力，促进行业竞争。长此以往，中国成为世界强国，指日可待。"这样的解决策略，空洞模糊，近乎喊口号，原因就是没有捕捉对策落实到需要解决的问题，策略落实没有抓手。后来修改为：

> 但是在当今社会，那些相对高尚的"领头羊"们却面临巨大的道德压力，提出利民益企政策被质疑其目的，媒体报道的好人好事也被怀疑别有用心。社会应该监督，但应站在人性标尺上予以他们足够的尊重。社会不能让那些有远见有情怀的"领头羊"流泪。

这样就分析了领头羊存在的社会环境，说出了他们的现实困境，于是也就有了解决问题的具体方向。而基于问题意识，可搭建支架引导学生五步审辩追问：

步骤	方向	内容	示例（以"环保"为题）
第一步	确定对话对象与主题	我交流对话的对象是谁？主题是什么？	社会要有环保意识

步骤	方向	内容	示例（以"环保"为题）
第二步	摆出现象	现在人们对环保的错误态度是什么？	现在社会没有环保意识
第三步 （二选一）	分析原因	为什么会有这种态度，危害在哪里？	原因有二：一重经济，没有环保意识，认为环保会加重成本；二认为经济发展了，再注重环保。
	考察替代论证	交流对象会用什么样的理由来驳斥或削弱我的观点？	读者疑问1：环保会加重成本，没有经济的发展，如何有生活质量？ 疑问2：外国很多都是先将GDP提高到一定程度后，再重视环保的。
第四步	审查自己的理由	自己的理由是什么？	牺牲环保而重视经济，是本末倒置？
第五步	分析应对策略	落实策略会面临什么问题？怎么解决？	现在落实环保政策，有人认为最大力度就是加强法律的惩治制度，但为什么有了这个力度还不能从根本上改变破坏环境的现象呢？

搭建这样的支架，学生有了"问题链"与"思维流"，也就有了一个清晰的论证思路，演绎逐层探讨的分析思维。

三、培育问题意识，教师可从三个维度实现

教师培育学生的问题意识，促成学生的审辩思考，可从课堂教学、命题评价与文化构建等维度综合探索推进。

（一）教学维度

教学中，要培育学生的理性说理意识。"我国传统的思维特点，是把认知和情感融合在一起，知、情、意处在合一未分化的状态，其中情感因素起重要作用。这就使传统思维带有强烈的情感色彩，使思维按照主观情感需要所决定的方向而发展。"[4]说理是摊开双手和人交流，

而不是握着拳头和人对话。为此学生就要有平和冷静的心态，审视所提供的话题、生活与社会，避免偏激情绪的介入。在此基础上培育审辩意识。谢小庆认为："审辩式思维是最重要的国民素质，表现在认知和人格两个方面。其突出特点表现为：1. 合乎逻辑地论证观点；2. 凭证据讲话；3. 善于提出问题，不懈质疑；4. 反省自身的问题，对异见保持包容的态度；5. 认识并理解一个命题（claim）具有特定的适用范围和概括化（generalization）范围；6. 直面选择，果断决策，勇于为自己的选择承担后果和责任。"[5] 这里的"善于提出问题，不懈质疑"和"对异见保持包容的态度"，也就体现发现问题与探讨问题的问题意识。

引导学生演绎具有问题意识的审辩写作，不只是写作教学的任务。阅读教学是语文教学中最主要的部分，其功能不可或缺。首先是引导学生内审视，发掘教材中有问题意识之处的特殊价值。如丁肇中的《应有格物致知的精神》，就当突出分析第三段的价值：

> 但是传统的中国教育并不重视真正的格物和致知。这可能是因为传统教育的目的并不是寻求新知识，而是适应一个固定的社会制度。《大学》本身就说，格物致知的目的，是使人能达到诚意、正心、修身、齐家、治国的田地，从而追求儒家的最高理想——平天下。因为这样，格物致知的真正意义便被埋没了。

这一段就体现出鲜明的问题意识。先提出"传统的中国教育并不重视真正的格物和致知"，接着指出深层原因：传统教育意在让人适应一个固定的社会制度。进而以《大学》之句作为旁证，阐明"格物致知"的目的。这样，读者就深入理解了中国教育并不重视真正的格物和致知的原因所在。

其次是引导学生外对比，利用课文观点，尝试写作以问题意识驱动审辩思考的文章。如学完上一篇课文，我们让学生就课文观点，以问题意识设计写作思路。继而从对比中获得启示。比如：

> 标题：应有格物致知的精神。第一部分：何谓格物致知？我们现在的学生或科学研究者缺乏格物致知精神的表现是什么？第二部分：为什么会这样的表现？对科学研究的人会带来什么危害？第三部分：中国的发展面临怎样的困境，需要科研的突破，尤其需要科学研究者有这种精神？第四部分：今天学习这种精神，面临生命困境，我们如何避免与应对？

这样就提出三个问题：格物致知精神缺失的问题，中国发展面临困难与这种精神缺失冲突的问题，今天发扬这种精神所遇到的问题。这样就驱动对现实、未来的深入思考，文章彰显解决现实问题与未来危机的价值。

（二）命题维度

作文命题，一是情境性命题。命题背景设计真实情境，贴近学生生活，让学生学会探寻问题，寻找解决问题的对策。比如，2022 年重庆 A 卷作文题：小渝和他的妈妈分别来信，诉说各自的苦恼："小渝觉得妈妈不理解自己，对自己的学习要求过高，看不到自己的努力，还偷看自己的手机，甚至不准自己坚持自己的兴趣爱好……""小渝妈妈则认为孩子不懂事，临近中考却没有紧迫感，花大量时间在兴趣爱好上，一回家，就拿上手机进入他的房间，关上房门，不与自己沟通交流……"请以"心之桥"的名义写一封回信，帮助小渝和妈妈增进彼此理解。这样，学生就要有问题意识，分析妈妈心理，也要分析小渝自身的问题。

二是多元性命题。背景材料多元而不单一，这就有对比，然后思考问题、原因，继而深化自己的分析，实现让读者理解接受的目的。比如："空间、微博分秒必争高效刷屏，各种自拍、照片、小视频充斥网络，点赞、评论、互动乐此不疲……不少人纷纷用视觉的冲击祈求他人的驻足回眸。'存在感'这个词一夜而火。对于上述社会现象，有人说存在感是人的本能需求，人人都需要被重视和认可，并得到社会的广泛关注，这无可非议；有人说'为了获得认可愿意抛弃是非，用智商去换取那份让人倍感安全的存在感'；还有人说真正的存在感不是刷出来的，是来自强大而自信的内心，如果内心丰盈充实自然，就不会过度寻求别人的关注。对此你有什么思考？"这样设题，呈现对"存在感"的不同看法，其实就是提出了读者心中的几个问题。学生常审思这类多元思考的材料，自然也就有了对不同想法、问题的思考。

（三）文化维度

《普通高中语文课程标准（2017年版2020年修订版）》提出："思维发展与提升是指学生在语文学习过程中，通过语言运得直觉思维、形象思维、逻辑思维、辩证思维和创造思维的发展，促进深刻性、敏捷性、灵活性、批判性和独创性等思维品质的提升。"课标体现教育、国家、社会的期待与要求。而培育学生的辩证思维，促成批判思维的发展，不仅要在课堂教学中落实，也要在学校文化中实现。营建氛围，学校要营造鼓励审辩思考的文化氛围，在学科教学，品质教育、班级活动、研究性学习等方面，鼓励学生带着问题意识审辩思考；也要让学生学会倾听同学具有批评意识、问题意识的表达。学校也要包容与尊重学生，对学生思考时出现的问题（如幼稚、浅表甚至错误），多些包容、理解。

四、结束语

目前中学生说理写作与表达现状令人担忧。原因诸多，最根本原因是语文教师责任感缺失，没有研究学生的现状与写作理论。钟启泉这样谈"基础教育"："其一，强调'基础性'——基础教育不是成'家'的教育，而是成'人'的教育，是培养有社会责任感、有教养的公民的教育。其二，强调'能动性'——基础教育不能满足于'低阶认知能力'，需要在低阶认知能力的基础上发展'高阶认知能力'。"[6]

语文教师要有成"人"教育的情怀与发展高阶认知能力写作素养。写作关乎思维，也关乎责任。问题意识，源自批判性精神；一个具有批判精神的人，一定会发现问题，进而深入思考、分析问题，而不会浅表思考或人云亦云。这种意识也源自责任意识，一个具有责任意识的生命，一定不会视学习与写作为游戏，或敷衍待之，而会视之为涵育写作素养以在未来承担责任的机会。今天，学生掌握问题意识的写作，不仅是为提升说理写作的品质，更为发展其高阶思维能力，并在未来彰显社会价值。

注释：

［1］何红娟．学生问题意识缺乏原因及发展对策［J］．中国教育学刊，2014（01）．

［2］曹勇军、傅丹灵．中美写作教学对话十五讲［M］．上海：上海教育出版社，2018：154.

［3］徐贲著．明亮的对话——公共说理十八讲［M］．北京：中信出版社，2014：18.

［4］张岱年，成中英．中国思维偏向［M］．北京：中国社会科学出版社，1991：29.

［5］谢小庆．审辩式思维［M］．上海：学林出版社，2016：013.

［6］钟启泉、崔允漷主编．核心素养研究［M］．上海：华东师范大学出版社，2019：006.

化约思维：写作中的表现、原因与矫正

摘要：传统作文教学往往过于关注主题、题材、语言等域面，这是一种有缺陷的"化约思维"，它忽视学生逻辑思维与思辨意识的培育，导致学生作文空洞乏力、思想浅层、理性缺失等，这样学生难以具有清晰缜密的思维与言语能力，无法彰显文明理性的素养。为矫正化约思维，应探索逻辑思维与思辨意识培育策略，促成学生具备清晰缜密的思维，彰显逻辑与思想的言语表达能力，涵育文明理性的素养。

一、"化约思维"释义与表现

当前作文教学，一些教师往往过于关注主题、题材、语言等域面，静态化、简单化地看待生活现象，而忽视学生逻辑思维与思辨意识的培育，导致学生作文空洞乏力、思想浅层、理性缺失等，这种有缺陷的思维方式，演绎的就是"化约思维"。有研究者对化约思维作这样描述："简言之就是化复杂为简单的思维。它受西方化约论（Reductionism）的影响，认为现实生活中的每一种现象都可以看成是更低级、更基本现象的集合体或组成物，因而可以用低级运动形式的规律代替高级运动形式的规律。其理念主要根源于一元论哲学（monism），认为万物均可通过分割成部分的途径了解其本质，缺少整体、联系、发展、细密的溯源性分析，有明显的重事实轻事理的实利主义倾向。"[1]可见，化约不是简约，而是一种过度简单化的认知思考与思维惰性，中学生写作中，化约思维表现出三点特征。

一是没有溯源性。缺失细微的洞察力，未解读事件发展的具体背景或事实发生的真实原因，比如学生习作《成功其实很简单》，结尾写道："学会书法其实很简单，只要认真练习，就能获得成功。"这就是将复杂的书法学习化约成"认真练习"的模糊表达。读者最想看到的是作者"如何认真练习"，比如先临摹字帖，然后让人批评，再学习他人，这样逐渐在学习、矫正中进步。这样化约了具体细节的模糊语言，让读者难以感受支撑思想的逻辑力量。

二是没有分析性。首先表现为未能区分中心词不同内涵。比如一学生写："路上有几个老人嫌最近蔬菜贵，在家无聊……如果她们也能加入外婆的跳舞行列，她们是不是生活里会少点烦恼呢？"在家的无聊，跳舞或许可以消解；但物价飞涨带来的烦恼，跳个舞就可以消除吗？作者不加区分"烦恼"的复杂原因，以为"一跳解千愁"。其次表现为对不同现象没有分辨力。如写生活中不同的提醒，有暗暗的提醒，有张扬的提醒，也有夹带自私的提醒，作者只写生活中有诸多的提醒，看到生活的复杂。没有对不同的提醒分类审思，分析其本质，继而提出自己期待的提醒，继而发现生活的特质。

三是没有清晰性。它主要表现有二。一是对象泛化，写作者没有交际意识与对象意识。如《好奇》一文，写"好奇"的三大作用：引人探究复杂的未知领域；创造充满生命力的新鲜事物；保持学习的激情。劝导对象不明晰，第三点是针对学生，第一、二点是针对科学家与有志于探索的学者。这样没有呈现真实的交际情境，无法读懂其说理逻辑的缘起与内在的逻辑关系。二是主题泛化。首先，违反同一律，关键词内涵多个。如《带着责任启程》写自己做班委守护责任，获得好评，结尾写道："生活中处处有责任，不经意捡起一张废纸，是保护环境的责任；帮助体弱多病的老人或者小孩，是尊老爱幼的责任；替别人解决困难，是助人为乐的责任。""我"的责任是职责责任，"生活中"的责任是社会责任。主题偏移以致泛化，导致文章思想浅层虚浮。其次，主题多个，不见逻辑分析，不见作者的洞察力。如《冲突》为题，结尾写道："成长中的冲突，在最后，一句'对不起'，便会风平浪静；一句'没关系'，就会海阔天空……""对不起"表示自责道歉，"没关系"表示宽容大度，在 800 字文章中，作者"化解冲突"的思想与方法，读者无法清晰领会。

二、原因探寻

教学的简约，带来教学的清晰，有的老师也因之认为化约思维在写作中有借鉴之处。这是一个误解。化约思维，无法体现思维的清晰与纵深，演绎这样的写作，无法实现思维的发展与提升，更无法实现高阶思维培育与深度写作。这种思维的演绎，源自写作生命的惰性与浮躁，还源自下面两个原因。

第一，社会文化。我们自古对逻辑思维并不重视。葛兆光认为："古代中国人并不是很善于推究现象之下的深层道理，也并不是非常习惯于用细致的纯粹的逻辑进行分析。西方的阿奎那（Thomas Aquinas）在证明上帝存在的时候，用层层推进的五层逻辑即'圣托马斯五路'来推论，这样的事情在中国是很少有的。所以，有人总说汉族为主的中国人，思维特征一是经常'化约'，二是多用'譬喻'或'象征''暗示'，三是思路不是'逻辑'或'推理'，而常常是'体验'和'类推'。"[2]也正因此，家长、学校等都形成了一个不重逻辑的社会环境。

第二，思维习惯。美国教育家斯滕伯格提出"思维三元理论"，他将思维分为：分析性思维、创造性思维和实用性思维。分析性思维涉及分析、判断、评价、比较、对比、检验等能力。有研究者认为中国人和美国人的思维不同，"美国人擅长的思维方式是一种分析性思维，把一件事情一步一步、一环一环分得很细。[3]比如以"珍惜"为题的文章，中美初中学生这样写[4]：

> 中国学生：在生活中，服务员的一声"欢迎光临"，列车员的一声"祝你平安"，老师的一声"下次努力"，字里行间蕴含着关怀、爱心与不懈的守候。每个人都有很多值得珍惜的东西，又何须在欲望的歧途中苦苦求得恩宠？

> 美国学生：只有在灯光昏暗的时候，你知道自己需要光亮；只有在梦想离去的时候，你明白自己热爱它；只有在天下雪的时候，你怀念太阳；当你闭上眼睛你会看到你的梦想，或许有一天你会明白为什么，任何事情抓到手就会窒息。

中国学生以抒情的笔调，表达对人们学会珍惜的期待。美国学生审思自己生活中的昏暗与光亮、下雪与太阳等的现实冲突，体会珍惜的重要，演绎生活的真切感受与具体体验，达到共情目的。

三、矫正策略：培育逻辑思维与思辨意识

矫正化约思维，即要改变不重视逻辑的文化，构建理性思考的社会文化，更要从逻辑思维与审辩思维的培育着力。

（一）培育逻辑思维

"逻辑思维（Logical thinking），也叫'抽象思维'，或'抽象逻辑思维'（相对于形象思维而言）。它是'以抽象概念为形式的思维''是以概念、判断和推理的形式表现出来的'，包括'形式逻辑思维和辩证逻辑思维'两种。"[5]逻辑思维是认识的高级阶段，诠释对事物本质与规律的理性认识，实现对复杂客观世界的认识。写作教学中，值得教师认真探究与用心培育。

1. 培育思维的清晰性

思维清晰性，含义有四。一是主题统一明晰。比如一学生开头写道："有你真好，没有你的帮助，我绝不可能取得这样的成绩"，结尾

却写成"肯下功夫，多去问，用心学，就一定能到达成功的彼岸"，主题不一，思想偏移。二是话题或中心词内涵前后一致，不能违背同一律。比如《带着阳光前行》，"阳光"概念颇多：爱心、快乐的心、他人给予的呵护等，文章只能选其中一种。三是写作对象清晰，可以设定交际对象。如"给老师写一封信""主题班会上的分享"等，让学生自觉与写作对象交流对话。

2. 培育思维的缜密性

中学生写作意在表达情感或思想，诠释的是交际功能，打动或说服读者是基本目的。为此，写作就要心有读者，达到读者共鸣、共情。为此就要消除读者疑惑，使其阅读心清意朗。于是，在立意、选材、构思架构时，需要运用分析、综合、归纳、演绎等诸多方法；而要达到叙说演绎的缜密，需做到三点：

一是紧密围绕中心。教学经验丰富的老师看作文，从最后一段点题句看起，再看看文章是否围绕这个中心进行写作。一学生的《快乐其实很简单》结尾写道："我成功了。回眸欣然。我很嫉妒他人，天天闷闷不乐，以为快乐很难。到了现在才发现，快乐其实很简单。"文章写自己的不快乐，是因为嫉妒他人。但文章前面说："父亲告诉我，每次确定一个小目标，你就不断接近成功，你就快乐了。"显而易见，不快乐缘于"嫉妒"与快乐缘于"去超过一个个小目标"逻辑断裂，文脉紊乱。

二是理由与观点契合。写作中这二者不能契合，一是因为材料未对观点体现"佐证"关系。如一学生写"小鸟都不愿在温室里待着，享受现成的'待遇'，我们更不应该待在家里，被父母'侍奉'着，要学习知识，敢于拥抱社会拥抱大自然。"这是类比思维。徐贲认为："在说理中的运用类比并不是说明的理由或证据，而只是说明与解释。"[6]不妨修改为：爸爸说完，我明白鸟欲飞出鸟笼的原因了——"自由是鸟的追求，被人主宰，如何有自己心灵的愉快，如何可以唱出自己欢乐的歌呢？"有的材料苍白空洞，不能有力支撑思想情感。比如："无论是李白'我寄愁心与明月'的浪漫想象与'飞流直下三千尺'的奇特夸张，还是杜甫'吾庐独破受冻死亦足'的直抒胸臆与刘禹锡'暂凭杯酒长精神'的朴素之语，他们都不缺少真，所以能写出震撼、同情、悲壮与宽慰，所以能流传千古，所以能写入人心。"文章列出了李白他们的诗歌表现，但对"他们如何都不缺少真"不做诠释，有高台说教之嫌。

三是句间逻辑缜密。首先，句中关键词内涵不偏移或不偷换，思路演绎流畅。比如《有一种甜》："有一种甜，是黑夜中一盏明灯，为我指引方向。当我捧起奖杯时，辛苦之后收获成功的甜在我齿间回荡，往日付出的点点滴滴浮现在眼前。"前者是指"人们指引我"而感受的甜，后者是"成功的甜"，两种含义的"甜"在同一句中，思维断裂而跳跃，读者不知具体所指。其次，句间环环相扣而不离散。比如一学生写自己被授予班干一职，结尾写道："'欲戴王冠，必承其重'，生活处处有责任，担当才是我们应尽之责。未来长路，长亭短亭，我们都要带着责任启程。""欲戴王冠"是指他人赋予的责任，"生活处处有责任"是社会责任，句间逻辑链条脱节。"生活处处有责任担当才是我们应尽之责"若改为"生活给予荣誉，担当则是回馈"，则前后句子逻辑、语脉顺畅。

（二）培育思辨意识

一是审思的纵深性。西村克己认为："多问'为什么''why'，是提高逻辑思考力的关键。我们所面对的问题，总是有许多因素交织在一起的，这些蒙蔽我们的双眼，使我们看事物表面化，只有探究事物内部的原因，才能发现事物的本质。"[7]因此要引导学生褪其表象，探究原因，洞察事物的本质与生活内核。比如看到福州城市路让树的现象，不只看到福州市民对绿色的喜爱，更要看到福州环保优先的文化意识。目睹农村的变化，看到农村的美好，更要看到农村就业观点变化带来了价值取向的改变。如此，演绎深度思考，拒绝思维的浅表、模糊。

二是审思的全面性。观点源自全方位的审视。观点要建立在全面分析的基础上，不可选择性失明。比如一位学生写《充电》，写自己暑期音乐学习的充电，开阔了视野，更新了知识。文末写道："充电，让你成长与进步，让自己的暑假最有价值。"这样没有体现思辨品质。审视充电历程，还当审视同伴充电的经过与结果，对比分析，才能评判自己充电方式是不是最佳方式，自己的暑假是否过得最有价值。西村克己提出有逻辑思考力的人，一个主要的特征是善于将水平思考与垂直思考结合起来。"所谓水平思考，就是对事物的整体做浅层的分析；所谓垂直思考，就是对特定的部分进行有深度的分析。"[7] "水平思考可以帮助我们看到实物的整体，然后找到重要的部分。进行重要性的排列，一旦确定重要的点，就可以运用垂直思考了。"[8]这样水平思考与垂直思考的结合，有助于思考的全面与深入，而不会演绎成模糊抽象的化约思维。

观诸教学实践，探究逻辑思维与思辨意识培育的策略，促成学生思维的清晰性与缜密性，促成思辨意识的涵育，而培育真诚品质是首要之务。写作中，真诚对待读者，你就会揣摩读者的阅读心理，就会设法实现与读者的交流对话，让读者读懂并接受自己的观点。这也是矫正化约思维弊病应该注意的地方。

写作不是职业，而是人生的基本技能；写作不是为了考试，而是为了生存发展与丰富社会思想。矫正化约思维，培育思辨意识，有助于培养学生清晰缜密的思维，彰显逻辑和思想的言语表达能力，涵育文明理性的素养。

注释：

［1］汲安庆．如何走出"化约思维"的困境——郑桂华《爱莲说》教学设计评析［J］．中学语文，2019（5）．

［2］葛兆光．古代中国文化讲义［M］．上海：复旦大学出版社，2006：201．

［3］曹勇军，傅丹灵．中美写作教学对话十五讲［M］．上海：上海教育出版社，2018：071．

［4］高旭峰．让学生进出自己故事的作文教学才是好的作文教学：以"珍惜"为题的两篇中美优秀初中作文比较研究［J］．课外语文，2015（10）：145．

［5］王跃平．语文创造教育与逻辑思维教育［J］．山东科技大学学报（社会科学版），2003（4）：101－103．

［6］徐贲．明亮的对话：公共说理十八讲［M］．北京：中信出版社，2014：146．

［7］［8］〔日〕西村克己．逻辑思考力［M］．邢舒睿，译．北京：北京联合出版社，2016：75，18，19．

拒绝背离逻辑思维的融合思维

摘要： 今天，初中作文教学，大多关注主题、题材、语言等域面的训练，忽视学生逻辑思维培育，导致学生演绎融合思维，其说理表达语言模糊、语脉杂乱、理据空洞、思想乏力等，学生难以具有清晰缜密的思维与言语能力，无法彰显文明理性的素养。

一、背景

逻辑思维是思维的一种高级形式。"逻辑思维（Logical thinking），也叫'抽象思维'，或'抽象逻辑思维'（相对于形象思维而言）。它是'以抽象概念为形式的思维'，'是以概念、判断和推理的形式表现出来的'，包括'形式逻辑思维和辩证逻辑思维'两种。"[1]逻辑思维是认识的高级阶段，诠释对事物本质与规律的理性认识，实现对复杂客观世界的认识。钱学森认为："人的创造需要把形象思维的结果再加逻辑论证，是两种思维的辩证统一，是更高层次的思维，应取名为创造思维。"[2]可见，逻辑思维演绎高阶思维与创造品质，写作教学中，值得教师认真探究与用心培育。

美国教育家斯滕伯格提出"思维三元理论"，他将思维分为：分析性思维、创造性思维和实用性思维。分析性思维涉及分析、判断、评价、比较、对比、检验等能力。有研究者认为中国人和美国人的思维不同："美国人擅长的思维方式是一种分析性思维，把一件事情一步一步、一环一环分得很细。我们擅长的思维方式，是一种融合性的思维。"[3]比如以下片段：

> 　　身在文化碰撞与交流的时代，我们更应该明白铭记我们民族文化的重要，不忘过去，引领未来。泱泱大中华，上下五千年，其历史和文化是其他一切民族所无法比拟的。千百年来，不知汇聚了多少名人，如孔子、屈原、李白、毕昇、陆游、成吉思汗、毛泽东，数不胜数，而他们留给我们的，是中华民族在漫漫长路上创造的一部辉煌文化史。我们应该庆幸，先人们为我们留下这样一笔宝贵的财富。

文章思维模糊，表达空洞。"他们留给我们的……一部辉煌文化史"，没有具体说明，依据简单机械罗列，理由何在读者无法读懂，这折射出逻辑思维的缺失，故而推理乏力。

二、融合思维在作文中的表现

学生作文中，融合思维在思维品质中的三种表现：

（一）思维的化约性

汲安庆这样描述化约思维："简言之就是化复杂为简单的思维。它受西方化约论（Reductionism）的影响，认为现实生活中的每一种现象都可以看成是更低级、更基本现象的集合体或组成物，因而可以用低级运动形式的规律代替高级运动形式的规律。其理念主要根源于一元论哲学（monism），认为万物均可通过分割成部分的途径了解其本质，缺少整体、联系、发展、细密的溯源性分析，有明显的重事实轻事理的实利主义倾向。"[4]作文中，这种思维表现为两点：一是没有细微的洞察力，未解读事件发展的具体背景或事实发生的真实原因，比如当经济被 GDP（国内生产总值）框定，节目被收视率绑架，教育被高考指挥，成功被金钱标识，人们不禁要问："一把尺子可以衡量一切吗?"一个学生思考后认为："哲学家赫拉克利特说：人不能两次踏进同一条河流。时代社会在不断变化。一把尺子岂能衡量一切?"这就是停滞于表层的思考。若褪其表象，洞察内核，则可提出："这些何尝不是用一把叫作功利的尺子、一个标准衡量出来的恶果?"继而提出："精神才应是衡量的标尺。"二是没有明晰的区分力，未能区分关键词不同内涵。比如《谈言与行》道："①仅仅在口头上说，是远远不够的。只有青年付诸行动，生命才有创造，国家才有未来；②青年佛系了，国家何以强大!"①中的"行"特指不只说而且做；②中"佛系"态度中暗含的"不行"，特指因超脱而不付诸行动。不同语境下两个"行"的概念迥然不同，造成①②句间意义含混而逻辑跳脱。

（二）思维的跳跃性

这源自跳跃式思考，西村克己认为这是逻辑思考力缺失的表现："说话的论据时常出现跳跃，语言不连贯""不想让对方明白自己的意思。"[5]比如："①竞争是一种社会性刺激，出于自尊和实现自我利益价值的目的，全身应激响应，振奋精神，达到最好的状态。②这种在有限的资源里进行争夺的社会相比于平等主义，更能促进社会发展。③为何中国可成为世界第二大经济体，少不了竞争的加持，竞争相较于'平等'更能发挥一个国家的潜力和创造力。"①是说竞争可以激发力量，振奋精神；②则跳转为"争夺的社会"的意义，③则说国家的竞争激发国家的潜力。三句话，对象不断跳转，让人感觉一个意思没讲完就讲另一个，逻辑非常混乱。

思维的跳跃，表现为滑坡思维。如作文题是："迷雾中的三种选择：问别人，自己判断，找同伴。你会如何选择呢?"一学生这样写："迷雾中依靠他人，思考出有他人的引导，的确能够更方便更快捷地解决问题；但是他人能够一直帮助你吗? 不一定；而人们不一定会帮助你，你就会茫然无措；而茫然无措后，你就会无法决断，只会一味地按他人要求和思维去办事。"这样的思维，从是否依靠别人，进而提出"别人会一直帮助你吗"。文章没有就此打住，提出诸如"依靠别人靠不住，还要有自己的判断"，再滑向"人们不一定帮助你，你就会茫然无措"，继而滑向"茫然无措后，你就会无法决断"。思维滑坡，作者没有完成命题者给予的任务——回答"迷雾中的三种选择"中自己选的一种或两种，并陈述思考。

（三）思维的模糊性

思维模糊性表现为语言的模糊。学生用华丽空洞的语言掩盖理据的苍白，比如："心有理想，就有希望。面对疫情，国人眺望未来，于是就没有歇斯底里的哭喊，没有绝望与黑暗，这里，疾病肆虐过的冰冷土地下，是即将破土而出的春天。"这是散文诗的语言，没有清晰的分析论证。值得欣慰的是，这种现象，已经引起很多老师的警惕。但下面两种表现，教师依然重视不够。

一是对象模糊，作者没有交际意识与对象意识。如《好奇》一文，写"好奇"的三大作用：①引人探究复杂的未知领域；②创造充满生命力的新鲜事物；③保持学习的激情。行文中劝导对象不明晰，③是针对学生，①②是针对科学家与有志于探索的学者。这样没有呈现真实的交际情境，无法读懂其说理逻辑的缘起与内在的逻辑关系。二是主题泛化。首先，违反同一律，关键词有多个内涵。其次，主题多个。如《回响》，文章写自己在朋友帮助下通过努力而获得成功。结尾写道："成功是执着探索的回响，希望是不懈努力的回响，友谊是付出的回响。"文章三个观点，可见对"回响"没有聚焦而做深入、充分的思考，折射思维的模糊、肤浅，也折射思维审辩力、洞察力的缺失。

三、矫正融合思维的教学作为

作文教学中，矫正学生融合思维，可从思维、监控两个维度来实施。

（一）思维维度：建立分析模式

现在初中生开始学习说理表达，不知道如何演绎说理，以致说理思路与内在条理不清晰，原因诸多，最主要的原因是没有建立一个分析思维的模式。如何建立一个模式，图尔敏的论证模式中的借鉴：由一个主张（claim）、资料（data）、正当理由（warrant）、支援（backing）、限定词（qualifier）和反驳（rebuttal）[6]六大部分组成。鉴于此，可从理据、对手意识、概念界定等多元思考的背景下，构建分析模式。比如，以"充电"为题，可引导学生六步审辩追问：

步骤	方向	内容
第一步	确定对话对象	我交流对话的对象是什么？
第二步	厘清观念意义	我的"充电"的概念是什么？
第三步	寻绎支撑理由	什么样的理由支持我的观点？
第四步	审查理由品质	什么样的例子，能最有力地证明这些理由？
第五步	考察替代论证	交流对象会用什么样的理由来驳斥或削弱我的观点？
第六步	确定应对策略	对此，我该如何解释或辩驳而让对方信服？

搭建这样的支架，学生有了"问题链"与"思维流"，也就有了一个清晰的分析论证的思路，写作就能很快进入分析思维的演绎状态。

采用这样的分析模式，特别要注意理由的分析性与策略的具体性。说理性文章的理由有两类。第一类是支撑自己观点的理由，第二类是反驳对方观点的理由。第一类不可交叉或重叠，同时还要关注理由间的逻辑关系。如"充电"：为什么要充电？因为充电，可以改变视域；充电可以丰富知识。这两个观点就未扣紧充电特有"提升或改变"的功能，也没有凸显逻辑关系：丰富知识是第一步，而改变是更深的一步。于是当这样陈述理由："充电可以拓展现有的知识……更可以改变目前的视域。"第二类的分析，就当分析对方质疑的理由。这最要防止

"虚假理由"的"稻草人现象"。比如提出对方驳斥自己的理由："充电会耗费自己的时间。""充电会改变正确的认识。"这些都是读者或对方不可能提出的"理由"，不值得探讨。

学生难以提出具体明确的策略，这是最容易演绎模糊含混的融合思维。这有学生阅历不深的原因，也与学生未掌握分析策略有关。比如《快乐人生》结尾："人生其实是一场曲折而艰难的旅行，过千沟，跨万壑，历经种种的不易，方能抵达我们想要去的远方。未来的日子，我们不应只顾埋头赶路，在繁忙之余，还应抬头看路赏景，滋养我们的内心世界，共攀精神高峰。"学生未掌握快乐人生的具体策略，于是就演绎融合思维，用华丽空洞的语言掩饰策略认知的苍白。八年级下册课文丁肇中《应有格物致知精神》结尾："在环境激变的今天，我们应该重新体会到几千年前经书里说的格物致知真正的意义。这意义有两个方面：第一，寻求真理的唯一途径是对事物客观的探索；第二，探索的过程不是消极的袖手旁观，而是有想象力的有计划的探索。希望我们这一代对于格物和致知有新的认识和思考，使得实验精神真正地变成中国文化的一部分。"

结尾提出重新体会格物致知的意义，其实就是指出实现的具体途径与方法。因此，我们要引导学生掌握问题解决的策略，要引导学生关注两个着力点。一是回望：原因入手，从中分析找到解决的针对性措施。二是下沉：审思现实，对现实状态的思考，继而找到具体可行方法。

（二）监控维度：演绎对话矫正

首先是引导内向对话。教学过程中，在指出学生逻辑的思维与语言错误外，还要提供支架，引导学生运用元认知技能，实现自我监控，这可从三个维度搭建支架以实施。

维度	支架	目的
语言	我这样的表达清晰吗？读者会不会还有困惑？别人是如何表达的？合理吗？	反思语言表达

维度	支架	目的
思维	对这个问题，思考的起点是什么？这个起点依据可信吗？过程违背认知规律吗？思考逻辑是否出现断裂？	反思思维过程的起点与合理性，反思思考逻辑
思想	我的思考是否先入为主？是在全面客观的基础上思考的？	反思自己态度与思想

其次是引导外向对话。这种对话，有两类。一是基于读者认知的对话，变为揣摩读者是否可以读懂自己的表达。为防止读者思维被阻断，西村克己提出注意不要出现逻辑上的不连贯他认为："如果对方不具备相应的背景意识，逻辑就会不连贯""如果读者不是专家，就要对专业术语进行解释"。[7]于是"要考虑读者的知识面和关心的重点，对文章层次进行界定"[8]。二是基于读者质疑的对话。徐贲认为："'说理之文'（essay），它是作者写给别人看的，所以必须考虑到它的公共性，必须考虑到别人会要求提供什么论据，可能会有不同意见，如何才能说服他们。"[9]这样考虑对方的不同意见，以明确需要释疑的内容，继而实现针对性的互动对话，矫正自己的思考与演绎。

避免融合思维，有两点特别需要提醒。一是培育真诚品质。观诸教学实践，探究逻辑思维培育的策略，促成学生思维的清晰性、演绎的缜密性、判断的合理性，培育真诚品质是首要之务。写作中，真诚对待读者，你就会揣摩读者的阅读心理，就会设法实现与读者的交流对话，让读者读懂并接受自己的文章。这正如叶圣陶所说："真诚的作者写一篇文章，绝不是使花巧，玩公式，他的功力全在使情意与文字达到完美的境界；换句话说，就是使情意圆融周至，毫无遗憾，而所用文字又恰正传达出那个情意。"[10]因此，除了在作文评价时，让真诚演绎的作文获得高分的鼓励外，还可在题目中设计真实的交际情境，让学生进入与读者交流的真实状态。比如设计成演讲稿、书信体、倡议书、辩论陈述等方式，创设交流对话的环境。

二是理性审思教材，不被教材的瑕疵误导。初中教材中，说理性的文章，存在一些模糊的问题，比如《谈创造性思维》一文中写道："某心理学专家小组以实际从事创造性工作的人与不从事此类工作的人为对象进行了调查研究，并得出如下结论……"这里要具体指出是哪个专家小组，以标示明确的出处，让表达彰显信度。"然而，寻求第二种答案，或是解决问题的其他路径和新的方法，有赖于创造性的思维。那么，创造性的思维又有哪些必需的要素呢？"第一句为观点或看法，还当加上分析佐证或阐释。阅读教学中，教师要培育学生的批判思维，鼓励学生敢于质疑与建构。说理性文章的教学，也就要引导学生基于写作学理的审辩思考，及时提醒学生勿被瑕疵误导。

四、结语

演绎融合思维的学生，折射出逻辑思维的缺失，其表达语序凌乱、内容无序、理据乏力、思想空洞，这样无法适应交际语境的环境。当今作文教学，往往以主题、题材、语言为关注视域，罔顾学生逻辑思维的培育，学生的思维得不到提升与发展，我们当警醒。王爱娣认为："写作课程的设置不是个别人、少数人，或者一群人的事情，不是个人行为而是国家行为，是从国家利益的高度为学生的未来发展设置适切的目标。"[11]我们教师也应当承担社会与国家赋予的责任，探索逻辑思维培育策略，促成学生具备清晰缜密的分析思维与彰显逻辑的言语表达能力，涵育文明理性的素养，使学生适应未来的社会。

注释：

[1] 王跃平. 语文创造教育与逻辑思维教育 [J]. 山东科技大学学报（社会科学版），2003（4）.

[2] 杨春鼎. 形象思维学 [M]. 合肥：中国科学技术大学出版社，1997：190.

[3] 曹勇军、傅丹灵. 中美写作教学对话十五讲 [M]. 上海：上海教育出

版社，2018：071.

［4］汲安庆．如何走出"化约思维"的困境 ——郑桂华《爱莲说》教学设计评析［J］．中学语文，2019（5）.

［5］［7］［8］西村克己．逻辑思考力［M］．邢舒睿译．北京：北京联合出版社，2016.

［6］杨宁芳．图尔敏论证逻辑思想研究［M］．北京：人民出版社，2012：67.

［9］徐贲．明亮的对话——公共说理十八讲［M］北京：中信出版社，2014：18.

［10］叶圣陶．叶圣陶语文教育论集［M］北京：教育科学出版，2008：71—72.

［11］裴海安、王爱娣．美国中小学写作教学对我国的启示［J］．语文教学通讯（高中刊），2018（12）.

初中说理性写作：确证意识之缺失与培育

摘要：说理性表达，最关键的意识是逻辑、确证与对话。初中是说理性写作学习的起始阶段，学生确证意识的培育尤为重要。学生作文中虚假事例、臆造名言、以"比"佐证等等，削弱了学生说理表达的力度，也直接影响着说理写作的学习，更折射出说理生命的虚伪与浮躁，折射出作文教学立德树人教育的失误。

一、确证意识的释义与缺失表征

詹姆士·A. 霍金和安德森·W. 哈特说："议论文是以逻辑为基石，以证据为结构，以说服读者接受观点或支持行动或者两者有之的写作意图的文章。"[1]可见证据是说理的重要基石。确证，为确切地证实、确切证明。确证意识，就是凭借生活经验或阅读经验中能做实际证明、确凿验证的材料证明、验证观点的意识。事实上我国中小学教育并不着力强调确证意识的培养。语文教学，直接引导立德树人，未来的世界，我们当远离学术不端，以严谨的科学态度与缜密的思维，演绎我们的思考与探索。语文教学也就有培养学生的确证意识的责任，以在未来的世界诠释我们的真诚与严谨，让我们的沟通与表达获得世人的理解与尊重。

什么是好的论证？约翰逊和布莱尔提出了"相关性、充分性和可接受性的论证评价三角标准"。[2]反映在证据推理上，有三点要求："首先，证据应该是'可接受的'，即证据没有科学性错误，是准确的，证据的收集过程是科学规范的，证据经得起检验，具有可重复性；其次证据体现'充分性'，即从不同角度收集多样的、全面的证据支撑结论；最后，推理是连接论据与结论的桥梁。"[3]初中是学习说理写作的起始阶段，最常见的错误也就是确证意识的缺失，主要有五种表征：

1. 臆测式：学生没有自己对生活对社会的具体观察，没有从报纸、杂志或其他媒体获得具体材料，于是就"估计猜想"。

2. 模糊式：学生没有掌握具体的事实，于是就以模糊或高度概括的话语叙述，空洞苍白，让人感觉虚假。

3. 编造式：学生编造名言或事件，一是展示自己的丰富"积淀"。二是为自己的观点或思想寻找佐证。

4. 截取式：无视整体，有意截取某些可以佐证自己观点的言语或事例材料，此为断章取义，也是变相的造假。

5. 比"喻"式：没有现实的事实，就用比喻或类比的描述来佐证，如学生写："要成长要成功，只靠自己站着就够了吗？我认为是不够的。前路的风吹雨打，不是要我们一股脑儿向前冲，弄得自己满身伤痕？这时候，选择打把伞的人，是善于保存实力的智者。"个人心智成长与雨中行走性质不同，不构成类比关系，此类比有说明之效，无佐证之功。

二、原因探析

美国学者傅丹灵说："美国小学三四年级就开始教育孩子要搞清楚材料从哪里来的，怎么运用。凡引用必有出处，一是尊重别人的知识产权，二是说明材料的真实性，这样才有权威性，才有说服力。"[4]今天，我们的语文教育者亦当审视当今的教学现状与学生心理，观察学生写作的现实情境，揆探确证意识缺失的背景与原因。

学生没有确证的敬畏之心，是因为缺少阅读积淀的意识。阅读面窄，也不关注时事，提笔就感觉没有佐证事实，于是就只能编造材料或名言。学生平时也没有确证意识重要性的认识，阅读文章，关注时事，也不做好记录，不记载时间与出处，于是也就没有真实确切的依据。

但更重要的原因，是教师缺少对确证意识的关注。老师担心学生阅读积淀不够，一是引导学生"有板有眼"地编造材料或名言，告诫学生"老师在匆匆忙忙阅卷的状态下无法辨识"，这样可炫示你丰富的"积淀"，又"补齐"了积淀浅薄的短板。初中语文教材第五册的《谈创造性思维》中，"某心理学专家小组以实际从事创造性工作的人与不从事此类工作的人为对象进行了调查研究，并得出如下结论：……"对此教师也未指出这是瑕疵，不提醒学生最好明晰小组名称与时间等。二是指导学生熟读某一名人（如鲁迅、辛弃疾、纳兰性德等）或某一本书（如《红楼梦》《飘》等），于是作文时，就翻来覆去地使用自己最熟悉的某方面的材料，如若用不上，就在自己熟悉的素材上"加工编造"。

教师缺失确证意识，体现在命题中，也是刻意编造材料，"有模有样"地引导学生思考。比如某考题。

请根据材料，自选角度，写一篇文章。

6岁的小琪琪和妈妈一起去爬山，到了山顶的时候突然下雨了，可是她们什么雨具也没带。旁边的一位叔叔将仅有的一件雨衣给了他儿子，这位男孩看到她们后又将雨衣给了小琪琪。琪琪问妈妈："为什么叔叔将雨衣给了哥哥，哥哥又给了我呢？"妈妈回答道："因为叔叔比哥哥强大，哥哥又比你强大呀。他们都在保护比自己弱小的人。而且你看，这种帮助、这种爱都是可以传递的呀。"琪琪左右看了看，跑过去将雨衣挡在了一朵风雨中飘摇的娇弱小花上面。

妈妈回答小琪琪："你看，这种帮助、这种爱都是可以传递的呀。"6岁的小琪琪能听懂"传递"一词吗？这回答显然是为了凸显"爱的传递"，而不顾生活情境而臆造的。"琪琪左右看了看，跑过去将雨衣挡在了一朵风雨中飘摇的娇弱小花上面"，也是刻意编造的，意在体现象征意义。如此材料，学生会因此认为"观点亦可源自臆造的材料"。

褪其表象，我们当思考深层原因，原因一是老师责任感的缺失。老师如此作为，根源在于没有为学生的阅读负责。一个学会造假的学生，如何能在未来的多元世界中实现沟通交流的目的？在未来的学习研究上，如何有对确证的敬畏？对科学，如何有严谨的坚守？

另一原因是受传统文化缺失确证意识的影响。传统文化，对说理的确证性不甚重视，古代作品中，很少引用出处的标注。如《劝学》，"君子曰：学不可以已。青，取之于蓝而青于蓝。"君子是谁？君子在哪里讲的这句话？文章都未做说明。而《答谢中书书》："山川之美，古来共谈。高峰入云，清流见底。两岸石壁，五色交辉。青林翠竹，四时俱备。晓雾将歇，猿鸟乱鸣；夕日欲颓，沉鳞竞跃。实是欲界之仙都。自康乐以来，未复有能与其奇者。"这最后一句"自康乐以来"依据何在？这不是以个人感受代替事实吗？现代名人也是如此，再如初中课文《创造宣言》，作者为证明"不要轻言点滴的创造而不为"，用东山樵夫的素材，这是神话而非生活的确证，也就没有说理力度。而中国文化中，注重文艺性议论，忽视议论的确证性，导致学生效仿，也直接影响了学生写作确证意识的涵育。

三、确证意识的培育维度

（一）文化维度

民国学者经亨颐说："教育为纯正之事，教育者为纯正之人。"[5]诚信作为社会主义核心价值的基本内容之一，是人类社会交往的普遍精神，也是人类共同生活的通则。国民没有诚信的品质，无法构建文明和谐的社会，也无法融入多元文化的世界，与世界共同发展。因此，我们要构建诚信文化的大厦，构建演绎确证研究与确证表达的文化氛围。美国学者傅丹灵说："我教过许多大陆来的学生，他们写文章，说话最大的特点就是不单刀直入，喜欢绕弯子，喜欢故意拔高，缺少具体的例子与实证。凭自己的感觉，一开口就是口气好大。[6]今天当对学生、对媒体、对社会造假或复制之风断然说"不"，并建立有力的惩戒制度。唯其如此，诚信之人，方能得到社会的尊重与效仿，我们的诚信文化方能建立。

（二）教学维度

说理表达，首先当具有说理素养。欧盟对"素养"的界定是："素养是适用于特定情境的知识、技能与态度的综合体。"[7]作为说理素养，人性诚实品质是说理情景下当具备的基本素养。说理写作的教学中，不仅要求不编造、不采用未经确认的论据，还要求不断章取义、无视语境的论据。比如有学生写："国人的投机，早已见之，鲁迅早就看穿国人'既尊孔子，又拜活佛'，到了今天，看到世界的纷繁，文化的差异，很多人更捕捉到了投机的机会。"鲁迅《且介亭杂文》是说过这话，但原句是："有这脾气的也不但是'愚民'，虽是说教的士大夫，相信自己和别人的，现在也未必有多少。例如既尊孔子，又拜活佛者，也就是恰如将他的钱试买各种股票，分存许多银行一样，其实是那一面都不相信的。"作者明知这里的"既尊孔子，又拜活佛"是指人们缺乏信任，但为了证明自己的观点而刻意"引"之。还有学生在辩论中反对中医，就用鲁迅在《呐喊·自序》中"我还记得先前的医生的议论和药方，和现在所知道的比较起来，便渐渐地悟得中医不过是一种有意的或无意的骗子"来佐证。辩手忽视观点形成于 1918 年至 1926年之间（即五四运动时期）的语境，忽视其革命时代与认知的局限。因此，我们当引导学生拒绝无视语境、选择性失明地佐证，彰显科学严谨的说理态度。

当然，确证意识的培育，阅读教学的作用也不可忽视。阅读教学占据教学的大量时间。我们当引导学生从语篇语境、文化语境与情景语境中，寻找思想观点的具体依据，以养成言之有据、以文解文的阅读习惯，拒绝"抽出而讲之"的碎片阅读与错误阅读。这不仅是为实现文本的深度阅读，培育高阶思维，继而实现思维的发展与提升、文化的传承与理解，也是培养逻辑自恰与确证意识的自觉。

阅读教学中，还当引导学生关注素材的收集。我们不妨配合单元教学设计小专题的阅读学习，如学习七年级第二单元，我们可以设计"名人友情亲情的故事与名言整理"，要求：（1）上网查找有明晰出处的五个名人友情（或亲情）的故事或名言；（2）在故事或名句前面加一两句评价语；（3）用100字左右概括课文中关于友情亲情的故事；（4）摘录课文关于友情亲情的名句，并各加上30字左右的点评。如此，学生可从阅读与相关资料的查找中，在读书思考与研讨活动中，厚实积淀、深化理解，实现弗洛姆所倡导的"注重多重对话、融通、省思、超越、致用"的占有式阅读。在写作与口语交际中，学生就会拒绝臆造材料，以具体充分的确证材料支撑观点，诠释自己的思想。

（三）命题与评价维度

作文命题方式方面，一是变封闭写作为学习共同体研究写作，让学生在交互审视中，矫正证据的失误，提升理据的品质等。为此，可以搭建评判支架，如：（1）材料来源于哪里？可信吗？（2）材料让人感觉真实吗？是否存在漏洞？（3）是否有与此观点不同的材料？原因何在？二是变传统写作为研究型写作。研究型写作是基于调查考证基础上的演绎研究思考的写作，又称为认知型写作。2019年高考全国Ⅰ卷作文题，要求论述中学生体力劳动观念的重要。传统作文就是坐在教室里思考：（1）什么是中学生劳动观念？（2）缺乏这种观念有什么危害？（3）在当今时代与世界视域，体力劳动又居于什么位置？（4）今天我们该如何唤回劳动观念……而研究型写作，则是通过问卷调查与专访，借助数字图表等，分析今天中学生劳动观念缺失的原因与危害；从网络、报刊书籍中，感悟时代与世界视域对劳动观念树立的期待；从实地访问与网络交流中，探寻唤回劳动观念的行为策略。如此，基于确证分析写出的文章，也就彰显说理张力。不妨适当安排课外时间，确定某些话题，让学生走入社会、上网查找资料等，掌握并梳理分析指向话题的真实具体的材料，让学生学会彰显写作的严谨与力度。

作文评价方面，当指出证据伪作的错误，将是否确证当作说理是否充分有力的重要依据。当今我们的作文要求是：自拟标题，自选角度，确定立意；不要套作，不得抄袭；不得泄露个人信息；不少于600字。而美国作文则要求："你的观点可以与上面其中一个观点完全一致，可以部分一致，也可以完全不同，无论是哪种情形，请佐以逻辑论证与详细的有说服力的例子。"[8]鉴于此，我们的作文要求可加上一条：杜绝虚假或苍白例证和编造名言。以此促成元认知的自觉，形成严谨说理的写作，形成文明理性的说理文化，实现对自己对材料等认知活动地再认知、再思考及进行积极的监控，如反思自己：（1）我的材料是哪里来的？渠道正常吗？（2）我是怎么理解材料的？我的选择是全面思考后做出的吗？（3）材料是否让人感觉有疑问呢？我当如何说服他人呢？等等。

王爱娣说道："写作课程的设置不是个别人、少数人，或者一群人的事情，不是个人行为而是国家行为，是从国家利益的高度为学生的未来发展设置适切的目标。"[9]为了社会的发展与进步，今天，我们也当反思我们基础教育的说理教学。

令人欣喜的是，《普通高中语文课程标准（2017版）》的"基本理念"提出："坚持立德树人，增强文化自信，充分发挥语文课程的育人功能。"立德树人，也是指在教学中，培育学生的确证意识，培育心怀敬畏之心、演绎理性说理的生命，展现文明诚实的人格魅力，这不仅是立德树人的具体行为，也是让生命走向多元世界的前提和基础。

注释：

[1] 叶黎明．写作教学内容新论［M］．上海：上海教育出版社，2012：118.

［2］Cohen D H . 论证评价与元模态论证［J］. 非形式逻辑，2001（2）.

［3］罗秀玲、李铭冰、肖信 . 论据推理的素养及其培养［J］. 课程·教材·教法，2020（4）.

［4］［6］［8］曹勇军、傅丹灵 . 中美写作教学对话十五讲［M］. 上海：上海教育出版社，2018：158、91、202.

［5］李杏保、方有林、徐林祥主编 . 国文国语教育论典［M］. 北京：语文出版社，2014：97、37.

［7］钟启泉、崔允漷主编 . 核心素养研究［M］. 上海：华东师范大学出版社，2019：28.

［9］裴海安、王爱娣 . 美国中小学写作教学对我国的启示［J］. 语文教学通讯（高中刊），2018（12）.

小学生：确证意识的缺失及其培育

　　摘要：确证意识的培育关乎科学思维的构建，关乎诚信品质的培养。小学阶段是学生思维培育的重要阶段。在这一阶段中，培养学生的确证意识，就是让学生在未来具有基于确证的科学思维，远离材料虚假化、理据模糊化、佐证文艺化等思维与表达方式，彰显严谨的思维与言语品质。令人遗憾的是，目前确证意识的培育没有引起基础教育阶段教师尤其是小学教师足够的关注。对于这一问题，我们应当反思与矫正。

一、背景

　　有学者指出，"议论文是以逻辑为基石、以证据为结构、以说服读者接受观点或采取行动（或者二者兼而有之）为写作意图的文章"[1]。可见，证据是说理的重要基石。确证，是确切地证实、确切证明。确证意识，就是凭借生活经验或阅读经验，以实际、确凿验证过的材料证明、验证观点的意识。学术造假、媒体假信息频频出现，与社会风气有关，也与教育者未在基础教育阶段培育学生的诚信意识、确证意识有关。美国的教育为我国中小学培养学生的确证意识提供了借鉴。美国学者傅丹灵认为："美国小学三四年级就开始教育孩子要搞清楚材料是从哪里来的，怎么运用。凡引用必有出处，一是尊重别人的知识产权，二是说明材料的真实性。这样才有权威性，才有说服力。"[2]

确证意识，不仅是说理写作的需要，更是学生适应未来生活交流、科学探索的需要。小学阶段是学生接受教育的起始阶段，也是思维培养的最佳阶段。小学语文教师有培养学生确证意识的责任，以让学生在中学、大学还有未来的工作中，有严谨的论证思维和辩证意识。

二、确证意识缺失的原因

小学阶段的教育不重视确证意识的培育，主要有三个方面的原因。

（一）教师：确证意识的淡薄

首先，教师认为说理写作是高中生要学习的内容，小学生习作就是叙事写人，确证意识的培育更不在学习内容之列。其次，小学教师喜欢用寓言故事、神话故事等劝导或鼓励孩子。比如，用小马过河的寓言来劝导孩子勇于探索，不要被他人视角误导；用愚公移山的神话故事鼓励孩子克服前行的困难。这样的教育形象生动，也符合孩子的认知心理，有一定的效果。但神话故事和寓言故事毕竟不是生活的实证，是想象、虚拟的事件，只具有说明某些道理的功能。学生随着年龄的增长，会越来越不信服老师这样的劝说。

（二）教材：确证意识的罔顾

首先，教材也鲜见说理性文章，即使是教材的注释，也未有意识地指出文章的出处、版本，一般标注为：本文作者，某某某，选作课文时有改动。其次，课文也没有体现材料的确证性。比如，课文《真理诞生于一百个问号之后》，"有人说过这样一句话：真理诞生于一百个问号之后。其实，这几句话本身就是一个真理"里的"有人说过"，这个人是谁呢？课文中并没有指出。这让人感觉观点可因文章的需要而假设，就连文中提到的波义耳、魏格纳、阿瑟林斯基的事例都没有提供出处。最后，课文后"小练笔"也没有对材料出处等提出要求。再如，六年级上册口语交际"演讲"要求："做好演讲，首先要写好演讲稿。什么样的演讲才有说服力呢？一是要观点鲜明；二是要选择合适的材料说明观点，如列举有代表性的事例，引用名言警句等；三是要有感染力，可以引用生动的故事。"叶黎明提出："关于可靠论据的特征，除了一致性与真实性之外，需要补充的还有以下特征：不偏斜、新鲜（这一点对数据来说是很重要的）、完整（不断章取义）。此外，让学生了解什么是不足为据同了解什么是可靠论据一样重要：道听途说的、个人观点、猜测与虚构的故事等在议论文中是不足为据的。"[3]教材编者如果在"列举有代表性的事例"后指出事例的来源，要求不能用道听途说、个人猜测或虚构的故事，学生就会在一定程度上避免使用没有确证的材料。

（三）文化：确证意识的缺失

中国古代文人鲜有确证意识。首先，从古籍中难以看到引用资料的具体出处。如《劝学》中道："君子曰：学不可以已。青，取之于蓝而青于蓝。""君子"是谁？君子是在哪里讲的这句话？文章中都未作说明。其次，中国文人演绎学说，往往是用文学思维，如类比、隐喻、象征、暗示等，尤其推崇类比、比喻说理，称其能"点石成金"，化平淡为生动，化深奥为浅显，化抽象为具体，化冗长为简洁，这与传统文化重形象轻逻辑的审美取向有关。比如，劝告人们不断学习，就说"青，取之于蓝而青于蓝"，往往不是用生活道理、事例来阐释或佐证，虽生动形象却不具备说理力度。徐贲也认为："在说理中运用的类比并不是理由或证据，而只是说明与解释。"[4]

三、确证意识缺失的表现

"单就作为修辞术说理本身来看看它的三个组成部分，它们分别是亚里士多德在《修辞学》中所说的'逻辑'（logos）、'信誉'（ethos）和'情绪'（pathos）。"[5]信誉指的是作者演绎的真诚可信，而确证意识缺失大多是由于虚伪、敷衍，其表现有下面四种。

第一，理据模糊。学生没有掌握具体的事实，以模糊或高度概括的话语来诠释材料，空洞苍白。仅仅说要做，而没有付出实际行动，是远远不够的。鲁迅先生有言，现在的青年最要紧的是"行"，不是"言"。比如，"24岁的宋玺携笔从戎，将青春献给部队；朱珑、林晨曦深度学习，探索科技奥秘……"文中没有具体诠释如何"将青春献给部队"、如何"深度学习，探索科技奥秘"，语言模糊，没有具体确证，材料便无法打动读者，也无法有力佐证观点。

第二，理据臆造。一是学生没有对生活与社会进行具体观察，没有从报纸、杂志或其他媒体获得具体材料，于是就"估计""猜想"。比如，有学生写，"现在学生渐渐有认真学习的意识，他们有的在认真寻找资料，有的虚心请教长辈或老师，有的充分利用各种学习机会"。学生列举的现象没有具体所指，只是猜想，让人感觉有编造、敷衍的嫌疑。二是学生编造名言或事件，试图展示自己丰富的"积淀"，为自己的观点寻找佐证。三是理据文艺化。表现在没有现实的事例，学生就用比喻或类比的艺术描述来佐证，如"小小一叶扁舟之所以可以渡过大江，是因为它知道有载客渡江的责任；蒲公英之所以可以乘风飞翔，是因为它知道有传播未来的责任。人要有责任意识"。扁舟、蒲公英"知道"责任，是想象臆造、拟人化的表达，是散文诗的语言。作为写实说理的议论文，用诗化的语言会显得文体不清、不伦不类，也不具备说服力。

第三，理据截取。表现为不是整体理解全文，或无视作者真实的表达意图，而是按照自己的需要截取文中语句来"佐证"。主要有两种形式，一是明截取，不整体理解，如孟子曰："学问之道无他，求其放心而已矣。"有学生就写道："孟子云：'学问之道无他'，我们不断总结纠错，就可以获得学问的提升。"学生为证明自己的观点，只截取前面一句来佐证，无视后面的"求其放心而已矣"。二是暗截取，截取他人话语中可以证明自己观点的部分句子，虽引用原文，但悄悄有意曲解作者的原意。比如，"我们要呵护环境，古诗云'千山鸟飞绝，万径人踪灭'，我们只有和动物和谐相处，呵护我们共同的家园，我们的世界才有生机活力"。《江雪》这首诗只是在展示幽静、寒冷的境地，而学生为了自己表达的需要，不顾诗句的整体意境与情感，截取、曲解了诗句，为己所用。

第四，以想法替代事实。"'事实'是公认的知识，而'想法'只是个人的看法。任何'想法'都不具有自动的正确性，必须经过证明。"[6]比如，"我们应大力弘扬传统文化，莫让传统文化遗失，中国的发展离不开传统文化的继承。有传统文化的继承，中国才可以称得上是一个完整的中国。在当今时代，应让传统文化凝聚民族力量"。第一句是观点，第二句是佐证句，但还是"个人看法"。

四、确证意识培育的向度

影响西方说理的美国图尔敏论证，由一个主张（claim）、资料（data）、正当理由（warrant）、支援（backing）、限定词（qualifier）和反驳（rebuttal）[7]六大部分组成。此中关注了证据（资料）、推理的依据（正当理由），而确证也就提供了彰显力度的证据理由，也就为推理提供了有力依据。我们要走向世界，与世界交流对话，首先要有确证意识。小学阶段学生确证意识的培育，可从文化与教学两个向度来探索。

（一）文化向度：营造崇尚诚信、确证的文化氛围

经亨颐道："教育为纯正之事，教育者为纯正之人。"[8]诚信是社会主义核心价值观的基本内容之一，也是人类生活与交往的重要规则。构建诚信文化，首先，要断然拒绝媒体、社会中的造假或复制之风，并建立有力的惩戒制度，让学生知道诚信的价值与不诚信的代价。其次，教师、学校、社会要改变对文章的审美标准。傅丹灵指出："我教过许多从大陆来的学生，他们写文章、说话最大的特点就是不单刀直入，喜欢绕弯子，喜欢随意拔高附会，缺少具体的例子与实证。凭自己的感觉，一开口口气好大。"[9]这种文风与教师、学校、社会的评价有直接关系，使学生认为美文就是华丽优美之文，而这种审美取向需

要改变。叶圣陶认为，"真诚的作者写一篇文章，绝不是使花巧，玩公式，他的功力全在使情意与文字达到完美的境界；换句话说，就是使情意圆融周至，毫无遗憾，而所用文字又恰正传达出那个情意"。[10]倡导回归真诚写作，彰显确证意识，为培育严谨与真诚的言语生命创造了条件，也就为培育诚实的人格构建了文化氛围。

（二）教学向度：培育基于确证的科学思维

写作教学维度。在写作活动中，教师要引导学生树立确证意识。比如，学写"节约用水"的倡议书时，可引导学生到基层实地了解用水存在的问题，然后提出解决用水问题的倡议，而不是坐在教室里凭空想象，提出无关现实的建议，如"及时关掉水龙头""一水多用"等。再如写"家乡变了"，教师也应引导学生从家乡的道路、饮食、择业等中选取一个对象，具体深入地了解家乡的变化，而不是写成空洞苍白的抒情文章。引导学生进行说理表达时，言必有实据。教师可利用六年级下册第五单元语文园地的两个案例引导学生。"书写提示"中指出，赵孟頫的书法运笔自然，点画圆润多姿，具有行书的笔意；结构严谨端庄，平正宽绰；整体上显得秀丽柔美，稳健大方。编者以其代表作《三门记》作为佐证。教师可引导学生分析编者的用心，分析确证的力量。"日积月累"中，指出了"穷则变，变则通，通则久"等句子的出处。教师也可借机引导学生，以后在记录名言或他人话语时，不光要记住内容，还要记住出处，甚至记录版本与出版的年月，以便将来使用时找到准确的出处，彰显表达的严谨。

须要注意的是，要培育科学思维，培育确证意识，不能忽视学习共同体的价值。变封闭写作为学习共同体研究写作，学生在相互审视的氛围中，会自觉思考论据支撑的力度。比如，六年级上册第三单元习作《_____让生活更美好》，学生可结合自己的生活体验完成。可以从"微笑、诚信、梦想……"中选一个话题写，也可以写其他话题。写之前想一想它是怎么影响"我"的生活的，为什么让"我"觉得生活更美好；写的时候注意把原因写具体；写完后，开展一次"共享美好生活"主题班会，由学生分享各自的心得。这是一个好的设计，但实际上，学生写作常出现问题。一是案例大多为臆想编造，不是源于自己的观察、体验；即使是自己的亲身经历，也空洞模糊，没有具体、真实的细节。教师在引导学生思考与写作时，就应让学生明白这些问题。教师可让学生在分享会上设计"最佳分享"的评选活动，并为之提供评选支架：哪个同学的观点最真实，且能感动"我"？文中的例子是否源于自己的生活，是否可信？这样，学生就不会刻意编造或敷衍成文，也会在互动的氛围中感受真实材料的价值，从而逐步形成确证意识。

　　阅读教学维度。阅读教学在教学中具有重要地位。教师应当引导学生从语篇语境、文化语境与情景语境中，寻找思想观点的依据，培养学生形成忠实于文本、尊重作者意图、以文解文的阅读习惯，远离过度阐释、强制阐释、泛化阐释，拒绝脱离整体、背景、文化等语境的"抽出而讲之"式的碎片化阅读。这不仅有助于培育学生的高阶思维，实现其思维的发展与提升，也能使其在写作表达中有逻辑自洽与确证意识的自觉。如《灰雀》一文课后有一道思考题："默读课文，想一想，列宁和小男孩在对话的时候，他们各自心里想的是什么？"福建师大附小的李丹老师说："我在教学这一课的时候，就抓一个省略号'男孩说：没……没看见'，问学生：'小男孩这句话是在回答什么问题？这个问题难吗？不难为什么用省略号？省略号说明他的内心是怎样的？联系上下文，从哪里看出来？'"这就是在引导学生联系上下文寻找证据。同时，教师要指出学生确证意识缺失的问题。比如，六年级下册《文言文二则》的课后练习题："《两小儿辩日》中两个孩子的观点分别是什么？他们是怎样说明自己的观点的？"学生回答："一个认为太阳早上离自己远，中午离自己近；另一个则反之。"说话要有理有据，这个学生的回答显然不清晰或不准确。学生回答第二个问题时的理由不是源自对文章的确证，因为这两个小孩的"道理"都有缺陷，不符合科学的"有理有据"。若有确证意识，学生就应当回归原文分析，指出"他们分别从自己感知的温度、视觉来找到自己认为的理由，支撑自己的'观点'"。

写作关乎思维，更关乎品质。王爱娣老师指出："写作课程的设置不是个别人、少数人，或者一群人的事情，不是个人行为而是国家行为，是从国家利益的高度为学生的未来发展设置适切的目标。"[11]学者似乎尚未深切意识到写作与国家利益之间的关系。当下的小学阶段，不能只是关注状物抒情、驰骋想象、写人叙事等言语与表达训练，更要关注培育确证意识的说理思维，这不仅是培育写作的严谨思维与科学品质，更是在培育诚信人格和学生的核心素养。

注释：

［1］［3］叶黎明．写作教学内容新论［M］．上海：上海教育出版社，2012：118，297.

［2］［9］曹勇军，傅丹灵．中美写作教学对话十五讲［M］．上海：上海教育出版社，2018：158，91.

［4］［5］徐贲．明亮的对话——公共说理十八讲［M］．北京：中信出版社，2013：146，39.

［6］徐贲．说理教育从小学开始［N］．南方周末，2009－4－30.

［7］杨宁芳．图尔敏论证逻辑思想研究［M］．北京：人民出版社，2012：67.

［8］李杏保，方有林，徐林祥．国文国语教育论典［M］．北京：语文出版社，2014：37.

［10］叶圣陶．叶圣陶语文教育论集［M］．北京：教育科学出版社，2008：71－72.

［11］裴海安，王爱娣．美国中小学写作教学对我国的启示［J］．语文教学通讯（高中刊），2018（12）.

单元教学语境下的写作素养的涵育

——以统编教材九年级上册第五单元为例

摘要： 单元是基于一定目标与主题所构成的模块，是初中统编教材最主要的结构特点，单元教学也是落实核心素养涵育的最有效的抓手。初中语文教材的写作专题序列按 36 个单元来建构，但现行教材没有为之提供足够的知识与策略支撑。为此，笔者以说理单元的课文为例，依写作学理分析说理的要素与教材演绎现状，探讨写作素养涵育与写作能力提高的路径，为教师提升学生写作素养与能力提供借鉴。

一、背景

统编初中语文教材执行主编王本华谈到教材编写"双线组元"时说："语文要素这条线索与人文主题相配合，既发挥语文课程的育人功能，又能使学生减少语文学习的盲目性，切实掌握一些学习方法、学习策略，从而循序渐进地培养必备的语文能力、语文素养，促使其整体素质的协调发展。"[1]据此理念，教学当在单元的人文主题与能力的序列下涵育素养与建构知识。

学生的说理能力，是未来社会生存与发展的基本能力。王荣生说："国外三四年级的小学生，能够做像模像样的研究性阅读、文章分析，写像模像样的研究报告、小论文。而我们很多大学生快毕业了，还写不好研究分析的论文。"[2]这与我们教师不够重视说理教育有关。"从语文教育的特殊性来说，教师还当重视教材的开发利用，促使学生在主动探索中完成语言的建构与运用，进而达到培养学生核心素养的目标。"[3]九年级上册第五单元，设置了说理学习的模块，教师当充分重视教材写作价值的开发，引导学生涵育说理素养，借以实践，初步学会说理性的写作。

二、教学支持：文章分析转向交际语境寻绎

当前对议论文课文的分析，多采用文章分析的方法，即分析得出文章的观点，然后，分析从哪些方面论证，分析采用了哪些论证方法或手段，再揣摩哪些句子（或事例、名言）的含义与妙处。这样的教学，学生"学会"分析议论性文章，但无法学会议论说理的方法。文章说理是为了交际表达，让人接受自己的观点，所以也只有采用交际语境的分析，学生才能感悟说理的方法，领悟文本之妙。下面以学习《谈创造性思维》《怀疑与学问》为例来设计教学，通过两个课时，学生基本可掌握说理要素与方法。我设计如下问题，供学生讨论并明确：

1. 你认为作者最想表达的观点是什么？作者说服别人的思路是怎样的？

《谈创造性思维》从具有吸引力的图形一例分析后就没再论证标题，而是提出观点"不满足于一个答案，不放弃探求，这一点非常重要"，读者感受"意义"后，过渡到"要有此，则当具有创造力"。然后就是论证如何具有创造力，这占了大篇幅，结尾"任何人都拥有创造力，首先要坚信这一点"就是总结，可见文章的重心是如何具有创造性思维。这就是编者修改标题的原因，但改后弱化了原标题的吸引力。

《怀疑与学问》，作者要表达的意思：希望有追求学问的人要学会

怀疑，不能盲从。思路如下：①②提出古人倡导"怀疑"；③学问来自自己的材料，也来自别人的传说；④（但）别人的传说不能轻信。⑤对待传说如此，做学问也是如此。④⑤推出第一个理由：怀疑辨伪去妄的必需步骤；⑥"怀疑可以建设新学说"提出第二个理由。

2. 据此，你看出说理文章的形式有哪些吗？

说理文章有两类，一是阐释类，如《谈创造性思维》《敬业与乐业》；二是论证类，如《怀疑与学问》《中国人失去自信力了吗？》。

3. 对比两篇围绕中心说服别人的思路与方法，你更喜欢哪篇？

《谈创造性思维》先揣摩他人看法："富有创造性的人总是孜孜不倦地汲取知识，使自己学识渊博。"然后提出不同意见，再加上两个例证。继而又提出读者关心的问题："这种创造性的思维是否任何人都具备呢？是否存在富有创造力和缺乏创造力的区别呢？"然后分析。《怀疑与学问》，用两个分论点证明自己的观点。

此两文，前者是揣摩读者的心理然后回应，提出自己的观点。而后者，是自说自话的说理。如果有读者心理的揣摩而回应，文章更有针对性，更能让读者接受。比如读者或疑惑：经典之作也要怀疑吗？伟人、名人的话也要怀疑吗？怀疑别人与固执己见有什么不同……

这体现中西方不同的说理文化，我们中国的是告诫式，提出自己的理由以告诫读者，是封闭性说理；西方的是交流式，揣摩读者的心理然后释疑，再从中提出自己的观点，属开放性说理。西方说理值得我们借鉴。

4. 作为读者，你认为两文作者哪些地方还讲得不够好？

《谈创造性思维》选用"约翰·古登贝尔克""罗兰·布歇内尔"事例有缺憾，因为是同质的，如果换一个有探求新事物但没有活用知识者的事例，正反对比就更有说理力度。再说如果例子后面有分析，说理也更清晰更有力度。

《怀疑与学问》中戴震素材的运用有漏洞。为证明"怀疑是建设新学说、启迪新发明的基本条件"，选用的事例说戴震问《大学》是何时的书、朱子是何时的人、宋代的人如何能知道 1000 多年前的著者的意思。这事例说明戴震因怀疑而常提问，与他成为学问家关系不大，若问后不查阅思考，增长见识，丰富思想，何以成为学问家？

5. 借鉴《谈创造性思维》，以"如何做一个有思考力（或判断力、观察力等）的人"为题，你又会如何展开思路？先写出来，我们一起点评矫正。

对前四个问题的思考，学生知道了：说理文章的种类、说理形式中西方的不同、西方说理值得借鉴之处、说理要规避的问题等。而通过思路演练与批评矫正，学生初步掌握说理文章的特质。

三、厘清概念：写作素养涵育的前提

（一）对象域：情景说理与文章说理

情景说理，是针对具体或特殊的对象的劝告阐释，如《敬业与乐业》。文章（开头）确信"敬业乐业"，是人类生活的不二法门。然后从敬业、乐业两个方面，告诫孩子走出社会要有这个法门。很多学生为此"找到"灵感：说理文章就抓两三个点铺开。这是误解。因为这是梁启超 70 多年前，对上海中华职业学校学生的一次讲演，他只是根据技术中最主要、学生最易缺失的"法门"提出自己的告诫，是定向劝诫之作。

不知具体对象的说理，属文章说理。《敬业与乐业》若演绎情境说理，则当进入交流情境的多维探讨：①要获得工作的成就，则当敬业；②有了敬业，慢慢就会乐业；③但有的人敬业而不能乐业，原因何在？④值得提醒的是，敬业并不意味着对自己工作不能适时地调整，演绎新的敬业与乐业亦值得欣赏……

（二）表达域：传统型说理与逻辑型说理

詹姆士·A.霍金和安德森·W.哈特说："议论文是以逻辑为基石，以证据为结构，以说服读者接受观点或支持行动或者两者有之的写作意图的文章。"[4]可见，说理文要凸显三点：①最重要的因素：逻辑；②说理的构成：证据；③目的：说服读者接受观点或支持行动或者两者有之。可中国说理文化不甚重视"逻辑"。鲁迅《二心集·关于翻译的通信(6)》中写道："中国的文或法。法子实在太不精密了……这语法的不精密，就是证明思路的不精密，换一句话说，就是脑子的有些糊涂。"这里的语法就包括逻辑。传统型说理，常见散文的语言演绎的说理写作，玩类比、玩隐喻、玩象征、玩暗示。比如《劝学》用"积土成山，风雨兴焉；积水成渊，蛟龙生焉"。荀子不是从积累与学习关系分析积累的必要，而用一个非同质、没有相似性的行为作类比，失却说理力度。毕淑敏的《精神的三间小屋》放在九年级第二单元，也不妥，因为它不属于议论文，而是感性的议论性散文。

四、素养涵育：培育高阶认知、思维缜密的文明公民

欧盟对"素养"的界定："素养是适用于特定情境的知识、技能与态度的综合体。"[5]作为说理的素养，是在说理情景下当具备的人性品质与表达的思维与思想的高级能力。

（一）品质维度

这首先是要有平等意识。说理文，或阐释要求，或证明观点，或劝说他人，其实就是与人言语的交流。于是也就要尊重对方，必须有平等意识。初中作文中，此意识缺失的表征如下：1. 骂街式。用大帽

子或难听的话，指斥他人。如"这是一个非常弱智的观点""你是一个没有思想的愚蠢者"。2. 居高临下式。不设身处地思考他人的难处，以大话压人。如："你不能怨天尤人，抱怨生活。想想'西伯拘而演《周易》；仲尼厄而作《春秋》'，你就会振作起来。"3. 狭隘式。批评某人或某句话，就认为其一无是处，不承认对方的某些合理性。不狭隘，就如麦裴克（J. E. McPeck）所谓的"反思性怀疑"，"不是无差别的怀疑，而是保留赞同求得问题解决的过程"[6]。

平等意识诠释真诚品格：贴近读者，不故作高深。否则如《守护文化》的结尾："山重水复，花草掩映，书法让发昏的头脑清醒，传统文化让乖戾的音响圆润，洗涤诈念，鄙弃谋术，豁然洞开，惊鸿一瞥，执掌起满天晚霞。"语言华丽，故作高深，以致读者无法解读其意。

其次是确证意识，不模糊不编造，以确实的证据与严谨的思维，演绎说理。傅丹灵道："美国小学三四年级就开始教育孩子要搞清楚材料从哪里来的，怎么运用。凡引用必有出处，一是尊重别人的知识产权，二是说明材料的真实性，这样才有权威性，才有说服力。"[7]比如《谈创造性思维》中："某心理学专家小组以实际从事创造性工作的人与不从事此类工作的人为对象进行了调查研究，并得出如下结论。"这是瑕疵，应指出具体是哪个小组，在分析课文时要提醒学生。再如《创造宣言》，作者为证明"不要轻言点滴的创造而不为"用东山樵夫的素材，此是神话而非生活的确证，也就没有说理力度。

（二）演绎维度——分析性思维

美国教育家斯滕伯格提出"思维三元理论"，他将思维分为：分析性思维、创造性思维和实用性思维。分析性思维涉及分析、判断、评价、比较、对比、检验等能力。"中国人和美国人的思维不同。美国人擅长的思维方式是一种分析性思维，把一件事情一步一步、一环一环分得很细，我们擅长的思维方式是一种融合性的思维，觉得这个过程'神而明之'，天知地知，你知我知，不需多讲。"[8]

分析性思维，文章层面：围绕论题或中心的多层次分析。美国的图尔敏论证就体现于此。"由一个主张（claim）、资料（data）、正当理由（warrant）、支援（backing）、限定词（qualifier）和反驳（rebuttal）六大部分组成。"[9]因此，如"我赞成学生统一穿校服"，可做如下分析。

1. 原因分析：①用校服一统学生，用意就是防止学生对衣着对名牌的攀比，防止精力的分散。②统一穿校服的背后，就是守护教育的责任。

2. 揣摩对手：有人反对：认为校服抑制学生鲜活的个性，未能展示学生对美的追求。

3. 观点回应：此言有误，一是学生鲜活的个性，不靠衣着体现，很多穿着校服者，个性依然鲜活；再说学生过分对美的追求，会分散学习的注意力。

4. 支持理由：穿着校服，不是中国仅有，西方、日本较之我们更为重视。在学生攀比浮躁渐盛的今天，穿着校服尤有意义。

5. 话语条件：当然，我不是说穿校服，就是让学生淡漠审美，甚或出镜难看。我们也可以像日本那样将校服设计得美观精致，让学生既能抑制攀比，又能彰显美感。

语段层面：围绕中心意思层层剖析。这可从《怀疑》文中获得启示，作者提出观点："我们对于传说的话，不论信不信，都应当经过一番思考，不应当随随便便就信了。"但不是马上例证，而是从事理上分析："我们信它，因为它'是'；不信它，因为它'非'。这一番事前的思索，不肯随便轻信，便是怀疑的精神，做一切学问的基本条件。"再接着才是举例与分析，卒句总结。今天学生说理，就是"观点＋事例"，则是力度缺失。观点若没有理由的分析，仅靠事例这个案无力支撑。故而，分析性说理的说理语段，一般有四个部分：观点、观点的理由分析、理据（例证或引证）、理据分析。

分析性思维建立在逻辑缜密的基础上，应当具备三个要求。

一是概念的明晰性。孙绍振说："智性逻辑的基础是概念的严密性、稳定性，在行文中的一贯性。"[10]有了明晰的概念，也就在这个概念下分析论证，文中确证与名句等中心的内涵应与之一致。如材料"记者问球王贝利：'哪一个球踢得最好。'贝利说：'下一个'。"学生写作就想到毛泽东青年时因不满中国的现状，就有变革的愿望。文章不满现状的内涵与材料不一样：前者是不满成功的现状，后者是不满落后的现状。材料与乔姆斯基不断超越的不满现状方为一致。文章漂移内涵，也就变成"不满现状"的话题作文，泛泛而谈，缺失说理张力。二是推理的合理性。论证基于确证或实证的分析推理。三是观点的论证性。学生作文中常常混淆"事实""想法"。"'事实'是公认的知识，而'想法'只是个人的看法。任何'想法'都不具有自动的正确性，必须经过证明。"[11]《谈创造性思维》中："然而，寻求第二种答案，或是解决问题的其他路径和新的方法，有赖于创造性的思维。那么，创造性的思维又有哪些必需的要素呢？"第一句则为观点看法，还当加上佐证，这是文章的瑕疵。

（三）审思维度——高阶认知能力

钟启泉谈"基础教育"："其一，强调'基础性'——基础教育不是成'家'的教育，而是成'人'的教育，是培养有社会责任感、有教养的公民的教育。其二，强调'能动性'——基础教育不能满足于'低阶认知能力'，需要在低阶认知能力的基础上发展'高阶认知能力'。"[12]说理表达，是生存发展的基本能力。我们当为学生的未来负责，培养高阶认知能力。"从布鲁姆（B. S. Bloom）弟子安德森（L. W. Anderson）修订的'新版教育目标分类学来看，教育目标是由金字塔的基底起始向塔尖发展的，是由①记忆、②理解、③运用、④分析、⑤评价、⑥创造'6个层次构成，①②③是低阶认知能力，④⑤⑥是高阶认知能力。"[13]说理写作，高阶认知能力含两种能力。

第一种是知性思维能力。"知性作为一个概念判断和推理的能力，是从概念规定表象对象开始进入纯概念思维，从而摆脱表象直接性的过程。"[14]知性思维作为一种理解力，是形成抽象概念的能力，它具有分析、规定、划界、定义等性能。说理分析中，最直接的表现就是从众多事件或材料中能分析提炼出核心思想，而不是浅层散乱的铺陈。比如《创造宣言》中，作者分析：①有人说，环境太平凡了，不能创造；②生活太单调了，不能创造。作者就进一步概括分析，得出：可见平凡单调，只是懒惰者的遁词。这可见思维的深入，彰显知性与智性。

第二种是理性思维能力。理性思维是一种有明确的思维方向，有充分的思维依据，能对事物或问题进行比较分析、质疑批评的一种思维。理性思维能力，建立在立体审视的基础上，表现为不选择性失明的综合分析。比如《怀疑与学问》，若有此能力，则会思考：怀疑会带来学问的增长，可是为什么有的人常有怀疑的习惯，却未能增长学问？就会进而思考：怀疑带来学问的提升是有条件的（比如不断翻阅思考，比如你的怀疑是无意义的等等）；还当思考若有人剔除"接受与运用被认可的经验或学识，不再应因犹豫而时间浪费，不是更能增长学问"我该如何辩驳他。

这种能力，更表现在杜威（J. Dewey）"反省思维"（reflective thinking）上。"这种思维乃是对某个问题进行反复的、严肃的、持续不断的反思。"[15]这也是批判思维的演绎。钟启泉道："学习者通过自主地思考，创造新的知识、新的自我、新的社会——这就是批判性思维教育的目标所在，这才是寻求更好的专家、更好的社会的强有力的'生存能力'。"[16]为此，当引导学生拒绝奴性盲从，彰显合乎逻辑的理性思辨。可以批评名言名句、经典学说或某名家观点等，如《谈创造性思维》就对"正确答案只有一个"的质疑。也可批判某共识、某现象，如世人赞扬归田园而诗意居的陶渊明，指出他若能像清代弄墨自遣"文笔遍天下"的文徵明，其社会意义与生命价值则更为彰显，则见独特深刻的思想。

单元教学是在明晰一定目标与主题的教学，指向知识的建构、思维的提升。当今初中教材，写作没有明晰的课程，教材相关单元虽有写作知识的总结，但要点单薄模糊，也很少结合课文进行分析指导。这无疑是缺憾。写作关乎学生的说理表达，关乎其未来的发展。为此，教师应充分开发利用课文的写作价值，审思习作现状，寻绎学生写作素养涵育的教育策略，使其结合写作情景实现写作素养与能力的真正提升。

注释：

［1］王本华．从八大关键词看"部编本"语文教材的编写理念［J］．课程教学研究，2017（5）．

［2］王荣生．语文科课程论建构［M］．上海：上海教育出版社，2003：102.

［3］钟启泉、崔允漷主编．核心素养的教学改革［M］．上海：华东师范大学出版社，2018：031.

［4］叶黎明．写作教学内容新论［M］．上海：上海教育出版社，2012：118.

［5］［12］［13］钟启泉、崔允漷主编．核心素养研究［M］．上海：华东师范大学出版社，2019：028，006，004.

［6］［16］钟启泉．批判性思维：概念界定与教学方略［J］．全球教育展望，2020（1）．

［7］［8］曹勇军、傅丹灵．中美写作教学对话十五讲［M］．上海：上海教育出版社，2018：158，071.

［9］杨宁芳．图尔敏论证逻辑思想研究［M］．北京：人民出版社，2012：67.

［10］孙绍振．孙绍振论高考语文与作文之道［M］．福州：福建人民出版社，2013：281.

［11］徐贲．说理教育从小学开始［N］．南方周末，2009—4—30（2）．

［14］王天成．黑格尔知性理论概观［J］．吉林大学社会科学学报，2010（3）．

［15］［美］杜威．我们怎样思维•经验与教育［M］．北京：人民教育出版社，2019：011.

真实情境教学，作文教学本然之道

摘要：当今作文教学低效而遭诟病，源自无视学生写作的真实情境：一是情境设计无视学生生活；二是批评矫正无视学生的真实写作状态；三是无视同学佳作或经典佳作的引领功能。如此，作文教学如隔靴搔痒，无法触及学生的习作痼疾，无法提升学生的写作素养。文章探讨如何通过真实情境作文教学，关注积极主动的语言实践活动，关注真实的语言运用情境，涵育语文核心素养，提升作文教学的品质。

一、问题：作文教学，无视学生的真实写作情境

王荣生教授说："现在中学教育没有作文教学。"[1]此说有一定道理。现实中，作文课常被诟病没有教材、没有课程规划、没有高效教法。前两者一时难以解决，最可怕的是第三点，作文课不像作文课，更遑论高效。例如，以"过节"为题，有老师设计了如下约 10 分钟的写作引导：

这些设计具有典型性、代表性。其最大问题就是无视学情，无视学生作文的真实情境。"过节"的作文引导，不是要让学生回顾如何过春节，而是要思考如此状写是否可行。作文教学的逻辑起点就是解决写作中出现的问题，这三个设计符合这个逻辑起点吗？

设计 1：了解北京春节的习俗是学生自己的感受吗？将北京春节

的习俗写在反映自己生活的作文里合适吗？问题 2 要求学生回忆春节难忘的场景，虽是自己的生活，但将这些经历写出来就是好文章吗？作文最忌流水账，如果学生不会依旨选材，这样的写作意义何在？

设计 1	设计 2	设计 3
1. 以"北京的春节"为例，看看北京春节有什么习俗？ 2. 联系现实，回忆自己春节是怎么过的？哪些场景让你难忘？ 3. 写一个春节的片段，师生讨论。	1. 视频播放各地的春节的画面，谈谈你最喜欢的一幅场景。 2. 你们是怎样过节的？小组交流。 3. 出示习作要求：①能够有序写出过节的热闹场景，②将自己的心情与所得表达出来。	1. 展示过节的佳作，讨论"过节"作文优秀的品质。 2. 老师引导优秀作文的品质。 3. 思考自己获得写作借鉴。

设计 2：问题 1 的设计看上去很热闹，但这与设计 1 中让学生了解北京的春节一样，是学生自己的体验吗？同样地，问题 2 让学生交流"怎样过节"，对自己的写作又有什么意义？习作要求中的"能够有序写出过节的热闹场景"更是框限了学生的思维。只有让学生自由发挥，展示或热闹或感人或令人深思的场景，然后根据文章主题审视材料，提出批评或肯定，让学生学会规避或借鉴，方能写就有质量的习作。

设计 3：学习优秀作文，学生就能写出这样的优秀作文吗？每个学生都有自己独立的思维，如何可用佳作思维一统之呢？不如展示三篇具有典型错误的文章让学生批评，从而知道写作的"负面清单"，知道应该规避的误区，效果定然更好。

二、寻绎：真实情境作文教学实施的基本环节

王宁教授说："语文核心素养是学生在积极主动的语言实践活动中构建起来，并在真实的语言运用情境中表现出来的个体言语经验和言

语品质。"[2]真实情境的教学，就是关注学生的语言实践活动，关注真实的语言运用情境，继而真正实现语文核心素养的提高。

真实情境下的写作，其内涵有二。一是元意识，即学生写作前的真实构思与思想。表现为看到题目后的运思架构：立意→选材→构思。二是元状态，即写作呈现的真实状态，如主题漂移、详略失当、材料虚假、逻辑缺失、言不及义等。维果茨基"最近发展区"理论认为学生的发展有两种水平：一种是学生的现有水平，另一种是学生可能的发展水平。两者之间的差距就是最近发展区。关注元意识与元状态，就能在最近发展区中演绎教学行为。然而，真实情境作文教学的实施，不是简单地观照真实情境的写作，而是在观照写作心理与写作认知特点的语境下，落实写作的策略性知识。王荣生说："中小学有'当堂作文'一说，但所谓'当堂作文'，只是给学生写作的时间罢了，具体的写作过程，教师通常很少顾及，更缺乏有效的指导。"[3]关注写作过程的有效指导，实现真实情境作文教学，当体现四个环节。

（一）唤醒环节

情境创设，目前的理解是要激发学生的兴趣和写作欲望。比如，看有关春节的视频，感受有关春节的文化，然后问学生：这样的春节你喜欢吗？你有这样的经历吗？你写出来一定也非常精彩。这种情境创设，美其名曰"激发兴趣"，然而即便兴趣激发了，也不等于学生就能写好。没有唤起学生现有的记忆，没有引发学生的写作思维与思想，即便有兴趣，也是短时的。

前文所说的导写，就是写作前的第一步：情境创设。仍以"过节"为题，我做了如下导引：

第一步 （导引）	1. 提出思考支架：①你在哪里过什么节？②这个节最有意义的活动或场景是什么？③你还在那里度过这个节，与今年的过节有何不同？④你要表达的主题是什么？ 2. 学生讨论，每组选出一个大家认为构思最满意的学生，展示自己的思路。

第二步 （纠偏）	1. 老师点评：肯定与矫正。 2. 指出常见的错误：①文章没有节日的元素，给人感觉是最感人或快乐等的一件事复制过来的。②没有一个清晰的主题、主线。③事件写得平铺直叙，没有波澜曲线，无法给读者带来审美的刺激。 3. 开具写作的"正面清单""负面清单"。

"教育的过程是教育者与受教育者相互倾听与应答。"[4] 倾听与应答教师的责任，唯有如此，方能释解学生的困惑。我的设计就是先曝光学生的问题，这样，学生起笔前，思想、路径就得以纠偏。当然，并不是说有了此写作前的引导，学生就会写文章，还应在学生写出文章后，再度批评矫正。

情境创设最有效的就是给学生提供一个支架，使其写作不致茫然。由此，当体现两个原则：

一是开放性原则。如我国台湾地区 2013 年度学科能力测试题：

> 曾永义《愉快人间》说："为了'人间愉快'，就要'人间处处开心眼'，就要具备担荷、化解、包容、观赏等四种能力，达成'莲花步步生'的境界。"这是一段充满生命智慧的哲思。"人间愉快"，可以是敞开心胸、放宽眼界的自得；可以是承担责任、化解问题的喜悦；可以是对周遭事物的谅解和包容；可以是观照生活情趣的艺术；也可以是……请根据亲身感受或所见所闻，以"人间愉快"为题，写一篇完整的文章，记叙、抒情、议论皆可，文长不限。

命题者用几个"可以是""也可以是"加以引导，说白了，只要是"亲身感受或所见所闻"的"人间愉快"即可。如此开放思维，也给了学生一个思考的支架，为学生自然袒露真情留置了广阔空间。

二是诱发性原则。即引导学生唤起情感。一是选择贴近学生生活的情景，二是选择自然倾诉的对象。如以"节日"为题，有两种情境设计：

设计1：你的节日生活愉快吗？你喜欢节日中的什么活动？请以"我的_____节"为题写一篇文章。

设计2：请参考下列对象，选择生活中的一个对象，然后思考并选择内容、语气来介绍自己的节日。

①"我最喜欢的节日"的班会活动上，你如何向同学介绍你的节日以获得大家的好评？

②如果你的弟弟或妹妹想知道你度过的节日，你将如何叙说以吸引他们？

③面对一个和你过节的长者（如父母、外公外婆、爷爷奶奶、偶然到你家的伯伯等），你如何叙说你的节日，以表达你的情感或思想？

······

设计1的情境创设没有叙说的对象，也就无法想象对方最想听到的内容，也无法调动自己叙说的情绪。而设计2要求选择对象，学生就会揣摩其心理，设法吸引对方，努力实现写作的交际功能。尤其是问题③要求叙说自己的所见所感，也就有了自己真实的情感或思想，能够彰显真挚、独特的质感。

（二）校准环节

根据老师的情境创设，学生构思后互动交流，以实现思路的校准。

叙说者	倾听者
想写的内容	①是否切题②是否真实③是否鲜活④是否独特
想表达的主题	①是否扣紧材料②是否独特
整体构思	①是否详略不当②是否平铺直叙

美国的教学尤其关注这一环节。美国佛罗里达大学教育学院傅丹

灵教授说:"维果茨基的'最近发展区'(ZPD)指出,学习发生在两个层面:第一,学习者通过与能力更强的人协作从而解决问题,这种与人合作共同解决问题的能力又引导学习者进入第二个阶段,即独立解决问题,进而产生学习循环。"[5]设计校准环节,就是让学生在交流中发现自己表达中存在的问题,尤其是与能力较强的同学讨论,更能校准自己的构思、选材与语言,最大限度实现写作的交际功能。

(三)矫正环节

现代课堂鼓励学生展示与评价,但也注重教师"指导和订正"之功,而教师批评便是此功的诠释。事实上,很多老师对此不以为意。陈日亮先生说:"语文课的低效率就在这里:教与学脱离。关于这个问题,孙绍振老师的批评是很尖锐的,他说:他们(语文老师)面对的不是惶惑的未知者,而是自以为是的'已知者',如果不能从已知中揭示未知——指出他们感觉和理解上的盲点,将已知化为未知,再雄辩地揭示深刻的奥秘,让他们恍然大悟,这就可能辜负了教师这个光荣称号。"[6]不矫正学生的错误,不从学生已知中揭示未知,不廓清学生写作的迷雾,这不是对学生的"呵护",而是责任的推卸或教学底蕴的缺失。因此,作文教学断然不能回避这两步:一是点示写作盲点与误区,提出修改方向;二是对学生修改后的文章再次审视,甚至再作修改,直至错误规避、亮点凸显。但现在每个班学生大多在 45 人以上,因此落实这两个步骤有困难。为此,可采取立体方式:"学生批评+老师引导+老师集中批评"。首先,要让学生学会发现问题。为此,不妨点破迷津,指示如下路径:

级别	关注点	层次
最低级	错别字,病句	基本品质
中级	①材料是否真实;②表达语句(语言、条理)是否清晰;③是否扣题	
高级	①是否有"我"的材料;②是否有脱俗的主题;③是否有创意的表达;④是否有优美的语言	审美层次

然而，学生互评，教师也不能作壁上观。因为学生的认识毕竟有限，教师必须参与学生互评，一起探讨并提出修改意见。最后，还当在班上分析集中出现的问题，让学生获得鉴示。

（四）自省环节

通过佳作的引领，让学生跳出自己的写作视野，感受更高层次的言语形式之美，发现自己的差距，从而反思自省。目前的作文教学中，这一环节也基本阙如。

当然，引导学生自省，所选佳作也要体现"真实原则"。一是选出本班或其他班级优秀之作，让学生近距离发现同龄人写作的不同表达，获得写作借鉴；二是推荐给学生易接受的作家或老师的作文，以更成熟的思想、更广阔的视野示意其努力方向。

三、探究：难以实施的最主要原因

早在 19 世纪 30 年代，叶圣陶先生就倡导真实情境教学。他说："上课做什么呢？在学生是报告和讨论，不再是一味听讲；在教师是指导和订正，不再是一味讲解。"[7] 真实情境的作文教学，是作文教学的本然之道，然今天鲜少见之，最主要的原因就是：教师的写作素养不够厚实，无法"坦然"面对学生自由展示所暴露的诸多问题。其作文问题可分为两个层级：

基本层级	①不扣题；②详略不当；③条理杂乱；④事例陈旧
审美层级	①主题缺失新意；②构思缺失创意；③材料缺乏鲜活或不够感人；④语言缺失艺术性

基础层级的问题一般教师尚可指导学生矫正，但审美层级的矫正，则非写作素养厚实者不可。以"陪伴"为题，一学生起笔即构思"母亲陪伴我"。这虽是切题的角度，但如果所选事件平常而不独特，就不是好的角度。我们看看如下转向：

母亲陪伴我（母爱）→我陪伴母亲（感恩）→母亲陪伴乡下来的妹妹（姐妹情）→母亲陪伴年老的外婆（孝心）

阅读心理学认为，文章越有自己独特的角度，选择读者越陌生的素材，则读者越具阅读的兴趣。可见，素材的选择往往不在于选材而在于选点。"点"越独特，读者越有陌生感。从"母亲陪伴我"到"母亲陪伴外婆"，四次选材"点"的转向，材料越来越独特。而事实上，即便是"母亲陪伴我"，也有迥异品质的构思：

构思1	晚上作业时，母亲陪伴我；住院时母亲陪伴我；成绩不理想而沮丧时，母亲陪伴我。
构思2	成绩不理想而沮丧时，母亲陪伴我；军训时母亲视频"陪伴"我；一个晚上，梦中发现自己班委落选母亲不再陪伴我，我落寞无措。

显然，构思1不仅平铺直叙，而且主题分散，难免单薄俗套。而构思2则有曲线，梦中的幻境，更是凸显母亲陪伴之功；更主要的是几个材料均集中在一个主题：母亲的陪伴让"我"不再孤独。文章因之彰显充实、独特。此为凸显"审美层级"的批评与引领，而此类之举，非写作素养厚实者无以为之。

写作不是职业，而是人的生存技能。今天，亟须检视目前的作文教学，以对学生的未来、学校的教育与社会负责。值得提醒的是，真实情境教学，只是课堂环节的改变，意在批评矫正语境下，凸显对学生最近发展区的关注。而只有在课程引领下，方可彰显此之改变的最大价值。故而今天，当审视写作特点与真实学情，制定写作课程，实践课程视阈下的批评矫正的真实情境教学，以提升作文教学的品质，实现语文核心素养的提高。诚能如此，则为学生之幸、教育之幸。

注释：

[1][3] 王荣生. 我国的语文课为什么几乎没有写作教学？[J]. 语文教学

通讯B刊，2007（12）.

［2］王宁．语文教育与核心素养——语文核心素养与语文课程的特质［J］．中学语文教学，2016（11）.

［4］李政涛．倾听着的教育——论教师对学生的倾听［J］．教育理论与实践，2001（07）.

［5］曹勇军，傅丹灵．中美写作教学对话十五讲［M］．上海：上海教育出版社，2018，4：21.

［6］陈日亮．语文教学归欤录（上卷）［M］．福州：福建教育出版社，2017，5：162.

［7］叶圣陶．叶圣陶语文教育论集［M］．北京：教育科学出版社，1980，8：84.

小学生说理的能力训练与素养涵育

——以读后感写作为视域

摘要： 小学五年级开始学习写读后感，很多教师没有意识到读后感训练与说理能力与素养培育的密切关系，甚至不懂读后感当具有的品质与要素，以致读后感不见学生的真实感想，或感想苍白乏力，这样直接削弱写作教学的价值。而我们学生学习说理起步比西方晚，现实中，学生说理能力与素养甚至到中学毕业后都不甚理想。故而，今天研究与实践指向说理能力提升、说理素养涵育的小学读后感写作，有其迫切性。

王荣生认为"国外三四年级的小学生，能够作像模像样的研究性阅读、文章分析，写像模像样的研究报告、小论文。而我们很多大学生快毕业了，还写不好研究分析的论文"[1]。美国学生之所以能写出像模像样的研究论文，与其小学就重视说理写作学会分析有关。徐贲说："美国公立学校的教育中，公共说理教育的准备其实从小学一年级就已经开始。《加州公立学校幼儿园至 12 年级阅读和语言艺术（教学）纲要》对小学五个年级的'说理'有具体的要求。"[2]说理能力是人生存发展的基本能力，中小学教育，就是满足学生未来学习与发展的需要。小学阶段是学生启蒙阶段，涵育说理素养，有助于未来的学习与交流，有助于未来的发展与社会文明的构建。而基础教育阶段并不重视议论说理的训练，学生实际上在初三才开始接触简单议论文的写作，实为一大缺憾。

读后感，学生有感而发，可以深化理解文章，实现阅读与体验的链接，在真实的情境中实现情感的渐染、思想的构建，从而实现深度阅读，也可以学会说理表达，继而涵育说理素养。小学五年级上册第二单元提出读后感写作，这是教材首次提出的具有说理因素的写作，教师当以此认真引导。

一、小学生读后感写作的现状

小学五年级教材对读后感的写作要求："选择读过的一篇文章或一本书，写一篇读后感。先简单介绍一下文章或书的内容，可以重点介绍你印象最深的部分。再选择一两处你感触最深的内容写出自己的感想，感想要真实、具体。可以联系自己的阅读积累和生活经验，也可以引用原文中的个别语句。"但因为要求过于模糊，也没呈现优秀的可借鉴的范本，更没有呈现需要规避的文章，于是就出现下面问题。

（一）以叙代感

文章通篇在介绍故事，只是最后写一点感动。比如一学生写《〈铁杵成针〉读后感》，300字左右的文章，介绍故事250字，结尾就写："这件事告诉我一个道理：凡事只要有恒心，就没有做不到的事。少年李白的'只要功夫深，铁杵磨成针'的故事给了我深刻的教育。我相信在今后的日子里，这句话将会伴随着我成长。"文章不说"感"从何处来，没有分析思考，所以这种读后感是生硬粘贴，情感苍白，不见感性真实的情愫，更不能打动读者。

（二）泛泛而谈

很多教师认为读后感，就是谈自己的感受。这个观点没错，但呈现的感受有品质高低之分。我们可以分为四层：①意义缺失层：有多点感受。②初级层：有自己独到的感受，但还是多点，没有凸显重点。③中级层：感受聚焦且有自己真切的情感。④高级层：感受聚焦且彰显思辨。后两个层级，读后感才具有文章质感，也才体现生命真实的思想。泛泛而谈的读后感，比如，一学生写《〈草船借箭〉读后感》："折服于诸葛亮的从容……更钦佩诸葛亮的睿智……感受到一个军事家具有的智力与素养。"这是学生的感受，但呈现思维碎片，不见思维的逻辑性，如果聚焦第三点来谈自己的感受，将前两点作为分论点来支撑，"感受"就变得明晰而深刻。

（三）感而无我

文章看似有感，但不是自己真实的感受。表现为故事是他人的。如《读〈抗日民族英雄赵一曼的故事〉》："信念让屠呦呦获得了诺贝尔奖；信念让红军历经二万五千里长征最终胜利会师；信念让奥运健儿站在了最高领奖台上。不仅是人，动物也有它们的信念。记得有一种鸟，每年冬天就要飞过太平洋到海的另一岸去过冬。它只能依靠小小的翅膀和嘴里的一根树枝。小鸟靠着它的勇气、毅力和信念，冲破一个又一个海浪，完成了一个遥远的梦。"这就没有自己的体验，就是仅含糊写信念对屠呦呦、红军、奥运健儿的作用，也是一句模糊的观点，没有具体的信念，不见如何作用。而鸟"靠着它的勇气、毅力和信念"更是一种想象、一种推测，根本就不具有说理力度。这样的文章空洞，看不见作者的真实感想，与感想所呈现的充分思考，甚至就是近似于故事的复述。这样无助思维的发展与提升，也不会促成写作水平的提高。

三、读后感写作要指向说理能力的训练

何谓读后感？很多老师不假思索地认为：读后感就是写读了以后的感受，似乎就是一种形式。其实，读后感写作有三类。第一类：情感本位类，此类演绎写作的生命性，展现生命的真实情感。这是学生公开或不公开的抒发表达，如日记。第二类：交际本位类，演绎写作的社会性。这又分为二类。显性类，如以《信念的力量——读猴王出世有感》在班级读书会上分享，或投书校刊《读书》栏目。隐形类，

读后感大多是这种类型，暗含一个读者，为了表达自己的感想，以与人交换思想。第三类：认知本位类——写作的生态化。读后感是为了促进认知梳理与推进，这是基于写作的"认知功能"而提出来的，指出写作除了表情达意之外，还有扩大视阈、改变认知、提升思想的目的，实现写作生命的优化与发展。这个分类，改变了读后感写作就是发表感想的模糊认识。为此，并不能狭隘地认为读后感就是写所感所思。为此，当分四步演绎写作思路的引导。

第一步：拟定一个体现自己真实具体所感的标题。一些同学就用《读XX后有感》作标题，这不能体现自己的具体思想，如果有主标题、副标题，比如《不惧困境，成就风景——读"让生命破茧成蝶"有感》，这样就能体现自己阅读的思想，有激发读者阅读兴趣的张力。

第二步：给读者交代一下文章内容。很多学生就是简要叙述这本书的主要内容。其实不对，叙述当指向自己所感的材料。比如作者赞叹生命破茧成蝶，其内容选择就当有明晰指向："文中的小孩从小相貌丑陋，说话口吃，还因疾病导致了嘴角畸形，一只耳朵失聪。但他从不放弃，争做'破茧之蝶'，终于，他带着自信、勤奋、自尊、坚持、勇气、忍耐和梦想，穿破了命运之茧，还当上了总理。他就是被人们称为'蝴蝶总理'的克雷蒂安。"

这样概括了小孩面对窘境不自卑与放弃，终于成了"蝴蝶总理"的过程，也就扣紧了"破茧成蝶"这个"所感"。

第三步：读完后，你最大的感想是什么？为什么？你联想到生活中哪些情况或相关的经验？

比如：

读完这本书，我感受了克雷蒂安不会因为相貌与残疾而自卑，而是有改变的愿望、意志。这可见梦想的力量，更见内心的强大。哀莫大于心死，心不死，有意志，就有不惧困难的努力，也就因些许成功而看到希望，就有自信的期待。汪国真所道"没有比人更高的山，没有比人的脚更长的路"，也就是这个道理。

　　我想到了我的爸爸。他大学毕业后，因大学成绩不理想被分配到一个乡下中学任教，看到自己的同学至少分配在县城，心里很羡慕，但他在乡下踏实教书，不断向城里的老师学习，工作12年后调入县城一中，进入一中后，他一开始成绩也不很理想，但他每天上午第一二节语文课上完后，就到图书馆学习，下午就写教学反思，于是36岁起在刊物发表文章，一中工作10年后被省政府评为"特级教师"，成为一个被学校尊重、被同行学习的老师。

　　第一段写出自己的分析，第二段则联系自己的真实生活，体现具身认知。具身理论认为："首先，认知依赖于经验的种类，这些经验出自具有各种感觉肌动能力的身体；其次，这些个体的感觉肌动能力本身根植于一个更广泛的生物的、心理的和文化的情境中。"[3]学生这样具身联想到自己的真实生活情境与认知情境，才体现真实的情感与思想。

　　第四步：基于这样的感想，我的认识、行为等会有怎样的改变？

　　很多学生谈自己的改变，语焉不详。比如："自尊、自爱、勇敢、坚持、勤奋、忍耐、理想、信念……构成了击败困难的破茧之剑，让我们手握这把利剑击败生命中的困难，让生命在有限的时间内创造出无限的价值。终有一天，我们会成为蝴蝶，自豪地享受生命的价值，尽情地欣赏人生美景，让生命永远焕发光彩，让生命在真正意义上破茧成蝶。"这样的表达，大话套话，空洞而没有情感的冲击力，也无法给读者具体的借鉴与启示。如果反思检讨自己，审视自己的责任与未来等，就会提出自己真实所感带来的"改变"，比如：

　　　　日常中，我常见一些卑微的生命在努力，也常见残疾人在奋斗，我对此心生怜悯，感叹自己的小确幸。读了这篇文章后，我对他们的不屈心生敬意，默默祝福。我也告诫自己，未来的路上，我或许也会有种种不幸或磨难，但我不能趴下、屈服，我要微笑以对，强大内心，不断抗争，挺过去，前面是个天。

这里彰显了两个改变：改变了对弱势群体的态度，改变了自己面对处境的真实心态。感性实在，让人感觉真实的感受与变化。值得的提醒的是，教学中，不仅要让学生掌握这四步，也要让学生学会检查与评价，可以提供四个支架：①自己的阅读所感是清晰具体的吗？②这所感来源于阅读的对象吗？③与自己的生活或阅读体验密切相关吗？④所感对自己认识或行为有什么改变吗？

四、读后感训练，终极目的是指向说理素养的涵育

读后感这四步的思考与写作，演绎说理思维与写作。但仅此还不够。教学中还要让读后感具有说理品质。"单就作为修辞术说理本身来看看它的三个部分组成，它们分别是亚里士多德在《修辞学》所说的'逻辑'（logos）、'信誉'（ethos）、'情绪'（pathos）"[4]。可见议论说理当具有三个品质：一是逻辑性，二是理据的可靠性，三是与现实或虚拟读者的对话性。基于此，读后感也具有议论说理的共性品质。

（一）逻辑性：实现说理的力度

这一表现为符合事理逻辑。"感"有两个维度：一是起点维度，要从自己读到的文章中产生。二是终点维度，要结合自己的体验，表达自己的真实所思所感，而不是装腔作势或逢迎他人。也表现为符合形式逻辑。在小学读后感写作教学中，就要渐渐引导，让学生掌握基本的逻辑常识，远离话题转移、违背矛盾律、同一律的错误。比如一学生写：

家长让孩子在炽热的沙漠中行走进行磨难教育。因为磨难可以铸造坚毅的品格。

我想到我大伯的经历，他在初中时，生活困难，无钱买食堂的菜，只好让同学们走后掏出自家带来的腌菜配冷饭。也正是自己的艰辛，让自己有改变命运的欲望，也就有勤奋读书的意志。最后成为考入县城一中的四个学生之一。我觉得生活的磨难也是一种财富。

这就犯了偷换概念的错误。沙漠中行走的"磨难"是指恶劣环境下的意志磨难，而"大伯"悄悄吃腌菜是生活磨难。两个"磨难"的内涵不一样。这样的逻辑错误，要避免。

（二）理据的多维性与确证性：追求说理的信度

理据的多维性，是指理据的来源多元、全面，而不是有选择性的失明：只选有利于自己观点的理据。只有这样，才能彰显说理的信度。叶黎明提出："关于可靠论据的特征，除了一致性与真实性之外。需要补充的还有以下特征：不偏斜、新鲜（这一点对数据来说是很重要的）、完整（不断章取义），此外，让学生了解什么是不足为据同了解什么是可靠论据一样重要。道听途说的、个人观点、猜测与虚构的故事在议论文中不足为据。"[5]比如《读〈让生命破茧成蝶〉有感》一文，写自己想到了："寒冬接近了尾声，太阳融化了冰雪，泥土里'咚咚'响个不停，这是初生的笋牙对生命的渴望，对美好世界的憧憬。它努力地钻啊钻啊，前方的一块大石头挡住了去路，它不低头，前方的小虫啃食它，它也不放弃。终于，它在第一阵春风拂过之际，探出了头：我成功了，我征服了命运，我挑战了生命！"这是想象虚拟的材料，是文学性的表达。这个不是来自真实生活的案例无足为证，其所感也因材料失真而乏力。

（三）对话性：彰显说理的效度

读后感，除演绎情感性、认知性写作外，大多是演绎交际性的写作，为此就要进入真实的对话情境，和读者真诚交流，也就是要有对话意识，审视自己的表达，彰显对话的效度。对话性有三层含义。一是审视读者的背景而选定自己的表述。西村克己认为："如果对方不具备相应的背景意识，逻辑就会不连贯""如果读者不是专家，就要对专业术语进行解释"。[6]二是要揣摩对方的想法，消除对方的疑惑。比如读《慈母情深》而写《百善孝为先》，其中写道："很多人也许会说，那些文学作品中养育孩子艰辛的故事仅是早年生活中才有的，现在的父母可没有那么劳累。其实不然，现在的父母对我们的养育之恩仍然伟大。然后"就拿我自己的父母来说，他们的劳累也绝不亚于上文中列举的那些父母"。三是读者清晰自己的表达。这里包括句子、脉络的连贯不跳跃，分析说明等的到位，不会误导或中断读者的思维。

影响西方说理的美国图尔敏论证，由一个主张（claim）、资料（data）、正当理由（warrant）、支援（backing）、限定词（qualifier）和反驳（rebuttal）六大部分组成[7]。读后感写作的逻辑性，理据的多维性与确证性，就是体现图尔敏说理要素的前五部分；而对话性，则是体现了反驳（rebuttal）的环节与要求。在小学阶段，借助读后感训练，让学生能够掌握说理的要素、品质，为未来学习说理性写作创造有利条件。

五、提醒与期待

值得提醒的是，很多老师认为学生的读后感，只要写出自己的感想，并具有说理的信度、效度、力度就可，这是狭隘的认知，忽视了读后感写作的思想质量。这个质量从两个方面思考：一是否建立在深度思考的基础上。读后感，必须先有思考的"读"，再找准"感点"。于是要引导学生学会深度地洞察分析，开掘深刻思想，体现所感的思想品质。二是否建立在独立思考的基础上。独立思考，或体现具身思考，根据自己的体验提出真实的思考，或演绎批判性思维，对文章观点、思想提出自己的批评或建议。这样引导深度阅读与高阶思维，其读后感也就更具有启迪人生、丰富思想的社会价值，写作也就有助于促成学生思维的发展与提升。《义务教育语文课程标准》（2022年版）

总目标指出：乐于探索，勤于思考，初步掌握比较、分析、概括、推理等思维方法，辩证地思考问题，有理有据、负责任地表达自己的观点，养成实事求是、崇尚真知的态度。读后感训练，是小学生说理的第一次训练，这训练指向说理能力、素养的培育，指向课标目标的落实，也是对学生未来学习与发展负责。

注释：

［1］王荣生．语文科课程论建构［M］．上海：上海教育出版社，2003：102.

［2］徐贲．说理教育从小学开始［N］．南方周末，2009—4—30（2）.

［3］Varela F J，Thompson E，Rosch E. 具身心智：认知科学与人类经验［M］．剑桥，马萨诸塞州：MIT 出版社.

［4］徐贲．明亮的对话——公共说理十八讲［M］．北京：中信出版社，2014：39.

［5］叶黎明．写作教学内容新论［M］．上海：上海教育出版社，2012：297.

［6］西村克己．逻辑思考力［M］．邢舒睿译．北京：北京联合出版社，2016. 114.

［7］杨宁芳．图尔敏论证逻辑思想研究［M］．北京：人民出版社，2012：67.

评价

指向深度写作的作文命题及教学重构

——以 2021 年中考作文命题为视域

摘要：2021 年中考作文题中，出现不少体现高阶思维向度的命题。命题意在引导学生思辨，演绎对材料、生活等的深度思考，以顺应时代要求与学生成长的需要。因此，如何适应这种引导，如何引导学生深度写作，是从事义务教育的教师与研究者新的课题。当前，审视作文教学与写作现状，寻绎高阶思维作文命题的原则，进而探讨作文教学中写作思维、课程重构的策略，有其现实的迫切性。

一、2021 年中考指向深度写作的作文命题之特质分析

深度写作是演绎高阶认知能力的写作。钟启泉指出："从布鲁姆（B. S. Bloom）弟子安德森（L. W. Anderson）'新版教育目标分类学'来看，教育目标是由金字塔的基底起始向塔尖发展的，是由①记忆、②理解、③运用、④分析、⑤评价、⑥创造 6 个层次构成，起始的①②③是低阶认知能力，而后的④⑤⑥是高阶认知能力。"[1] 因此，应给予学生广阔的空间，解除对学生思想与思维的束缚，让学生自由展示分析评价创造的思考。2021 年中考作文命题，可见命题者上述意图。命题一般具有下述特质中的一种或一种以上。

（一）多元性

"问题情境内蕴召唤结构。用以引发有价值的问题提出行为的问题情境，在结构上有着特殊的要求，集中表现在需要具备'空白''空缺'或'否定'要素，用以储存问题线索，这些要素结构易于激发学生对问题线索的感受，进而召唤学生发现与提出新问题。"[2]作文命题多元性，表现为背景材料信息多元而不单一，能诱发学生唤起自己的体验与储备，在多元信息中比较思考。湖北武汉一道写作题给出一段材料，包括毛泽东、邓小平等同志在国家决策中，从实际出发取得成功的案例，提示大到国家政策，小到个人发展，都不能脱离实际。因为材料角度与思想单一而不多元，学生就只能写：一切从实际出发。如此，不能对成功条件（机遇、方法、环境等）做多元思考，学生就无法进入分析比较的思考，也就无法实现思维发展与提升，实现对高阶思维的考查。

河南洛阳 2021 年的写作题则不同：

当你不知道该做什么的时候，不妨先把手头的事做好，把能做的事做好；当你不知道该怎么做的时候，不妨沉下心来想一想，多种渠道问一问，各种方法试一试。这段话引发了你怎样的思考和感悟？请自选角度，确定立意，自拟题目，写一篇简单的议论文，向"生活哲思"栏目投稿。

背景材料，提供"不知道该做什么的时候"的两种做法，"先把手头的事做好，把能做的事做好"与"沉下心来想一想，多种渠道问一问"。如此不平面、单一，"召唤"学生权衡比较以深入思考，学生可以选一种，也可以两者结合，如"先把手头能做的事先做，再问别人"，文章亦就演绎深度思考。

（二）开放性

夏丏尊认为："文章是表现自己的，各人有各人的天分，各人有各人的创造力。随人脚跟，结果必定是抑灭了自己的个性。所作的文章就不能完全表达自己的思想与情感，也就不真实不明确了。"[3] 由此，命题要鼓励思想开放，这在初中阶段尤为重要。香港教育大学何文胜教授分析初中生的认知心理时，认为："第三，好新奇，好问，好评论，求知欲强……第五，对生活的意义有自己的一些看法。"[4] 尊重学生真实看法，就是尊重学生对世界的认知，能促使其展示真实与丰富的思想。

开放性，不限话域与思想，尊重学生体验与真实思考，演绎真实情境写作。具身理论认为："在教育教学中，应将认知、身体、环境视为一个系统，将社会实践活动引入教育教学，把单项的、静态的、离身的传授过程，变成互动的、生成的、具身的实践过程。"[5] 作文命题，也就是要不限制学生丰富的思想，引导学生自然流露真实的具身理解与感悟，让文章承载独立思想与真实的生命质感。如宁波卷题：阅读"旅行，可以改变认识，可以改变习惯，可以改变观念……"后，按提示写一篇游记：（1）根据游览的行踪合理安排游记的写作顺序。所选取的景物、事件或历史传说等能触发你某一方面的改变；（2）写清楚旅行带给你的具体改变；（3）如果写想象的旅行，还要做到想象合乎生活逻辑，有新意。这可以让你写真实的游记，还可以写"想象的旅行"，其中的"省略号"也在引导学生超出提示而思考旅行的价值，如此也就为具有思辨特质的学生创造了条件。比如有学生写旅行"改变自己的观念"，不人云亦云地写"了解了社会变化"，感悟"尽信书不如无书"等，则是彰显自己的思想与独特深邃的思考。

（三）思辨性

何谓思辨？小川仁志说："普通人认识世界总是从经验开始，凭借自己的才智与努力，理解世界上种种现象，康德认为，与普通人不同，哲学家由逻辑思考抵达事物的核心与秘密，思辨具有犹如上帝俯视世界一切的智慧。"[6]

一是演绎知性思维。"知性作为一个概念判断和推理的能力，是从概念规定表象对象开始进入纯概念思维，从而摆脱表象直接性的过程。"[7]知性思维作为一种理解力，是形成抽象概念的能力，它具有分析、规定、划界、定义等性能。比如，福建省中考题，有两则材料，一则是红军长征在夹金山的冰天雪地里，穿着单薄旧衣服的军需处处长被冻死；一则是在东山县任职14年间，谷文昌带领全县军民与恶劣的自然环境作斗争，从根本上改变了当地恶劣的自然环境和贫穷落后的面貌。要求考生以"这些故事感动了我"为题写一篇演讲稿，在"奋斗百年路，启航新征程"的主题班会上发言。此背景材料摒弃了纯粹解释命题的传统方式，而是让学生对这两则材料，作知性分析，找到共同点（如责任、情怀等），然后描叙自己被感动的体验，并进而提出思考。而缺失知性分析的考生，只会写："红军军需处处长的精神感动了我，谷文昌的事迹感动了我"，文章没有聚焦，思考浮于表层，文章就单薄而不深刻。

二是演绎批判性思维。批判性是高阶思维最主要的思维特征，例如，美国在写作中倡导批判性思考，作文要求基本如下："请写一篇清晰连贯的作文，就上述多角度的观点进行评述。你的观点可以与其中一个观点一致，也可以部分一致，也可以完全不同。"[8]这值得借鉴。2021年，江苏镇江题"请以'只是一个数字'或'不只是一个数字'为题写一篇文章"，便是体现这个引导，学生可以对"只是一个数字"提出批评，提出"不只是一个数字"；反之亦然。而上海"比看上去更有意思"为题，则是引导学生回溯生活，对自己思（或做、跑等）与看进行权衡比较的思辨品质，继而展现对生活、人生的深度思考，实现思维的发展与提升。广东东莞以"这才是少年应有的模样"为结尾写一篇文章，此为引导学生回溯生活，分析生活中少年的各种模样，并从中选择自己认为"应有的模样"，彰显切身体验与思辨思考。可以写"我学习书法拒绝模仿，自然展现自己的个性""我们不冷漠旁观，一同争执，讨论班级方案，诠释我们的责任，更锻造我们的思考力"等，文章就有思辨特质与思想质感。

二、深度写作命题背景下的教学重构

审视当前教学现状与教学理念，当与时俱进地实现写作课程与写作思维的重构。

（一）课程重构

《义务教育语文课程标准（2011年版）》"7－9年级"学段"写作"要求：写作要有真情实感，力求表达自己对自然、社会、人生的感受、体验和思考。很多老师只是要求学生写出"对自然、社会、人生的感受、体验和思考"即可。事实上，思考、感受有深浅的层次性，有新旧的品质感，只是演绎个人体验感受，往往就是对思想的层次性、品质感等忽视甚或罔顾。维果茨基认为："情感表达功能的言语，抒情色彩强烈的言语，具有言语的全部特征，很难归之为智力活动。"[9]教师当思考过分强调情感价值的危害。魏小娜也认为："我国写作教学过分强调主观的色彩（真实情感、个性、独创等），重视'个体内省'，凸显以'自己'为中心的表达，过分偏向以'真情实感'为表现的感性思维模式作为写作生成机制；严重忽视理性思维方式的作文教学，导致学生作文偏向文学性、散文化，主观抒情色彩有余，理性表达不足，不利于培养适应现代社会生活的理性写作、研究性写作表达能力。"[10]

为此，有必要审视目前单一感性抒情的写作教学，重构写作课程。刘铁芳教授认为课程有三种类型：一是彰显感性能力的诗性课程；二是重在培养分析、判断、推理能力、深化个体理智水平的智性课程；三是侧重个体对世界的整体性理解，强调整体性思维、关系思维，重视反思能力与创造性综合实践能力的培养的理性课程。[11]作文课程构建可以此为鉴，比如可以这样设计：

年级	课程	内容	题目示例 （以"青春"话题）
初一	诗性课程	训练表达自己的情感体验。	《青春》

年级	课程	内容	题目示例 （以"青春"话题）
初二	智性课程	训练培养分析、判断、推力能力，不再浅层表达情感，学会分析思考根源。	《这就是青春》
初三	理性课程	理性思维培养，引导学生具有逻辑自洽的反思与批评。	《这才是青春》或《这是真正的青春》

这样，就改变了当前抒情写作的单一课程，对学生提出渐进提升思维、思想品质的课程规划，符合学生思维特点与认知梯度，促进生命成长。

（二）写作思维重构

题目设计引导高阶思维的演绎，这是技术层面的强制引导。教学实践中，最根本的引导是让学生具有高阶思维涵育与演绎的自觉。目前，学生往往只有感性思维的演绎，只是对生活、个人体验到感性表达；没有知性思维与理性思维的演绎。对此，教师应思考重构策略，以引导改变。

首先，发展学生的知性思维。一是培养概括思维，此思维具有概括现象的共性特征，或提炼关键思想的特征。"每个站点都有风景"，诸多学生写"我的人生每个站点都有亲情的守护"，这是抒情文章；孙绍振先生认为"每个站点都有风景，穿梭风景中，我在渐渐成长"，则是引导寻绎每个站点与生命成长的关系，演绎分析思考、综合概括的知性思维。一学生写"我"的书橱，写三个书橱，最底层放三年级以前的书，中间层放四至六年级的书；最上层放现在初中的书。这只是浅层或没有思考的简单演绎，教师要引导学生透过这三层书，思考书的选择、位置与自己成长的关系，写出自己阅读兴趣的变化与认知变化、思想成熟的关系。二是培养分析思维。教师应引导学生褫其表象，梳理关系，分析原因。比如，一学生写家乡变了，崭新成排的房子，还有垃圾处理站。结尾写道："我呼吸乡村清新的空气，心情舒畅起来，心里默默感叹，还是国家的富民政策好。"这个结尾没有张力，因为没有指出富民政策与乡村变化的逻辑关系，思想在表层平滑，贴上缺失分析的苍白标签。如果加上一句"国家引导发展村民种植蘑菇，让村民收入大增，于是也就有了新农村建设的顺畅展开"，文章则褪其表象，感悟变化真实具体的原因，承载对社会的理性审思，彰显思想深度与热度。其次，培养学生的理性思维。理性思维是一种有明确思维方向，有充分思维依据，能对事物或问题进行比较分析、质疑批评的一种思维。批判性思维就是理性思维最主要的体现。钟启泉认为："学习者通过自主地思考，创造新的知识、新的自我、新的社会——这就是批判性思维教育的目标所在，这才是寻求更好的专家、更好的社会的强有力的'生存能力'。"[12]教学中，一是引导学生进行反思型写作，演绎批判性思维的"内部指向"。反思，"turn over to think"即回头、反过来思考。即指对所作所为或人生经历的总结，并从中找出成功经验或失败教训。反思型写作（Reflective Writing），要求作者描述一段经历或者一个事件，然后分析这段经历（或事件）的经验或教训；或是基于实际经历，发表感想或具体观点。比如学生写《充电》，很多学生就写自己某方面的"充电"与带来的视域开阔、认知变化。如果引导学生反思：你的充电是最佳的吗？还有什么不足吗？同学中有无更有实效的充电方法？这样就写成反思型文章，写作也不只于赞扬自己的"充电"，还让读者获得学习思想的启迪。

二是引导学生批评性写作。学生以理性姿态、责任意识审视现实，演绎批判性思维的"外部指向"。比如江苏镇江写作题："生活中，人们或接触到各式各样的数字。其实有的数字就是数字，但有的数字不只是数字，请以'只是个数字'或'不只是数字'为题，完成一篇文章。"没有批判意识的学生，就会写"乡村这一年新建住房多了，这不只是数字，更是生活、社会变化的折射""老师一年一年送走了学生，这学生数只是个数字，老师还在学校依然守护三尺讲台"，了无新意，难见炽热的情感。而有批判意识的学生，则会写"乡村这一年新建住房多了，这只是数字，乡村人口流失的现象依然严重。如何发展乡村经济与教育，实现乡村建设的真正振兴，当是社会不可忽视的课题""一年一年毕业的学生，这学生数不只是个数字，我们更应该关注学生素养与品质，关注学校教育对学生未来成长的价值"。如此，文章承载社会责任意识，彰显独特与深邃的思考。

三、实现教学重构的前提

要实现写作课程、学生写作思维的重构，当具备下面两点：

一是强化责任意识。钟启泉认为"基础教育"："其一，强调'基础性'——基础教育不是成'家'的教育，而是成'人'的教育，是培养有社会责任感、有教养的公民的教育。其二，强调'能动性'——基础教育不能满足于'低阶认知能力'，需要在低阶认知能力的基础上发展'高阶认知能力'。"[13]教育面向未来与世界。未来的世界充满竞争，而竞争又是人才的竞争，这又主要表现在知识、思维、思想上的竞争。作文教学直接影响思维发展与提升，独特思想形成与创新能力培养，更影响未来生命、社会的发展。今天，教师不能仅仅限于应试教育，仅限于低阶思维培养，当审视作文教学现状与时代要求，从命题、教学与评价等维度上探索高阶思维培养之策，为学生未来成长负责，为民族发展负责。

二是构建包容文化。写作中，一些学生不敢反省反思，不敢展示自由思考的青春意态，原因诸多，其一就是教师没有构建一个自由包容的文化，很多教师不敢引导学生表达感性思考，对学生有些不成熟的观点思考不是包容呵护，而是打压贬抑。2019年8月教育部考试中心《中国高考评价体系》指出"正确的世界观和方法论"："坚持唯物辩证法，反对形而上学，坚持用联系、发展、矛盾的观点观察和分析问题，善于透过现象看本质。坚持理论联系实际，在实践中检验真理、修正错误。"教育部从国家层面引导学生学会辩证思考，检验真理、修正错误，可见国家对培育思想人格的期待，作文教学也就要构建尊重思想、包容"异见"的文化氛围，鼓励学生学会反思、分析，提升思维品质，演绎对正确的世界观和方法论的追求。

教育面向未来，面向充满竞争与合作的世界。国家对教育提出"立德树人"的要求，作文教学应关注未来、世界与自己的责任，促使学生成为具有思考力与炽热情怀的生命，成为具有创新力与高尚品质的社会建设者，"路漫漫其修远兮"，需要一线教学工作者和相关专家学者乃至有关部门的共同努力。

注释：

［1］［11］［13］钟启泉，崔允漷．核心素养研究［M］．上海：华东师范大学出版社，2019：4，89，6.

［2］李怀军，张维忠．问题提出融入课堂教学的困境与突破［J］．课程·教材·教法，2020（11）.

［3］夏丏尊，刘熏宇．文章做法［M］．北京：中华书局，2013：3.

［4］何文胜．从能力训练角度论中国语文课程教材教法［J］．香港：文思出版社，2006：99.

［5］司亚楠．杜威的具身认知及启示［J］．科教导刊，2018（24）.

［6］〔日〕小川仁志．完全解读哲学用语事典［M］．郑晓兰，译．武汉：华中科技大学出版社，2016：185.

［7］王天成．黑格尔知性理论概观［J］．吉林大学社会科学学报，2010（3）.

［8］曹勇军，傅丹灵．中美写作教学对话十五讲［M］．上海：上海教育出版社，2018：204.

［9］维果茨基．维果茨基教育论著选［M］．余震球，译．北京：人民教育出版社，2005：107.

［10］魏小娜．对我国作文教学中真情实感的反思［J］．课程·教材·教法，2011（11）.

［12］钟启泉．批判性思维：概念界定与教学方略［J］．全球教育展望，2020（1）.

作文命题当引导真实情境写作

一、背景

今天，学生感觉老师布置的作文难写，主要原因就是此作文题，不是引导真实情境的写作。学生看到题目，无法唤醒自己的生活记忆，以致提笔滞重，思维闭塞，写出的文章虚假做作，缺失生活气息，如此作文教学被学生、社会诟病。我们当反思命题设计的失误，回归写作教学的本质，设法引导学生进入真实情境的写作状态，感受写作的畅适愉悦，张扬鲜活的写作意态。

《普通高中语文课程标准（2017年版）》指出："语文核心素养是学生在积极主动的语言实践活动中构建起来、在真实的语言运用情境中表现出来的个体言语经验和言语品质。"观察当下习作课堂，学生往往无法进入积极主动的语言实践活动，无法进入真实的语言运用情境，自然也就无法实现写作素养的涵育。究其原因是教师没有引导学生进行真实情境的写作。

荣维东教授认为，真实情境的写作是"在真实世界中写作、在真实学习中写作、在具体的应用中写作"[1]。倘若背离这种"真实"，不是自然流露，而是察言观色地审慎演绎，写作生命就会虚伪做作甚或痛苦，又如何能构建自己的个体言语经验和言语品质呢？实现真实情境的写作，首先当审思指向真实情境的作文命题。

二、寻绎：真实情境写作之"真实情境"

（一）真实的生活情境

《义务教育语文课程标准（2011年版）》（以下简称"2011年版课标"）对第四学段的"写作"提出：多角度观察生活，发现生活的丰富多彩，能抓住事物的特征，有自己的感受和认识，表达力求有创意。可见，引导学生再现自己生活的真实状态，是这一阶段习作教学的方向。

作文题目中的背景材料，一般是为了引导学生更好地理解题目或发散思考。但有的背景材料并非源于真实的生活情境，与学生生活相距甚远，因而学生难以"唤醒"自己的见闻与感受。如一个中考题：

> 人在旅途，最美的状态为追赶，有了追赶，不安分的心有了可牵挂的念想，情感的波涛有了可依靠的港湾。于是你追我赶成了快乐的倾慕、成功的源泉和幸福的靠近。人在旅途，最美的状态为追赶，你追赶着，也被追赶着。
>
> 请以"追赶"为题作文。

"有了追赶，不安分的心有了可牵挂的念想，情感的波涛有了可依靠的港湾"，这是诗意的品读，但其实对于学生而言，对此并没有直观的经验帮助他们快速代入其中，自然在读题、解题时不易于勾连已有体验。如果将上述表达稍做修改："人生中有许多东西值得我们去追赶，如追赶着去见亲人，追赶比自己优秀的同学，追赶回家的路……"这样，学生就能更好地唤醒自己鲜活的记忆，迅速进入真实的写作状态。

真实的生活情境，可以源于真实的生活材料，也可以源于虚拟的现实材料。初中生想象力丰富，教师应当予以呵护与激发。台湾有道作文题：

虽然时光一去不返，但人们偶尔还是会想象回到过去。有人想象回到从前去修改原先的决定；有人想象回到事故现场阻止意外事件的发生；有人想象回到古埃及时期，影响当时各国间的局势；有人想象回到战国时代，扭转当时的历史……

　　请以"如果当时……"为题（省略号处不必再加文字），写一篇文章，从自己的生命历程或人类的历史发展中，选择一个你最想加以改变的过去时空情境，并想象那一个时空情境因为你的重返或加入所产生的改变。

　　如此引导孩子回味"偶尔还是会想象回到过去"的生活情境，寻找出自己的"想象"，此想象的内容可大可小，可以是现实的，修改原先的决定或回到事故现场阻止意外事件的发生，也可以是对历史的思考，回到古埃及时期、战国时代，当然还可以想象自己挽回一次形象等等。

　　一方面，我们应力求作文题目贴近生活真实，另一方面，还应思考如何选好背景导引材料，更好地激发学生的写作欲望。如：

　　　　亲情，顾名思义，就是亲人的情义。人，作为社会的人，首先并经常接触的是养育自己的生身父母，情同手足的兄弟姐妹。正是血浓于水的亲情，谱写着我们的多彩人生。在这方面，你一定有许多切身感受、动人的故事，也一定有许多深刻的体验、独到的见解。

　　　　请以"亲情"为题写一文章。

　　"亲情"对于学生而言是最有感触的话题之一，但上述题目语言较为空泛，无法触及学生的心灵，学生读后难以产生写作的冲动。因此，不妨对题目进行修改：

《母亲》这首歌写道："你入学的新书包有人给你拿，你雨中的花折伞有人给你打，你爱吃的那三鲜馅有人给你包，你委屈的泪花有人给你擦。啊，这个人就是娘。啊，这个人就是妈……"家中，我们得到的，又岂止是母亲这样的挚爱与呵护？

亲情，就是亲人的情义。回味亲情，请以"＿＿＿，我真的感激您"或"和您一起的日子真好"为题写一文章。

"你入学的新书包有人给你拿，你雨中的花折伞有人给你打，你委屈的泪花有人给你擦"，这些细节源于生活中的观察，可以瞬间唤醒学生真切温暖的记忆，进而产生感激之情，自然就有写作的冲动。

（二）真实的阅读、生活的链接情境

2011 年版课标在"实施建议"中指出：阅读教学应引导学生钻研文本，在主动积极的思维和情感活动中，加深理解和体验，有所感悟和思考，受到情感熏陶，获得思想启迪。学生的阅读思考和感悟，其实也是生活经验的组成部分，因此，也可设计阅读、生活真实链接的作文题。如 2016 年上海中考作文题：

阅读《让行走成为人生的必修课》，完成阅读题后，继续以"行走"为话题来作文，从你独特而深刻的人生经历或者阅读体验出发，续写一段行走的收获。重在"发现"行走的某一种价值与意义。阐述独立、持续地行走应该成为人生的一种高贵修炼。

题目自拟，文体不限，表达方式不限。（600 字）

思考课文关于"行走"的思考，从独特而深刻的人生经历或者阅读体验出发，续写一段行走的收获，其实就是创设以心契心、以情悟情的写作情境，让学生在回味文本的过程中丰富与拓展文本的内容与思想。教师可以引导学生在写作中诠释自己的解释性阅读，亦可以自己真实的生活故事，诠释自己对文中的评价性阅读或创造性阅读的思考，继而实现真实阅读、深度阅读，实现真实写作与文化内化的写作。

（三）真实的应用情境

满足生活需求或未来工作的实用性写作，指向写作的具体应用，"各国（地区）教师都尝试帮助学生在多样化的文本情境、创作实践与生活领域中逐渐形成语言运用的综合能力。"[2]因而也是真实情境写作的组成部分，我们不可忽视。如台湾地区新北市修德中学陈丽云老师提供的题目：

> 自己动手 DIY（Do It Yourself）的过程总是特别新鲜有趣，不论是精心烹调的菜肴，还是简单易做的甜点，亲手做料理总是卫生又有成就感；自己动手打造的工艺品、模型，能够呈现与众不同的巧思，成品更是具有纪念价值呢！
>
> 请你以"一件得意的作品"为题，描述一次自己动手完成某件作品的经过，并描述这件作品，以及写出从中获得的感受。

学生描述制作作品的过程与作品，不仅有现实的治事之用，而且展示自己真实的经历，文章具体感性，写作顺畅自然。

当然，学生写作不一定要写长篇文章，我们也不妨设计一些实用性的小题目，如：（1）车站要求旅客将垃圾放入垃圾箱的广播稿。（2）自己得到他人帮助后的感谢短信。（3）班会课上，竞选某个班委的发言稿。（4）自己"制作"的产品推介。这样，学生就能结合自己真实的生活场景，写作也就没有隔离感。更重要的是，这一类写作可以引发真实的交流，学生据此就可以发现并矫正自己表达的错误，提升表达能力。

（四）真实的纯写作情境

此为写作基本功的单纯而真实的演绎。此命题检测写作表达某一特质或基本功，往往很容易被高年级教师忽视。如 2010 年台湾地区学年度学科能力测验试题：

2009 年 8 月，莫拉克台风所带来的惊人雨量，在水土保持不良的山区造成严重灾情，土石流毁坏了桥梁，掩埋了村庄，甚至将山上许多树木，一路冲到了海边，成为漂流木。

请想象自己是一株躺在海边的漂流木，以"漂流木的独白"为题，用第一人称"我"的观点写一篇文章，述说你的遭遇与感想，文长不限。

这主要考查写作某一特质——想象思维。没有主题的框限，没有内容的设定，只是期待你大胆想象，述说你的遭遇与感想。这样的命题，我们或会被人感觉"低端小气"。而事实上，正是这样单纯指向思维能力与表达能力的考核，撇开了思想或素材的某些强力遮蔽，更能考查写作的真实水平。

另一种便是指向描写基本功（语言描写、动作描写、景物描写等）的考查。如题目：

从下面 8 个词中，自选三个词完成一篇作文。

①单车　②荷花　③啤酒　④石级　⑤黄叶　⑥哈哈镜　⑦白云　⑧玻璃

要求：所选的三个词，先写在标题左上方；根据这三个词创编一个有主题的故事；描写时可因情节需要加上其他物件或景物；题目自拟。

它就要求学生观照生活，加上自己的想象，运用多种描写将故事叙说生动。有些描叙基本功较差的学生，叙说枯燥干瘪；基本功好的学生，则会营造冲突等，加上鲜活的对话、复杂的心理、不断变化的动作，甚或加上景物点染，文章鲜活生动。这就真实检测学生的写作基本功，实现夯实基础提升能力的真正引领。

三、当消除的误区

误区1：引导展现真实，但真实也可有些限制。

这说法有失偏颇。作文命题的封闭性，就是引导有限制的真实。若有此，学生的思想就会限制，就无法自然演绎真实情境的写作。如：

> 星星美慕太阳的耀眼，太阳欣赏星星的柔和。是的，星光和阳光都能引动诗情。
>
> 对此，你有何经历、见闻，或有何看法、感悟，请自拟标题写一篇记叙文或议论文。

真实写作，不只是演绎鲜活的生活真实，还应确保学生内心选择的真实。生活是丰富多彩的，每个人的生活体验也不尽相同，为什么我们要让学生只能有一种生活态度、一种思考？胡适《梦与诗》诗云："醉过才知酒浓，爱过才知情重。你不能做我的诗，正如我不能做你的梦。""星光和阳光都能引动诗情"，这符合生活逻辑吗？为什么要强制学生再现羡慕带来的诗意呢？写羡慕带来"期待"或"痛苦"，不行吗？潘新和教授写道："学生写作而'被立意'，说的尽是他人之意：假话、套话、空话，还是写作吗？"[3]

另一种所谓有限制的真实，就是思维限制下的部分真实，这也当拒绝。如下题：

> 阅读下面的文字，根据要求作文。
>
> 拥有一双智慧的眼睛，你会发现：心怀真善美，便萦绕满怀馨香。以真诚之心对待生活，你会发现真诚是旅途的一盏明灯，让迷惘的人们找到前程；以善良之心对待他人，你会发现善良是一缕和煦的阳光，让冬季的心灵温暖如春；以美德之心对待万物，你会发现美德是一种奋进的力量，让青春的生命热血沸腾…… 只

要你拥有一双善于发现的眼睛，真善美就会永驻心田。

　　请以"发现"为题，写一文章。

　　材料"真诚之心发现真诚之美"等这实际上就是给学生一个规定的思维：有什么心就发现什么。在此框限下，学生还有什么丰富的思维？如果修改为：

　　　　在我快乐的初中生活中，有许多发现，有的是自己无意中的发现，有的是他人指导下的发现，有的是自己执着探索的发现……这些发现，或深化思考，或充实心灵，或让自己感悟真谛……

　　　　请以"发现"为题，写一篇文章。

　　每个人的发现方式各不相同，发现的意义也或迥异，如此命题，能够提供多元的思维方向，学生便有自主的审美行为与思想，也就容易演绎真实情境的写作。

　　误区2：既然引导真实情境的自然写作，老师就不可介入引导。

　　这说法也失之片面。命题者可在不框限立意与思路的基础上搭建写作支架，彰显提示、引导写作的功能，让学生获得显性的支持系统，突破写作瓶颈，快速完成真实情境的写作任务。如2018年上海中考文题：

　　　　真的不容易。要求：（1）写一篇600字左右的文章。（2）不得透露个人相关信息。（3）不得抄袭。

　　如果用作平常作文训练，如此未免过于简单草率。为什么不加些引导呢？如果有了交际性写作的意识，我们不妨这样命题，提供一个方向支架：

作文题：真的不容易。

要求：加上副标题"——给（妈妈、同学、老师……）的一封信"，写作时选一个自己最想表达交流的对象，然后叙述自己的体验，表达自己对生活的思考。

这样让学生选定具体的对象，揣摩对方的兴趣点与关注点，文章就有具体真实的演绎；提出习作的思考方向，学生也就能快速构思并规避错误。写作学认为，真实的言语动机、真实的言语情感，真实的言语过程产生了真实的言语作品。因此，改后的题目就更有助于学生演绎真诚的表达。

我们还可在题目中搭建方法支架。如：

那雾，不知从何处而至，愈来愈浓，以至你看不清咫尺之遥的事物。不知何时，那缕清风，那片阳光，驱散了混沌，明媚了你眼前的世界。

雾，它可以困扰你的视线，却不能束缚你的行动，更无法裹住你的神往。

请你以"穿过迷雾"为题目，写一篇记叙文。

虽然，学生读题能够获知可以写的对象与写作内容，但由于题目中没有指出能够规避的典型问题，学生写出来的文章依然错误诸多。命题者不妨充分考虑学生习作中可能出现的典型错误，提出容易操作的方法支架，诸如：要明晰自己真实面临的迷雾；要写出自己走出（或不断走出）迷雾的原因与过程；要表达走出迷雾的真实情感或思考，集中表达一个主题等。这样，学生就能提前避免常见的问题，更好地完成习作。

指向真实情境的作文命题，是引导写作本质的回归，是写作教学的本然追求。今天，当矫正命题理念的错误，引导学生进入真实多彩的写作情境，收获写作自然畅适的愉悦，从而实现涵育写作素养、塑造真诚生命的目的。

注释：

［1］荣维东.《交际语境写作：我国写作教学的发展方向》，《语文教学通讯》，2013：（4）.

［2］王宁，巢宗祺.《〈普通高中语文新课程标准（2017 年版）〉解读》，北京：高等教育出版社，2018：（40）.

［3］潘新和.《被立意：言语生命、精神思想之殇——2012 高考作文题"命意"导向批判》，《语文建设》，2012：（7）.

真实情境写作命题的三个维度

摘要：审视当前作文教学的现状，初中生无法演绎真实情境的写作，无法进入畅适自然的写作状态，更无法提高自己的写作能力。因此，寻绎实现真实情境写作的中考命题，从情绪、思想与内容这三个维度寻找突破，以实现真实情境写作。这对在积极的语言实践活动中构建写作素养意义匪浅。

"语文核心素养是学生在积极主动的语言实践活动中构建起来、在真实的语言运用情境中表现出来的个体言语经验和言语品质。"[1]审视当下初中生的写作，学生往往无法进入积极主动的语言实践活动，无法进入真实的语言运用情境。真实情境写作是"在真实世界中写作、在真实学习中写作、在具体的应用中写作"[2]。学生作文如果背离这种"真实"，写作不是自然流露而是察言观色地虚假演绎，又如何能构建自己的个体言语经验和言语品质呢？而让学生演绎真实情境的写作，就需要我们在中考命题中掌握引导的策略。

一、情绪维度

作家王鼎钧说："胎生和卵生其实代表着写作的两种程序。所谓胎生，是指作者由发自内心的写作欲望而引起的写作活动。这种写作是由内而外的，'心的伤害'是作品的胚胎，一旦胚胎落成，心头便会产生沉甸甸的感觉，迫使其反复思考，甚至'魂牵梦绕'，最后是'骨鲠在喉，不吐不快'，作品随之诞生。"[3]作文命题时，我们要营造由内而外的胎生情境以打动学生的心灵，激发学生的写作情绪。

一是注意情境的贴切性。台湾地区中山女高庄桂芬老师的作文题："生活中衣服用途各异，形式也琳琅满目。是不是有一件衣服，让你很喜欢穿它？或者有一件衣服，是让你很讨厌的？又或者，你心里藏着一袭你不曾穿过却很想拥有的服装……"让学生回顾衣服与自己之间的故事，贴近学生的生活；也引导思想开放，留给考生足够的机会与空间，可写自己的期待或铭记，可写自己的欢喜或厌恶。考生可迅疾进入酣畅的写作状态。

二是注重情境的具体性。首先，要创设具体的交际情境。NAEP说："好的写作任务设计发生在学生能够有机会参与之时，参与最有可能发生在作者对所写的文章主题、样式（不论是写信还是论文）和读者进行选择之时。"[4]命题者创设的交际语境，要提供具体交流的对象，给予内容选择的支架，引导学生进入真实写作情境，快速进入写作状态。如 2019 年江苏淮安中考卷：班级准备编一本毕业纪念文集，设"我型我秀""我行我知""我感我念"三个主题，请任选其一，以"我当铭记"为题作文。写作实践可知，真实的言语动机、真实的言语情感、真实的言语过程产生真实的言语作品。让学生选定具体的对象"所在的班级"，揣摩身边同学的兴趣点与关注点，就会有真实的言语动机与情感，就会有具体真实的言语作品；而提出的习作思考方向，学生也就能很快构思并规避错误。

其次，是背景情境要明晰。如 2019 年浙江台州中考作文题，命题者提示了三个清晰的点：同一段路、同一件事、某个时候，但更主要的是还有省略号，你可以介入自己的思考。比如：同一个时间，有时我感觉读书很快乐，有时感觉很无聊；同一个时间，有时我感觉她很可爱，有时又觉得很烦人……这样，就可以根据自己对同一对象的体验，找到属于自己的生活故事与感悟，就有不吐不快的写作感觉。

二、思想维度

有了情感的激发，还应有对思想的尊重。

写作不仅是语言能力的习得，更是思维、思想的提升与发展，故而我们当尊重学生的言语动机，并以此发展学生适合未来的思维与思想。香港教育大学何文胜教授分析初中生的认知心理时说："第三，好新奇，好问，好评论，求知欲强……第五，对生活的意义有自己的一些看法。"[5]尊重学生真实的言语动机，就是尊重其对世界的认知，让学生展示真实与丰富的生活、思想。

潘新和说："学生写作'被立意'，说的尽是他人之意：假话、套话、空话，还是写作吗？"[6]今天，特别需要纠正命题老师对"正能量"的狭隘理解，认为正能量就是对生活某现象的赞扬。如 2019 年四川南充中考作文题——"我的青春阅读"，学生立意被命题框限，只能写通过手机、电脑等电子设备在宽广无垠的网络空间中汲取知识，借助多媒体技术"悦读"有形有色、有声有像的中外名著，手捧传统的纸质书本享受在墨海书香中与古圣今贤对话的乐趣或其他正能量的阅读。学生只能为得高分强赋赞词。事实上，学生表达对错误阅读现象的反思，就是在期待同学改变阅读习惯与思想，体现对学生言语动机的尊重。这也是一种正能量的体现，可惜我们的命题老师至今缺失这个认识。

尊重学生的思想，更表现为尊重与鼓励学生的思辨思维。"西方写作教学在'引导写作者表达自己的思想'时，并不强调'情感'的成分，而是倾向于以理性的态度'表达自己'。"[7]可我们有些命题老师没有培养学生理性思维的自觉，认为对公认观点的批判都是负能量。事实上，具体问题应当具体分析，公认观点有其一定的适时性与适境性。我们应当尊重并鼓励合乎逻辑的批判性思想，彰显独立的人格，推动生命成长与社会进步。如设题："韩愈《进学解》：'业精于勤，荒于嬉。'有人说有道理,有人说勤不一定必然带来业务的精湛,你的观点是什么呢?请结合自己的生活经历,写一篇文章,题目自拟。"允许学生不再膜拜前人或圣人观点,敢于结合现实环境与真切体验,表达自己对"业与勤"真实的思考,诠释真实的话语动机,便是张扬真实而富有思想的生命。

多角度多层次审视,不选择性失明,彰显的就是理性的思辨,学生有这样的思想,教师在作文命题中就要引导鼓励。如 2018 年湖南长沙中考作文题讨论"写作要不要说真话,抒真情"的问题,有三种说法:"写作应该说真话,抒真情,因为这样写出的文章才能真正打动人""可我们的经历太简单,从学校到家庭,两点一线,如果总是说真话抒真情,就有可能千篇一律,写不出新意""我写作的时候就经常虚构,虚构出来的文章,有时候得分也蛮高的"。要求考生谈自己的体会或思考,这就是引导思辨的考题。对此,学生不能选择性失明地谈其中一种,要多层次思考真情与虚构的关系,这种多维思考演绎的是纵深思考的思维,更是演绎理性思考的品质。

三、内容维度

有了真实的演绎的写作情境,学生就可能有了写作的热情;有了写作思想的开放,学生就可能迅疾进入写作内容的选择。此内容维度主要集中在三种本位类的写作。

(一)情感本位类——写作的生命性

此类作文,展现生命的真实情感。一是自我抒发式,这是学生自我不公开的抒发表达,如日记、书信等;二是直面抒发式,表达内心真实的情思。如 2019 年四川自贡中考作文题要求以"致母校的一封信"为题作文,"感谢母校留给你的远比知识更为珍贵的礼物",抒写自己的真情实感。因此,我们在命题时,当引导学生拒绝虚假,演绎自己真切的体验,再现生命对生活的审美情感与感悟,从而进入真实情境的写作状态。

（二）交际本位类——写作的社会性

这类作文是"为了完成在社会上的交际任务"，解决生活和工作中的各种事务。包括三类：表达诉求类，如建议、回复等；观点陈述类，如书信、演讲稿等；推介类，如推荐信等。2019年浙江衢州中考作文题要求以"亲爱的朋友，欢迎你来衢州旅游！我会与你分享我的'私家地图'，现在跟着我出发吧"为文章的开头，写一篇游记介绍自己的家乡，吸引更多的朋友来衢州旅游。如此，让学生审视自己的家乡，设法吸引更多的朋友前来旅游，文章就有自己的生活与思考了。

（三）认知本位类——写作的生态化

写作可以促进认知梳理与推进，是基于写作的"认知功能"而提出来的。依据是写作除了表情达意功能之外，还有助于思考、学习和研究，实现写作生命生态的优化与发展。"国外的小学三四年级，能够作像模像样的研究型阅读、文学分析，写像模像样的研究报告、小论文。"[8]我们常忽视此类写作的引导。台湾地区陈丽云老师给笔者的作文题值得借鉴：

> 自己动手 DIY（Do It Yourself）的过程总是特别新鲜有趣，不论是精心烹调的菜肴还是简单易做的甜点，亲手做料理，总是卫生又有成就感；自己动手打造的工艺品、模型，能够呈现与众不同的巧思，成品更是具有纪念价值呢！
>
> 请你以"一件得意的作品"为题，描述一次自己动手完成某件作品的经过，并描述这件作品以及写出从中获得的感受。

学生描述制作过程与作品，有现实的治事之用，而展示实践认知的真实经历，文章具体感性，写作也因资源丰富而顺畅自然。因此，作文命题中，可引导学生写"我对××观点的质疑""实验中，我发现_____""我家井里的水为什么会冒热气"等，引导学生有理有据、思维缜密地演绎自己的思考，实现"通过写作来学习"的目的，为将来高校学习研究打好基础。

真实情境的写作是写作本质的回归，是写作的应然追求。没有积极主动的语言实践，就无法实现语言的建构与提升，无法实现核心素养的提升，更无法塑造真诚的生命。我们当矫正错误的作文教学理念，从情绪维度、思想维度与内容维度中，探寻真实情境写作的命题，以对学生未来负责、对社会负责。

注释：

［1］王宁．语文核心素养与语文课程的特质［J］．中学语文教学，2016（11）．

［2］荣维东．交际语境写作：我国写作教学的发展方向［J］．语文教学通讯，2013（4C）．

［3］王鼎钧．文学的种子［M］．北京：生活·读书·新知三联书店，2014：143.

［4］NAEP/Nwp.研究显示作业间存在联系——更好的学生习作［EB/OL］．http：//www. nep. orpg/cs/public/print/resource/112.

［5］何文胜．从能力训练角度论中国语文课程教材教法［M］．香港：文思出版社，2006：99.

［6］潘新和．被立意：言语生命、精神思想之殇——2012高考作文题"命意"导向批判［J］．语文建设，2012（7）．

［7］魏小娜．真实写作教学研究［M］．北京：人民出版社，2017：21.

［8］王荣生．语文课程学建构［M］．上海：上海教育出版社，2003：102.

三个意识：阅读能力测试亟须引领

摘要： 阅读测试，关乎阅读能力与习惯的培养，更关乎生命思想的生成与生命未来的成长。中考命题应当重视语境意识、清通意识和批评意识的培养，引导学生学会阅读，养成良好的阅读习惯，清晰表达阅读思考，生成阅读能力。

观察中考阅读试题的讲评课，笔者发现两个问题：一是中考命题答案的错误；二是教师对答案的膜拜，不敢"跨越一步"。中考阅读能力测试，其试题与答案的拟定，在教师缺失修正的自信与勇气的语境下，直接影响着阅读课堂教学，影响着学生阅读习惯的培养，更直接引发学生阅读能力的生成。一线老师尤其是命题老师都应当认真思考：我们要引导学生具有何种阅读意识？形成哪些良好的"阅读习惯"？怎样才能让学生迅疾准确地把握语言信息，提高阅读能力？

一、语境意识：心有文本

词不离句，句不离篇。语词，在不同的语境里有不同的意义，此之谓"词的语境意义"。阅读要根据具体的语境揣摩意义，这个道理众所周知，但命题者有时有意或无意忽视。

（一）关注前后语境，以联系的方法细读文本

请看一道中考试题："母亲为家人忙碌操劳反而感到幸福，请结合这一点简述你对幸福的理解。"（《我们是怎样过母亲节的》）

命题者的答案："文中的母亲乐于奉献，甘为家人操劳。的确，幸福不一定是索取和享受，有时放弃和付出，牺牲自己，快乐着别人的快乐，就是最大的幸福。"

此答案显然未联系和扣住"母亲为家人忙碌操劳反而感到幸福"，是对前文内容的一种失联，导致对母亲的"幸福"的旁出。最好的答案是联系前文母亲感受幸福的语境，从中得到对"幸福"的感悟和理解。不妨修改为：幸福就是为创造家庭快乐、家庭幸福的付出，为了让自己与家人感受亲情的美好。或者：幸福不一定是索取和享受，只要是为了家庭亲人的幸福，即使再累也是一种幸福的享受。

我们再看一道中考题："水壶咝咝作响，也好似参加了我们的叙谈，人间赏心乐事，有胜过如此的吗？"（从修辞角度赏析臧克家《炉火》）

命题者的答案："这里运用了拟人的修辞，将火炉看成是一位旧友与我们一起谈天说地，表现了我与它感情深厚，对它充满喜爱之情。"

这"喜爱之情"从何而来？为什么不结合语境，联系前文"它伴我寂寞，给我安慰和喜悦"呢？答案可修改为：表现了对它让我不再寂寞、给我安慰和喜悦的感激。

2. 关注目的语境，以整体的思想解读文本

需要指出的是，大多数老师只知道前后语境，很少顾及文章主题观照下的目的语境。此之缺憾当引起我们重视。我们不妨做个对比。请看：

李敖先生的故事在文章中的作用是什么？

①要真正读一本"磨脑子"的书，还要学会适当的拒绝。著名作家李敖先生夜晚从不看电视，全用来阅读那些经过时间检验

和沉淀的"老书"。(《"磨脑子"的书》)

②要真正读一本"磨脑子"的书,还要学会适当的拒绝。著名作家李敖先生夜晚从不看电视,全用来阅读那些经过时间检验和沉淀的"老书"。(《李敖读书》)

同样的问题,答案迥异:①要真正读一本"磨脑子"的书,还要学会适当的拒绝。②李敖先生为了读书,能适当地拒绝。这就是不同的文章目的导致的:前者是介绍"磨脑子"的书,后者是推介李敖读书。

如此,既把握了具体语境的语言意义,也分析出与文章主题切合的审美意义,阅读也就不再浅显化与低级化。我们老师要引导学生结合前后语境与目的语境去揣摩、去分析,切不可离开文本语境信口由心。

二、清通意识:心有学生

清通意识:就是命题老师命题后所呈现的答案要语脉流畅、逻辑清晰:让学生心清意朗。这主要表现为:

(一)语言不能模糊,让学生清晰把握命题者的思路

2016年4月7日,我与陈日亮老师前往一学校听课。一位老师讲阅读试题:

> 下面一句话中"镶嵌"一词用得极好,试分析之。
> 开门看见老王直僵僵地镶嵌在门框里。(杨绛《老王》)

老师的答案:"镶嵌"动词,原意是把一物体嵌入另一物体内,"直僵僵"形容词,指僵硬挺直的样子。两词相互照应,写出了老王病入膏肓、濒临死亡的状态,体现出他对杨绛一家的关心爱护。

陈老师对此提出质疑:这最后一句话,不清楚、不明白,理由何

在？老王病入膏肓、濒临死亡的状态，就能体现其对杨绛一家的关心爱护吗？不含糊的表达应该是：老王对杨绛极尽感激之情，也表达出杨绛对老王如此出现的吃惊震撼。他告诫老师：用一个模糊的语言或大众化的语言来概括，是没有读懂文章的表现，也是公式化、套路化的倾向。而事实上，也正因为追求公式化、套路化，对文本肤浅的解读，导致语言表述难以清通。

这也就提醒我们老师：语言表述不能模糊，要心中有学生，不能让学者和教者看到答案感到困惑。过去很多命题者提供的参考答案出现套路化、公式化的倾向，导致在阅读教学中有些老师引导学生背诵阅读答题的套路或公式，试图用几个概括词或"万能"词去应对考试，甚至忽悠阅卷老师，此投机浮躁之风不可长，当需远离之。

（二）语言不跳跃，让学生准确把握答案句间的逻辑关系

有些参考答案的语句未形成逻辑链：让人感觉话语唐突、断裂。请看一道中考题："第①段写九寨沟的水和太湖的水：有什么用意？"（肖铁《壶口的黄河》）

命题者的答案：用九寨沟的水和太湖的水来衬托黄河的水。中国水的颜色就应该是黄河的颜色：黄河水才能真正体现中华民族的精神。

对此：笔者很困惑：用九寨沟的水和太湖的水来衬托黄河的水，衬托了什么？答案第二句与第一句之间，是什么关系？如此答案，看不到命题者的清晰思路，如此空话乃至套话，让老师如何打分？如何给学生讲评？

"用九寨沟的水和太湖的水来衬托黄河的水"，命题者的答案显然忽视了目的语境，其目的是衬托出黄河水的气势：奔腾与粗犷。而答案第二句更见问题：语言唐突，让人不知答案的依据与源自。事实上，借这个"奔腾与粗犷"的气势，暗示中国人的气质精神，因为是放在开头，也就有了奠定情感基调的作用。

不妨如此表述：用九寨沟的水和太湖的水来衬托黄河水的奔腾与粗犷，为全文定下黄河诠释着中国人磅礴大气气质的思想基调。

让学生真正掌握阅读之要义，就要引导学生远离浮躁，抛弃"万能"公式或套路，拒绝语词模糊与话语跳跃，清晰表达自己的思考。如此，阅读能力方能得到真正的提高。

三、批评意识：心有自见

包祥写道："中国教育注重对知识的积累与灌输，注重对知识权威的尊重，注重对知识的掌握与继承。美国注重培养学生运用知识的能力，注重培养学生对知识对权威质疑、批判，注重对知识的拓展与创造。"[1]学生学习是如此，命题者更需要有批评意识。如果命题者缺少批评意识，对名家作品与思想只是膜拜，这有可能会误导学生，更无助阅读生命的心智成长。阅读测试中，我们要引导学生在欣赏作品的同时，也要能指出作品的瑕疵，或提出自己的看法，这样才能让阅读与生命感悟有效连接。

对课文《女娲造人》（袁珂），有老师讲课时极力推崇文章想象合理。笔者却发现课文就在想象环节出现几个纰漏：

1. 女娲看着她亲手创造的这个聪明美丽的生物，又听见"妈妈"的喊声，不由得满心欢喜，眉开眼笑。她给她心爱的孩子取了一个名字，叫作"人"。

纰漏：她为什么给心爱的孩子取名为"人"？

文章没交代，不妨来个铺垫。最后一句可修改为："女娲想：给它取什么名字呢？突然想到了这泥人跳跃是一撇一捺的，就给这心爱的孩子取名为人。"

2. 最后，她想出了一个绝妙的创造人类的方法。她从崖壁上拉下一条枯藤，伸到一个泥潭里，搅成了浑黄的泥浆，然后提起枯藤，向四处挥洒。只见泥点溅落的地方，出现了许多叫着跳着的小人儿，和先前用黄泥捏成的小人儿一样聪明美丽。

纰漏：为什么"最后，她想出了一个绝妙的创造人类的方法"？是什么灵感激发她这样创造人类的？

此句如下修改，文章就交代清楚了："突然她想到了，既然一团黄泥，掺和了水，放到地上，就会有活起来的人，那么为什么不取长物，伸向泥潭，四处挥洒呢？"

3. 大地上虽然有了人类，女娲的工作却并没有终止。她又想：人是要死的，难道死了一批再创造一批吗？这未免太麻烦了。

纰漏：人为什么是要死的？

文章前面说：人的身体虽然小，但据说因为是神创造的，相貌和举动也有些像神，和飞的鸟、爬的兽都不同。既然相貌和举动也有些像神，也和飞的鸟、爬的兽都不同，人又是神创造的，为什么又会死去呢？显然文章也未交代清楚。文章不妨将"她又想"修改为："一天，突然发现有的人死了，她又想……"

由此可见，我们的阅读材料，甚至我们的课文，不免有可以商榷之处。我们要鼓励学生敢于质疑。设题时不妨提出这样的问题：①文章哪些的句子，似乎表述还不够好，你能修改吗？②文章的这个观点，你同意吗？为什么？③你能给文章换个结尾或开头吗？如此，学生有自我思考，可以养成敢于质疑的阅读习惯，也可以从阅读中生成自己的思想，继而丰富文章与社会的思想。

阅读测试，关乎阅读能力与习惯的培养，更关乎生命思想的生成与生命未来的成长。我们的中考命题，当重视阅读能力中三个意识的培养，引导学生学会阅读，养成良好的阅读习惯，清晰表达阅读思考，生成阅读能力。诚能如此，则为学生之幸，社会之幸。

注释：

① 包祥.《教育原来如此美好》，江苏教育出版社，2010 年.

域外

基于"可见的学习"理论的语文教学设计、过程及评价

摘要："可见的学习"理论提出倡导让学生的学对教师可见，使教学对学生可见，强化教师作为"适应性专家"的主导性地位。本文因此提出对当今语文教学的设计、过程与评价三个维度的重构思路，探索新教材单元教学与任务群教学语境下深度教学的策略，以期为当今语文教学的提质寻找一个新路径。

当前，语文教学的低效导致学生的认知冲击与改变力度缺失，以致课堂教学价值流失。这原因较多，主要有三。一是模糊教学目标。表现一为教语文还是教人文，这种教学向度的模糊，语文课演绎成语文人文课或思想人文课，语文知识、策略、思维等退居其次。表现二为语文教学目标散乱无序，一堂课没有主抓的重点，学生上完课后心中茫然，没有一个清晰的收获。另外就是无视学生的认知心理与情境，只是教师的封闭或学生自我空间的演绎，学生的问题难以发现并矫正。二是演绎浅层教学。教学指向知识、思维、思想的浅层，而非引导深度思考与把握，以致无法解决学生学习中的困惑，使其无法领悟丰富深邃的文化与内蕴表现艺术，也无法形成知识境脉化的知识与能力。如此，学生无法获得学习方法的领悟，无法培养终身学习力与涵育生长性素养。三是未能解决策略难题。当前就如何改变浅层阅读、实现

深度学习，在"教师中心"或"学习中心"或"探究式学习"或"直接教学""知识学习"或"能力培养"等方面引发争议，双方各执一词，似乎都有道理。如何有效化解这个教学策略难题，也就是今天研究者与教师要面对的重要课题。

我们要看到教育理念的发展与进步，但语文教学探索之路依然漫长。郭华认为："70年来，虽然我们的课堂教学改革探索的主题不断变化，改革的层次、规模不同，发动改革的主体不同，但从根本上看都是为提高教学质量、处理教与学的基本关系、促进学生的全面发展而展开的。"[1]我们应该理性审视当今课堂，尝试实现语文教学的重构。我们可以借用"可见的学习"理念，从教学设计、教学过程与评价校验三个维度演绎教学重构。

一、哈蒂"可见的学习"理论

"可见的学习"理论是由哈蒂首先阐释的："'可见'首先指让学生的学对教师可见，确保教师能够明确辨析出对学生学习产生显著作用的因素，也确保学校中的所有人（学生、教师和学校领导）都能够清晰地知道他们对学校学习的影响。'可见'还指使教学对学生可见，从而使学生学会成为自己的教师——这是终身学习或自我调节的核心属性，这也是热爱学习的核心属性，而无论是终身学习还是热爱学习，我们都希望学生将其视为要务。"[2]此中核心就是让学生的学对教师可见，使教学对学生可见，从而让"教""学"更清晰。

我国传统教育强调教师在训导和改变方面的作用，这其实就是"可见的学习"的理念。《礼记·学记》："君子既知教之所由兴，又知教之所由废，然后可以为人师也。故君子之教，喻也。道而弗牵，强而弗抑，开而弗达。道而弗牵则和，强而弗抑则易，开而弗达则思；和易以思，可谓善喻矣。"教师要了解学生的认知现状与思维、情绪等，要循循善诱，师生互动，让学生学会思考。这其实就是主张让教师可见学生思想，让学生可见教师态度的教育。

王荣生受西方教育思想的影响，提出阅读教学路径："推介'互惠教学''转换性策略教学''元认知策略教学'等直接教学法，即阅读策略的示范、练习、应用。'互惠教学''转换性策略教学'，是用来提高学生阅读理解的技术，帮助学生在阅读过程中说明、阐释和监控他们的理解。使用元认知策略的模型最初由教师提供，在学生学习使用这些策略时，他们练习和讨论策略，最终学生能够在没有教师支持的情况下提示自己并监控他们自己的理解。"[3]这也就是强调师生对话、教师主导与监控引导的阅读教学，认为教学应演绎"清晰可见"之境。陈日亮认为语文课的低效源自教与学的脱离："关于这个问题，孙绍振的批评是很尖锐的，他说：他们（语文老师）面对的不是惶惑的未知者，而是自以为是的'已知者'，如果不能从已知中揭示未知——指出他们感觉和理解上的盲点，将已知化为未知，再雄辩地揭示深刻的奥秘，让他们恍然大悟，这就可能辜负了教师这个光荣称号。"[4]但目前语文教学中，远离学情、教学的专业性和深度性缺失等问题依然存在，需要语文教育研究者引导矫正。

二、"可见的学习"理念下的教学重构

（一）在教学设计维度上，清晰教学目标下确立学习任务

首先，教学设计要有清晰的学习目标。哈蒂认为有目标的学习分为两部分："一个是弄清要从课堂中学到什么（学习目的）；另一个是设法知道是否达成了所期望的学习（成功标准）。"[5]当前教学目标设定存在两个问题。一是目标多个，缺少主元。比如《记承天寺夜游》的教学目标可进行如下设定：1.掌握常用文言词语，理解课文大意；2.学习抓住特征描写景物的方法；3.学习古人写景抒情的方法；4.感受作者热爱生活、追求美好事物的执着情怀，学习他面对逆境达观处世的从容心态。这里目标有三类：一是基础目标，读懂文本；二是写作目标，掌握写作技法；三是人文目标，涵育从容心态。但最重要的是哪个呢？如果不清楚，教学时就难以分出重点。王本华谈到教材编写

"双线组元"时说："语文要素这条线索与人文主题相配合，既发挥语文课程的育人功能，又能使学生减少语文学习的盲目性，切实掌握一些学习方法、学习策略，从而循序渐进地培养必备的语文能力、语文素养，促使其整体素质的协调发展。"[6]教材人文主题是语文要素学习的情境，培养必备语文能力、语文素养才是语文教学最主要的目标。从单元提示来看，本单元语文要素就是学习古人表达情感与人生追求的言语艺术、涵育诗性语言。第二个问题就是目标模糊。比如，《记承天寺夜游》教学目标设定为"体会作者融情于景的表现手法"，这样在表达上没什么问题，只是表意模糊。如果目标设为"理解融情于景的表达艺术，学会这种艺术在习作或交流表达中的运用"，这样"体会"一词就不再模糊。

其次，教学设计要达到表层理解、深层理解与概念理解的平衡。哈蒂认为："我们需要作出重大的转变，从过分依赖表层知识到降低对其的重视程度，要将教育目的转变为形成深层理解或发展思维能力，达到表层学习和深层学习之间的平衡，帮助学生成功地构建正当合理的有关知识和事实（概念层面）的理论。"[7]可见一味强调浅层理解或深层理解，容易失之偏颇。前者忽视课程价值，后者违背学生认知基本规律。为此，阅读教学当在课程价值视域下引导认知理解。现在流行单元、任务群教学，将几篇文章在一个主题下阅读，然后讨论，试图演绎"大主题或大概念阅读"。但这样做因为直接进入群文阅读的深层阅读与概念性理解阅读，不符合学生的认知水平与认知规律，学生容易浮于文字表面或碎片领悟的浅层阅读，无法真正实现思维的发展提升。教学设计中，引导学生先单篇理解，然后设计任务让学生在群文中比较异同，进而进入深度阅读，再从群文中寻找共同主题或话题，演绎某大概念的阅读思考，这样才符合教育现实与学生认知规律。

再次，还要审视学生的认知现状，确认"知识沟"与设计缩小方法。哈蒂指出："我们不能对所有可能的事情都感到好奇：相反，我们对知识沟非常敏感。为了拓展个人的知识基础，我们会努力搜寻和留意那些我们已经知道的事物。但只有当我们觉得知识沟本身在短期内能够被填补时，我才会这样做。"[8]教师也可以通过采取"逆向设计"的方法来确定"知识沟"[9]，即从学习目的或成功标准出发回归到学习情境，再考量达到成功标准所需要的学习策略和信息支撑，避免"知识断层"，缩小"知识沟"。教学实践认为：要缩小知识沟，要让学生学会寻找策略缩小知识沟，教师也要设计支架等，让学生找到缩小知识沟的路径与资源。比如，学生作文，我们要分析学生的思维与认知，确认知识沟，而后提供思考支架、思维支架与材料支架、情境支架等，让学生主动去思索、整合，构成知识、思维网络，缩小知识沟，进入思维顺畅与开阔的学习状态。

知识层面	上网查找资料，看看历史上，哪些是和范仲淹一样具有"先天下之而忧"情怀的文人？他们各提出什么观点？如此情怀在他们人生的作用又是什么？
思维层面	本单元中《岳阳楼记》的超脱世俗的诗心，《醉翁亭记》的陶醉山水的诗心，《湖心亭看雪》远离尘俗的诗心，我们可以设计大概念：中国古代文人的诗心。思考支架：①叶芝说过："我们在与他人的争辩中创造修辞，却在自己的争辩中创造诗"，哪篇文章的作者经历内心的争辩而"创造诗"？②这三个作者的诗心有什么异同？原因何在？③中国文人的诗心，与传统文化的关系何在？写一篇300字左右的短文，引用材料、专家观点要有明晰出处。

最后，设定挑战性目标，并让学生在课后完成。哈蒂认为："领导团队将以下定为教师的优先成果：教师要把所有学生视为有能力的学习者；教师和学生成为乐于接受挑战、有创造力和富有热忱的人。"[10]为此，"教师可以设定具有适当挑战性的目标，然后构建情境帮助学生实现目标，从而做到有效备课"[11]。阅读教学容易缺失挑战性目标，目标常是浅易实现的，这样无助于思维的发展与提升，也无助于知识的拓展与建构。《岳阳楼记》阅读教学，很多教师目标设定为引导学生

学习作者状景抒怀的艺术，借此学习其"先天下之忧而忧，后天下之乐而乐"的情怀。挑战性目标可从如下两个方面来进行设计，让学生不但有对文章的理解，还有单元视域的关注，有大概念的形成，从而丰富与建构阅读思想，实现深度阅读。

（二）在过程维度上，体现教师主导下学生认知的矫正提升

在教学过程中，哈蒂认为"教师是'适应性学习专家'，知道学生在从新手到熟手的过程中所处的阶段，知道学生何时在、何时不在学习，知道他们下一步走到哪里，能够创设达成学习目标的课堂氛围。"[12]依此要求，语文教学可从三点寻找突破。

一是以认知元状态为教学逻辑起点。"对教师来说，只有那些拥有'重视学生观点'心智框架的教师，才会在促进学生对学习做出更多投入方面持续地做出必要努力。"[13]在教学实践中，"重视学生观点"的含义，是指发现学生的独立见解，进一步引导使之深入思考，也是指教师对学生认知本真状态的关注。可惜的是，当前教学逻辑起点往往是教师对教材的理解，而不是学生对教材的认知。"近百年来课堂教学的基本形态没有太大变化。教师带着教材和教案的预设方案走进教室，以 40 分钟或 45 分钟为一个时间单位，教学活动从教师走上讲台开始，到教师离开教室结束。教师的教学从假设学生对本节课内容还不知晓开始，到学生从此领会并能应用做题结束。"[14]此说有些夸大，但这种"教学活动"确是常见。王荣生认为教师把对教材的理解教给学生的做法没有给学生思考机会："我们可以设想，如果在课的一开始，就由学生质疑，就让学生交流他们的思考，如果教师也愿意以学生的疑惑、思考为教学的起点，现场调整她的教学内容和安排，那么这堂课显然不会是目前这个样子。"[15]

语文教学如果仅停留在"教书"状态，教师容易"执意"思考如何让学生懂得教师或教学参考书对课文的理解。教学蒲松龄《狼》时，有教师提出问题：教师既可将核心教学内容定位为"表现屠户的勇敢和机智"，也可定位为"鼓动软弱的屠夫起来反抗贪官污吏"，到底哪个教学内容才是适当的呢？陈日亮告诉笔者："如果让我定核心教学内容，我就让学生发言，可以有多种的解读，但皆言必有据。学生的观察与思考（包括决断），都得通过细读得到文本内容的支撑，然后我组织学生对话，继而引导掌握在未来受用阅读习惯与思维。"这就是实践哈蒂"适应性专家"的理念。

二是教师矫正提升。在教学过程中，教师不仅要审视学生的认知现状，快速辨识学生认知与载体之间的因果密码，更要对认知作清晰有理的回应，在表层理解、深层理解与概念理解相互平衡的目标下，通过干预、矫正与改善学生的思维方式，并促成高阶思维发展。哈蒂认为："课堂管理的每分每秒，教师不但要认识到活动在不同层面的进展情况，还要认识到学生的回应体现他们向哪个水平进展，也就是当前他们前进的方向。"[16]这与叶圣陶的观点契合："上课做什么呢？在学生是报告和讨论，不再是一味听讲；在教师是指导和订正，不再是一味讲解。"[17]很多教师在课堂上就是演绎"一味讲解"，教师认为要鼓励学生大胆思考，若否定学生的思考，则会挫伤学生的积极性。同时也有教师语文底蕴不厚，无法直接指出与矫正学生的问题。当然，也可以设计元认知支架，让学生从更多的角度评价自己的习作或阅读，自己修改与调整思路与写作内容，自己成为内视化的演绎者，教师则从旁审视指导。如"过节"为题，可制作如下评价量表。

评价项目	评价标准	评价结果
选材	是否围绕中心选择典型、可信的材料	是/否
线索	是否清晰且贯穿全文	是/否
组织安排	是否避免平铺直叙	是/否
主题	是否聚焦并获得有力支撑	是/否
语言	是否清晰、生动	是/否

如此，学生自我检测，教师指出并提出修改意见，学生内省质量获得提升，也渐渐获得自我矫正的能力与素质。我国的课堂教学需要

"条理清晰"，尽最大努力呈现课堂的丰富性与复杂性，并通过多元、深入、富有学理的分析，在"枝蔓丛生"的课堂中展现出对学生认知的尊重、矫正与促使独立思想的生成，让课堂真正实现教师对学生的可见、学生对教师引导的可见与思想生成的可见。

三是教师示范引导。哈蒂认为教师当成为"适应性学习专家"，不仅要设计引导，设计适合教学演绎促成"认知提速"的课程，更要榜样示范："教师承担教练与榜样的角色，在示范时有意识地使用观察学习的原则。社会示范背后的核心概念是让学习者有机会观察有能力的人展现的技能。"[18]在当前的阅读课上，教师经常不会作自己的思考示范，如引导学习非连续文本的表达时，不会呈现自己的理解与表达，只会对照依据参考答案讲解，写作课上教师不会写同题文章。教师没有自己的下水实践，也就没有自己的思维与思想，肯定会影响课堂矫正效果，影响提升学生思维的效果。教师仅仅提供最低限度的指导，这样的教学模式是低效的，不足以提供学生认知发展所需的支持，更不用说发展学生的高阶能力了。哈蒂要求教师能示范自己的思维与表达等，就是演绎高质量的"接地气"的引领，是实现可见的学习的重要策略。

（三）在评价维度上，体现学生、教师评价的双元、深层的立体反馈

目前的教学评价，常是由教师来执行的单一、浅层的评价，哈蒂的评价理念对改变这种现状大有助益。

第一点，学生的自我评估：设计学生自我评估的"成就水平检查单"。哈蒂认为"教师进行备课、教学和评价的时候，需要考虑到三种主要的成就水平：表层知识（用来理解概念）、深层理解（观点和观点之间是如何联系的，是如何延伸到其他理解的）和概念性思维（将表层知识和深层知识转变成能够生成新的表层理解和深层理解的猜想和概念）"[19]。教学中，以"成就水平检查单"检查自己的学习，发现自己的问题与短板，也就有了学习方向。以《散步》为例。

项目	成就水平的考核项	目标指向	分值
表层知识	1. 理解作者写作目的；2. 理清文章脉络；3. 理清文章脉络与主题的关系与艺术；4. 揣摩句子、表达等的精妙。	低阶思维	30 分
深层理解	1. 能指出文章思想与中国文化的关系；2. 能用 200 字左右的文章规劝他人阅读此文；3. 能选用或仿用文章的句子或语词，流畅嵌入自己的言语表达中；4. 能对文章描写句子、景物选择、观点与演绎等提出疑问与修改意见。	高阶思维	40 分
概念性理解	阅读文章后提出一个自己关注的概念（如抒情文章的景物作用、叙事散文的特点、爱的叙述等），并参阅其他文章与资料，提出概念的理解与阐释，要求：阐释要有确证例子与名家观点，约 500 字。	高阶思维	30 分

联合国教科文组织于 2015 年重新界定了"知识"，认为"知识的内涵包括：信息、理解、技能、价值观、态度"。这里所强调的知识是动态的，学生要有自己价值观、态度面对知识，掌握一定技能理解消化知识，运用知识解决问题以及构建新的知识。而不止于"浅层理解"的领悟，引导深层理解与概念性思维，则是不再引导记忆储存的静态知识，而是促成境脉化知识的生成。

第二点，对教学的评价标准：看是否在引导学生成为"自己的老师"。哈蒂认为："我们需要发展一种关于我们正在做什么、我们要去哪里，我们怎样到达那里的觉知；我们要知道在手足无措的时候应该做什么。这样的自我调节或元认知技能是所有学习的最终目标之一。它们就是我们所说的'终身学习'，就是我们希望'学生成为自己的老师'的原因。"[20] 这与我国教育家理念契合。陶孟和《社会学科的性质》指出："教育不是传布偏见，不是灌输成说，乃是解放幼年的心灵，发展自己的判断力。换言之，教育不是给人见解，乃是帮助人得到见解。"[21]蔡元培也认为："教育是帮助被教育的人给他能发展自己的能力，完成他的人格，于人类文化上能尽一分子的责任，不是把被教育的人造成一种特别器具。"[22]评价课堂应观察教学是否具有"自我调节或元认知技能是所有学习的最终目标之一"的意识，是否指向引导实现"学生成为自己的老师"。诚如王荣生所说，观察教学就当观察"有没有可能把教学内容的落点转移到阅读的方式上？有没有可能使关注阅读的结论转移到关注阅读的过程？有没有可能让学生在'学会把握这些关键的字词句'的过程中自主地与课文对话"[23]。我们应当审思与矫正教育教学的评价理念，批评偏离、窄化和功利化的教学，引导实现学会学习的终极目的，为学生未来与社会发展负责。

三、教学重构的影响因素

可见的学习理念下教学重构，仅有理念与策略还不够，还应当分析影响教学重构的教师本身素质、社会等因素。联合国教科文组织认为："正规教育发展缓慢，目前的状态与其过去200多年间的情况依然非常相似，这也是事实，但学校教育的重要性并没被削弱。学校教育是制度化学习和在家庭之外实现社会化的第一步，是社会学习——学会做人和学会共处——的重要组成部分，学习不应只是个人的事情，学习作为一种社会经验，需要与他人共同完成，以及通过与同伴和老师进行讨论及辩论的方式来实现。"[24]

（一）教育视野

哈蒂认为："对于教师来说，培养学生主动学习看似是一个极具挑战性、需要殚精竭虑的任务，需要具备有关学生学习过程的知识，提供指导、反馈和班级管理的技能。"[25]这里有两个要点：一是要教师殚精竭虑地培养学生主动学习；二是为此当具有知识与帮助的技能。目前还有很多教师坚持应试教育的观念。"应试教育的观念与体制崇尚的是基于'一元逻辑'的'记忆型教学'，而不是'多元逻辑'的'思维型教学'，这种知识教学只能培育'低阶认知能力'。"[26]这种观念无助于培养学生主动学习，折射的是教育的短视与功利，背后就是教育视野的狭隘与情怀的缺失。我们应当抛弃狭隘教育视野，守护为学生、社会未来负责的情怀，让教育目标转向为了学生未来生命生存与社会发展。

（二）学力支撑

"可见的学习"理念对教师提出了更高要求。一是目标高，教学终极目的是让学生成为自己的老师；二是能力强，有清晰的教学目标，教学要让学生与老师都可见，尤其是教师应当成为适应性专家。"教师必须具备把握全局的能力，即能够识别潜在的问题并快速采取措施予以解决，能够察觉班级中正在发生的一切。"[27]有人认为"高强度的写作指导及实践"，学生需要这样的老师[28]：1. 通过和学生一起写作，揭开写作过程的神秘面纱；2. 经常让学生选择作文话题；3. 学生为了真实的目的，面向真正的读者而写作；4. 给学生有建设性的反馈意见——来自教师自己和其他同学；5. 示范写作虽然困难，但是值得付出努力；6. 帮助他们克服"我写过一次，就完成任务"的心理。这样就要了解学生的问题、根源与具有矫正、示范的能力。我国也在强调教师的主导地位，强调教育引导的价值。"教师可能教得并不成功，但是他会争取成功。试图教别人并不仅是从事活动而已，而且要注意进展情况，发现问题的症结，改变别人的行为……教学是有意识的行为，目的是要导致别人学习。"[29]要落实好引导和示范等要求，教师要有足够的学科洞察力与专业素养，背后就是要有强劲学力，教师与时俱进的素养提升和实践探索因此不可或缺。

（三）文化构建

教师要能做好"适应性专家"，驾驭与引导学生多元思想的课堂，也就要获得厚实的底蕴，而合作文化的建设为此创造条件。一是合作文化改变与提升教师的学术与策略认知。哈蒂认为"教师集体备课并相互批判，这种集思广益的力量是巨大的"[30]。探讨互动，使学习者进入真实的学术语境，矫正自己思维与知识的错误，促成思想的丰富与深化，促成高阶思维的发展。二是学生在学习共同体中矫正或深化自己的认知，促成思想的丰富与认知的改变。哈蒂在审视大量文献后，得出的结论是"敏锐的观察者比那些单纯'做中学'的同伴具有更多优势"[31]正因为个人探究获得的知识和经验非常有限，大量的知识建构需要通过同伴碰撞交流来实现。叶黎明观察一公开课，探究交流文化的课堂价值时指出："情境任务贯穿课的始终，知识从任务解决中产生，并回到任务完成中去；关于说服性写作中罗列理由的策略性知识，是学生自己在写作过程中讨论、发现与加工的，学生不再是知识的容器，更像是知识'生产者'，当学习变成知识的建构时，我们有理由相信，作为开放、互动、协商的产物的知识，才可能被学生内化为有意义的信息模块，从而具备被迁移的活性。"[32]

文化构建有三个要点。一是由学校主导，学校的管理者要为教师研讨提供足够的空间与时间、专家与资料等。二是要引导学生在学习共同体研讨成长的文化氛围。三是引导建立学习空间网络，联合国教科文组织指出："当今世界教育格局的变革促使人们越来越认识到，正规教育机构之外的学习具有重要性和相关性。目前的发展趋势是以传统教育机构，转向混合、多样化和复杂的学习格局，在这当中，通过多种教育机构和第三方办学者，实现正规学习、非正规学习和非正式学习。"[33]

在这三个影响重构的因素中，教育视野是前提。这个前提的获得要有学力的支撑，从而需要有合作文化的有力保证。语文教学直接影响学生素养与思维，关乎学生生命成长与未来发展，关乎社会思想的丰富与进步。因此，新教材、新课标背景下，运用"可见的学习"理念实现教学设计、过程与评价的重构，推进深度教学，彰显教学的时间价值和课程价值，满足社会与时代的期待，有其现实的迫切性。

注释：

[1] 郭华.70 年：课堂教学改革之立场、思想与方法［J］.中小学管理，2019（9）：20—24.

[2]［5］［7］［9］［11］［12］［13］［16］［19］［20］［25］［27］［30］约翰·哈蒂.可见的学习——最大限度地促进学习［M］.金莺莲，洪超，斐新宁，译.北京：教育科学出版社，2015.

［3］王荣生.事实性知识、概括性知识与"大概念"——以语文学科为背景［J］.课程·教材·教法，2020（4）：75—82.

［4］陈日亮.语文教学的归软录（上卷）［M］.福州：福建教育出版社，2017：162.

［6］王本华.从八大关键词看"部编本"语文教材的编写理念［J］.课程教学研究，2017（5）：31—35.

［8］［18］［31］约翰·哈蒂.可见的学习与学习科学［M］.彭正梅，邓莉，伍绍杨，译.北京：教育科学出版社，2018.

［10］约翰·哈蒂，德布·马斯特斯，凯特·伯奇.可见学习在行动［M］.彭正梅，邓莉，伍绍杨，译.北京：教育科学出版社，2017：74.

［14］杨志成.面向未来：课程与教学的挑战与变革［J］.课程·教材.教法，2021（2）：19—25.

［15］［23］王荣生.听王荣生教授评课［M］.上海：华东师范大学出版社，2007.

［17］叶圣陶.叶圣陶语文教育论集［M］.北京：教育科学出版社，1980：84.

［21］李杏保，方有林，徐林祥.国文国语教育论典（上册）［M］.北京：语文出版社，2014：34.

［22］蔡元培.教育独立议［A］//高平叔.蔡元培教育论著选.北京：人民教育出版社，1992：377.

［24］［33］联合国教科文组织.反思教育：向全球共同利益的理念转变［M］.联合国教科文组织总部中文科，译.北京：教育科学出版社，2017.

［26］钟启泉.解码教育［M］.上海：华东师范大学出版社，2020：78.

［28］凯利·盖勒格.人人皆可为优秀写作者［M］.邓林，译.上海：上海

教育出版社，2020：85.

　　[29] 中央教科所比较教育研究室 . 简明国际教育百科全书：教学（下册）[M]．北京：教育科学出版社，1990：237.

　　[32] 叶黎明 . 从知识本位到需求本位——写作知识教学的重大转向 [J]．语文建设，2020（11）：18－23.

"可见的学习"理念与高阶思维培育

摘要：哈蒂提出"可见的学习"，认为真正对学习有作用的学校属性是使学习可见的"进程"属性，指出保持学习的优先地位，并且以对学生的学习产生的影响作为思考教学的根本，教学的目的是促成学生成为自己的老师，掌握终身学习的能力。为此，分析"可见的学习"理念与高阶思维培育的关系，可为适应时代的要求，培育新时代学会学习的生命，开启一片新颖而广阔的空间。

一、释义

何谓高阶思维？高阶思维是指向高阶认知的思维。由"'新版教育目标分类学来看，教育目标是由金字塔的基底起始向塔尖发展的，是由①记忆、②理解、③运用、④分析、⑤评价、⑥创造'6个层次构成，①②③是低阶认知能力，④⑤⑥是高阶认知能力"[1]。

何谓"可见的学习"？新西兰教育学者约翰·哈蒂提出："''可见'首先指让学生的学对教师可见，确保教师能够明确辨析出对学生学习产生显著作用的因素，也确保学校中的所有人（学生、教师和学校领导）都能够清晰地知道他们对学校学习的影响。'可见'还指使教学对学生可见，从而使学生成为自己的教师——这是终身学习或自我调节的核心属性，这也是热爱学习的核心属性。"[2]因此，此理念指向"教"

"学"的清晰，最终促使学生具有终身学习或自我调节的核心属性，成为具有高阶思维品质等良好素养的生命。

二、"可见的学习"发展高阶思维的维度

哈蒂团队研究的"可见的学习"，指向目的、过程、习得的清晰，在教学设计、教学过程以及教学评价三个维度上引导高阶思维的培育，为高阶思维培育的探索开辟了一条科学新路。

（一）维度一：教学设计——教学的备课阶段

寻绎哈蒂对教学设计的要求，我们可见三个关注点。

1. 有清晰的学习目标

哈蒂认为："有目标的学习分为两个部分：一个是弄清要从课堂中学到什么（学习目的）；另一个是设法知道是否达成了所期望的学习（成功标准）。"[3] 这就要求我们教学的目标、路径与结果要清晰。教学实践中，最常发现的是教学目标模糊。如《变色龙》，有教师确定的目标是：①学习本文通过鲜明生动的对话表现人物性格的写作方法，了解契诃夫小说善于以日常生活的平凡事件揭露社会本质的特点；②认识沙皇俄国社会的黑暗和"变色龙"这个典型人物的社会意义；③培养学生的口头表达能力。这三个目标——写作学习目标、人文目标、生活性或交际性目标——不是不对，但这样就存在主元目标模糊的问题。课文有人文主题与语言要素，但前者必须借助后者的寻绎来实现。而鲜明生动的对话表现人物性格的写作方法也是常见的写法，不是这篇文章独有。这篇小说最大的特点是借助波澜起伏的手法，辛辣地讽刺善变的人性。如果将主元目标确定为"学习借助波澜起伏的手法描写人性之善变"，然后给学生提供思考支架：①文章是如何写出波澜的？②写出的波澜为什么让人感觉顺畅而不做作？③这样写给读者带来怎样的阅读感受？④这样写为什么可以达到作者的写作目的？如此，学生对文章的技法、主题就不再只是浅层的认知，而有了分析、评价与体认、创造等高阶思维的演绎。

2. 设定挑战性的目标

哈蒂认为："教师要把所有学生视为有能力的学习者；教师和学生成为乐于接受挑战、有创造力和富有热忱的人。"[4]为此，教师可以设定具有适当挑战性的目标，然后构建情境帮助学生实现目标，从而做到有效备课。[5]观诸阅读教学，挑战性目标有两类：

一是建构性目标。如大概念（或大观念）目标，"在功能上，大观念有助于设计连续聚焦一致的课程，有助于发生学习的迁移；性质上，大观念具有概括性、永恒性、普遍性、抽象性"[6]。如学习了八年级上册第三单元"歌咏山水"的古代诗文，可以设计大概念：①中国古人描写山水的篇章具有哪些共同特点？②古代文人与山水的特殊情结有哪些表现？引导大视域下的思考，培养学生分析整合的知性思维。

二是审辩性目标。审辩思维是高阶思维中理性思维的一种。如学习了《〈孟子〉三章》，设计问题：你认为孟子的说理能让人信服吗？你有哪些疑问？如此就能引导学生理性审视传统文化，让文化获得真正的传承与理解。还可设计情境与支架，引导思辨。如孟子与人对话，像《得道多助，失道寡助》那样来讲"天时不如地利，地利不如人和"，对方会颔首信服吗？如果对方提出：汉末建安二十四年（219），关羽率众围攻曹仁镇守之樊城，曹操遣于禁率军往助，"秋，大霖雨，汉水泛溢，禁所督七军皆没。禁降羽，羽又斩将军庞德"。孟子会怎么回应？如此，学生可以明白"说理不能选择性失明"，不仅提升了说理的语文素养，也满足了社会的期待——"成为拥有挑战性头脑的公民，并愿意成为复杂世界中积极、能干、深思熟虑的批判性参与者"[7]。

3. 设计达到表层理解、深层理解与概念理解的平衡

哈蒂认为："我们需要作出重大的转变，从过分依赖表层知识到降低对其的重视程度，要将教育目的转变为形成深层理解或发展思维能力，达到表层学习和深层学习之间的平衡，帮助学生成功地构建正当合理的有关知识和事实（概念层面）的理论。"[8]可见一味强调浅层知识或深层知识，都有失科学。前者忽视课程的深度价值，后者忽视学

生认知的基本规律。为此，阅读教学的设计，当在课程价值的视域下引导认知理解。如学习《生于忧患，死于安乐》，当从理解字词、句子、主旨等浅层知识，进而过渡到演绎高阶思维的深层，理解潜隐的文化、生发阅读感悟，进而再从群文阅读中，思考忧患文化、历史上的士文化等，以获取概念层面的理解。

（二）维度二：教学过程——教学的实施阶段

教学过程中，哈蒂认为："教师是'适应性学习专家'，知道学生在从新手到熟手的过程中所处的阶段，知道学生何时在、何时不在学习，知道他们下一步走到哪里，能够创设达成学习目标的课堂氛围。"[9]教师的这个身份与作用，可从四步教学环节来彰显。

1. 第一步：建设性聚焦

当前我们的教学普遍存在以下问题：教学伊始，学习目标多维散乱而不见逻辑性；教学结束，学习结果不清或层级单一。这直接导致学生课后无法留下深刻的认知痕迹，深度学习、高阶思维培育更无从谈起。哈蒂认为："当学生被问及希望从教师那里获得什么时，学生希望有一个对学习的建设性聚焦。学生想要讨论的是他们的学习以及如何改进学习。"[10]学生期待的"建设性聚焦"，是指在课程规划与设计的视域下，依据单元目标，聚焦某个阅读概念或阅读技能，以改进某个方面的学习，为未来的继续学习与生存发展打好基础。

2. 第二步：关注认知状态

有人指出："对教师来说，只有那些拥有'重视学生观点'的心智框架的教师，才会在促进学生对学习做出更多投入方面持续地做出必要努力。"[11]教学实践中，重视学生观点，一方面是发现学生的独立见解，进一步引导使之深入思考。更主要的方面，是教师对学生认知本真状态的关注。比如《登勃朗峰》，一位教师上课的程序是：了解作家—分析课文—理解主题—感悟艺术。这样的课是失败的——演绎封闭式的教学，无视学生的认知状况，罔顾学生的疑惑与期待，没有师生、生生的互动交流，难以达到共情。若改为"学生展示疑惑—教师分析中释疑—设计情境引导深层探析—检查是否存在疑问—反思阅读经验"，这样就是基于学生认知现状不断调整变化、互动探讨、实现得法养习的课堂，是学生、教师均"可见"的教学。

3. 第三步：诱发认知冲突

哈蒂等认为："只有应对挑战或不平衡状态出现时，儿童的思维才有所发展，这就意味着教师干预必须提供某种认知冲突。"[12]高阶思维不是感性思维的浅层运思，而是审辩、创造思维的深度演绎。设计冲突，一是设计对比性认知冲突。以《湖心亭看雪》为例，一位教师设计："同学们，假设苏轼、刘禹锡、伯牙、段誉共同穿越到《湖心亭看雪》，你认为谁更适合成为金陵客的知音？请谈谈你的理解，体现你的思考、权衡与选择。"[13]如此引导学生去质疑、求证、判断，就促成了高阶思维的发展。二是设计问题性认知冲突。可提出一些对文章的不同看法，引导学生审辩思考。如执教《答谢中书书》，笔者提出问题："文中'自康乐以来，未复有能与其奇者'，太过武断，言之无据，当加上'料'或'恐'，你说对吗？为什么？"如此，就打破膜拜认同心理，引发认知冲突，学生就会深入思考相关的情感逻辑、文体特质、交际语境等问题，获得独特的阅读体验。

4. 第四步：回应学生认知

哈蒂引用 Shayer 的观点："课堂管理的每分每秒，教师不但要认识到活动在不同层面的进展情况，还要认识到学生的回应体现他们向哪个水平进展，也就是当前他们前进的方向。"[14]可见，在培育高阶思维过程中，教师不仅要监控学生的认知现状，更要对认知作出清晰有力的回应，在表层理解、深层理解与概念理解相互平衡的视域下，通过干预、矫正与改善学生的思维方式，促成高阶思维的发展。如执教《散步》，笔者问："揣摩文章，作者在文章中要向读者表达什么情感或思想？"学生回答：①亲情；②呼吁社会需要孝道；③人间之爱。回答中的①③没有体现基于文本分析的解读，属于浅层阅读，教学中当指出并矫正，使其思维得到发展与提升。基于此，笔者让学生用线画出表达作者情感的句子，然后分析出意脉"母亲熬过来了—看到自然的生机的喜悦，感到人生的美好—想到我与孩子的时间长，我要尊重母亲—背起母亲"，因此，学生可读出作者意在表达对母亲的挚爱，演绎传统的孝文化，展示最柔软的人性特质。这样阅读体现对文本的深度寻绎，演绎高阶思维。而回答中的②则从作者表达孝道，滑向了心中的社会责任，超出了文本中作者的情感。因此，通过审视学生认知，矫正了阅读行为，使其思维得到真正的发展。

（三）维度三：教学评价——教学的结果评价阶段

教学评价影响教学内容与方式的选择，是教育理念与追求的直接表现，当关注两个目标。

1. 显性目标：教学主要的成就水平

哈蒂认为："教师进行备课、教学和评价的时候，需要考虑到三种主要的成就水平：表层知识（用来理解概念）、深层理解（观点和观点之间是如何联系的，是如何延伸到其他理解的）和概念性思维（将表层知识和深层知识转变成能够生成新的表层理解和深层理解的猜想和概念）。"[15]当前阅读教学中，常见理解性阅读，少见演绎深度阅读的探究性阅读。以《记承天寺夜游》为例：

类别	表征	评价
理解性阅读	理解字词、句子、主题，分析文中"闲人"的特点与文化特质。	1. 浅层阅读；2. 低阶思维。
探究性阅读	①读懂字词、句子。②加上语气词"突然""幸好"等探究作者的情感变化。③思考作者为什么会有最后一句慨叹。④思考为什么中国文人对月色那么敏感。⑤我能从中感悟古代文人的哪些共性特质？	1. 基于文本逻辑把握、群文思考与情境体悟的深度阅读；2. 高阶思维特质。

因此，教学评价中，当指出理解性阅读带来阅读价值流失的错误，鼓励探究性阅读实践者，以真正促进学生深层理解与概念性思维的发展。

2. 终极目标：学生成为自己的老师

"我们需要发展一种关于我们正在做什么、我们要去哪里、我们怎样到达那里的觉知；我们要知道在手足无措的时候应该做什么。这样的自我调节或元认知技能是所有学习的最终目标之一。它们就是我们所说的'终身学习'，就是我们希望'学生成为自己的老师'的原因。"[16]阅读教学，最终目的就是让学生学会阅读。王荣生教授评价欧阳代娜老师执教《岳阳楼记》的亮点："实实在在地告诉了我们，什么是正确的理解，什么是正确的理解方式，以及如何才能拥有正确的理解方式和理解。"[17]如此，学生可以掌握阅读的方法，也可演绎正确理解与矫正错误认知，渐渐成为"自己的老师"。

哈蒂认为要让学生成为自己的老师，需学会自我调节与元认知技能。反观当前的课堂教学，大多数教师没有这种意识。如观《答谢中书书》课堂结束阶段，可发现下列三类教学：

类别	表征	目的	评价
人文课教学	鼓励人们学习陶弘景的诗意人生。	读书而感悟人生，享受心灵的教育。	偏离了语文课程的教学方向，忽视了语文要素的主元。
阅读课教学	归结文章的脉络、主题、手法。	理解课文内容与人文主题。	浅层阅读，失去了课程价值，没有体现阅读教学的终极目的：学会阅读。
语文课教学	引导学生反思：①自己的哪个理解与老师的理解不同？为什么我会这么理解？②我错误理解某个句子，何以致错？③以后会用什么方法读句子或篇章？	反思阅读行为，获得阅读教训与经验。	1. 在语文要素的寻绎中理解人文的主题主元；2. 演绎高阶思维的教学，实现了读一篇文章能读一类文章的课程价值。

这里的"语文课教学"使用元认知策略，引导学生学会调整自己的阅读方法，生成阅读经验，这就是演绎高阶思维。评价教学课堂，就要审视教师如何演绎课堂理念，拒绝偏离与窄化语文教育的教学，引导指向核心素养的培养。

三、"可见的学习"视域下高阶思维培育的前提因素

实现高阶思维的培育，关乎教师的教学策略，更关乎如下支撑策略的前提因素。

（一）情怀

许多教师拒绝高阶思维的培育。高阶思维培育不仅需要教师付出时间、精力来设计具有冲突与挑战性的问题，还需要教师具有引导学生学会知性理解与理性审辩的能力。而现实中，很多教师却急功近利，为应试而教。

阅读教学就是引导学生演绎存在式阅读而非占有式阅读。弗洛姆认为："（占有式阅读）就是抓住自己所学到的一切，或者牢牢记在心里，或者仔细保存在自己的笔记本中。他们不需要产生或创造新的东西。"[18]而存在式阅读则会带来高阶思维的培育，因为"他们领悟这一思想并主动地、创造性地做出反应，他们学到的知识促进了自己的思考，于是他们脑子里就出现新的问题、新思想和新观点"[19]。眼里只有分数、心中没有情怀的教师，不会设法促成学生生成思想的深度学习，也不会设法引导学生学会关乎未来发展的终身学习。

（二）底蕴

演绎"可见的学习"，哈蒂认为教师当成为"适应性学习专家"。教师作用有三：一是设计引导，设计适合教学演绎促成"认知提速"的课程。二是榜样示范，"教师承担教练与榜样的角色，好的示范必须让观察者有能力进行分析、解释与回忆"[20]。教师要以自己的深度学习与高阶思维，改变学生的浅层认知，引导正确的学习方向。三是监控矫正，哈蒂认为"教师必须具备把握全局的能力，即能够识别潜在

的问题并快速采取措施予以解决，能够察觉班级中正在发生的一切"[21]，而要做好示范与监控，非有厚实学术底蕴者无法为之。

（三）合作文化

美国卓越教育联盟认为："深度学习能力包括：学生如何深层理解学习内容、如何应用知识解决问题、是否能用一系列媒体进行沟通，是否有能力与同伴合作，以及自我导向与反馈能力。"[22]实践表明，合作文化是学习者高阶思维发展、深度学习达成的支撑力。这可从两方面理解：一是合作文化促成教师的专业发展。哈蒂认为"学校的专业化通过教师和学校领导合作实现'内置可见的学习'来达到"[23]。诚如是言，合作使学习者进入真实的社会环境，促成思维的发展与提升。二是学生在学习共同体中矫正或深化自己的认知，带来视域的开阔与思想的生成。哈蒂认为"敏锐的观察者比那些单纯'做中学'的同伴具有更多优势"[24]，因为个人探究获得的知识和经验非常有限，大量的知识建构需要通过同伴碰撞交流来实现。可见，建立学习共同体，营造合作文化，才能使学生远离封闭单一的学习空间，使其丰富、发展阅读思想，实现高阶思维的培育。

四、结语

钟启泉认为"基础教育"："其一，强调'基础性'——基础教育不是成'家'的教育，而是成'人'的教育，是培养有社会责任感、有教养的公民的教育。其二，强调'能动性'——基础教育不能满足于'低阶认知能力'，需要在低阶认知能力的基础上发展'高阶认知能力'。"[25]而彭正梅认为："模仿韩非子的话来说：上古竞于道德，中世逐于智谋，当今争于'高阶能力'。培养以创新能力为代表的高阶能力，必定会成为中国教育强国战略的一个重要的着力点。"[26]今天，探索"可见的学习"理念下高阶思维的培育策略，塑造迎接21世纪挑战的强大生命，当为教育之所期、时代之所期、国家之所期。

注释：

［1］［25］钟启泉，崔允漷．核心素养研究［M］．上海：华东师范大学出版社，2019.

［2］［3］［5］［7］［8］［9］［10］［11］［12］［14］［15］［16］［20］［21］［23］约翰·哈蒂．可见的学习——最大限度地促进学习［M］．金莺莲，洪超，斐新宁，译．北京：教育科学出版社，2015.

［4］约翰·哈蒂，德布·马斯特斯，凯特·伯奇．可见的学习在行动［M］．彭正梅，邓莉，伍绍杨，译．北京：教育科学出版社，2017.

［6］钟启泉，崔允漷．核心素养与教学改革［M］．上海：华东师范大学出版社，2019.

［13］廖聪文．引导学生批判性地继承传统文化［J］．最小说·读写大视野，2020（4）.

［17］王荣生．听王荣生教授评课［M］．上海：华东师范大学出版社，2017.

［18］［19］埃里希·弗洛姆．占有还是存在［M］．李穆斯，译．上海：世界图书出版社，2015.

［22］卓越教育联盟．深入学习［EB/ OL］．http：//deeperlearning4all. org/.2011－05/2017－11－03.

［24］约翰·哈蒂．可见的学习与学习科学［M］．彭正梅，邓莉，伍绍杨，译．北京：教育科学出版社，2018.

［26］彭正梅，伍绍杨，邓莉．如何培养高阶能力——哈蒂"可见的学习"的视角［J］．教育研究，2019（5）.

可见的写作理念下的说理性写作

摘要：哈蒂"可见的学习"提出学生可见教师的教学、教师可见学生状态的教学理念。借鉴这一理念，提出读者可见作者的语言与思想、作者可见读者背景与心理等的"可见的写作"，实现作者与读者的交流对话。今天，探索"可见的写作"的策略，意在使学生掌握说理性写作的起点，改变自说自话的封闭表达与华丽空洞的文风。

一、哈蒂"可见的学习"于"可见的写作"的鉴示

哈蒂提出："'可见'首先指让学生的学对教师可见，确保教师能够明确辨析出对学生学习产生显著作用的因素，也确保学校中的所有人（学生、教师和学校领导）都能够清晰地知道他们对学校学习的影响。'可见'还指使教学对学生可见，从而使学生学会成为自己的教师——这是终身学习或自我调节的核心属性，这也是热爱学习的核心属性。"[1]这个理念，就是指向"教""学"的清晰，最终目的是使学生具有终身学习或自我调节的核心属性。借鉴此可提出"可见的写作"理念：写作是作者与读者情感思想的交流，一方面读者要能清晰"可见"作者的表达与思想；另一方面作者要"可见"读者的认知、心理与期待，这样才能让作者与读者实现顺畅的深度互动，从而实现高效

表达应具有的清晰性与针对性。

二、"可见的写作"的现实价值

"可见的写作"，是对写作起点的引导，更是对写作规律的审视与回归。对中学说理写作，教师多处于混乱、茫然状态。没写作教材，没经典可参考的课文，也没有认可的说理写作权威理论，以致语文教师大多按照自己"理解"的写作要求来指导教学。也正因此，每年考试公布的范文，选择的标准都不一样。如何从说理写作的起点来引导教学，这是我们中学说理性写作迫切需要研究与解决的课题。

一是改变抓手缺失的窘状。诸多教师关注说理性写作的本质，研究詹姆士·A. 霍金和安德森·W. 哈特对议论文的界定："议论文是以逻辑为基石，以证据为结构，以说服读者接受观点或支持行动或者两者有之的写作意图的文章。"[2]说理写作要"以逻辑为基石，以证据为结构"，但这个理念对引导、矫正学生写作有一定作用，但因为支撑写作的最根本因素，是习作者的心态与思维，若没有从这一最根本因素入手，只是从定义入手，教学作用依然有限。而可见的写作有读者、作者双双"可见"的抓手，作文教学也就不会凌空蹈虚。

二是突破思维的浅层僵化。基础教育几乎忽视逻辑教育，也没有关于逻辑的教材；再加上初中说理性写作不是教学的重点，教师对说理性写作的研究不多。因此，教师大体达成一个"共识"：初中说理性习作就是简单的议论文，这简单议论文就是罗列三个分论点、观点加事例的简单论证模式和起承转合的新八股套路。这样僵化、浅薄的思维与表达成风，说理苍白、乏力的文章泛滥。哈蒂的"可见的学习"指向教师与读者的心理分析，借鉴这个理念，引导实现作者与读者彼此"可见"的审视，学生在审视与探讨中释解他人的疑惑，深化自己的思想。这样可以有效改变苍白肤浅的文风。

三、基于"可见的写作"理念的教学引导

课堂是教学的主阵地，教师当从学生的写作理念与行为注重引导，促成可见的写作理念的有效落实。

第一，引导"内审视"：让读者"可见"自己的思想与表达。

写作是交流对话，说理写作更是这样，这就要求文章彰显清晰质感，让读者可见作者的思想与表达，故而作文教学中，要引导学生掌握"清晰"的三层意义。

第一层：语言的清晰。

美籍学者董毓认为："语言时常成为脱缰的马，让骑者倍感失控；除了无意的失误，还有人为的误导。有的人就是有意打造语言的迷雾，让读者走入歧途，以达到非理性的目的。"[3]可见，语言的清晰与否折射的不只是语言能力的强弱，更是写作者的态度与目的。为此"要避免盲从、无谓的争论和无效的思考，就要把握词句的准确意义，排除模棱两可、过分、空洞和抽象的语言。"[4]审视学生的说理写作，追求语言清晰，首先是引导拒绝语言模糊性与跳跃性。

语言模糊性。语言模棱两可或欲说还休，也包括语言华丽空洞或晦涩难懂。比如《新与旧》片段："在日新月异的时代里，漫溚着思绪，静坐听雨，堂皇转眼凋零，喧腾是短命的别名，在流光溢彩的日子里，新必代替旧，旧也以新的形式在时光流转中漫溯。"读者除了感觉语言优美外，无法读懂文中的意思，也就难以达到交流与共情的目的。

语言跳跃性。这源自跳跃式思考："说话的论据时常出现跳跃，语言不连贯""'不想让对方明白自己的意思'"[5]。比如："①当下许多人对打破永不干涉（自然）原则感到惶恐，究其原因，是一些不法分子看到其中的利益，以保护自然为幌子，严重破坏了自然环境。于是很多人干脆死守永不干涉这条原则。②其实不仅自然保护应该以呵护生命为前提理性干预，教育上也应以孩子的健康成长为前提理性干

预。"第①句话讲人们对打破永不干涉（自然）原则感到惶恐，未指出如何化解惶恐，就跳转到"对孩子成长的理性干预"，让人感觉逻辑混乱。

第二层：说理逻辑的清晰。

逻辑是说理的基石，观诸说理性写作，逻辑清晰表现主要有两种。

第一种是不混淆概念、转移（或扩大）话题。有一考题，材料是格蕾塔·通贝里在联合国气候变化大会上呐喊呼唤环保，要求考生就"呐喊重要还是行动重要"进行思考。一学生写道："我说的呐喊并不是喊空话，并不是假大空，而是通过身体力行让更多的人了解到我们所做的事情——环保。"材料中的呐喊就是呼吁，而作者的呐喊则偷换成"呼吁与付诸行动"。更突出的问题是，行文将材料中呼唤环保的呐喊与现实"为遏制社会上的不正之风、为拯救社会的善良呐喊"混淆在一起，将材料作文写成话题作文。这都是没有紧扣材料核心、未与材料紧密对话的现象，折射出思维的不清晰与不严谨。

第二种是理据具体实在。理据用以支撑论点，具有确证性、具体性与新颖性的理据富有张力。美国学者傅丹灵认为："美国小学三四年级就开始教育孩子要搞清楚材料从哪里来的，怎么运用。凡引用必有出处，一是尊重别人的知识产权，二是说明材料的真实性。这样才有权威性，才有说服力。"[6]学生往往缺失这方面的教育，其理据使用失误有四。

一是事例或引用，无具体出处，用"有人说""古人云""先贤道""某人曰"来代出处，甚或编造名言或故事。二是理据表达模糊，如"所幸，越来越多的人认识到充电的重要性。华为、中芯科学家们不断充电，重视芯片技术。中国女足吸取男足不充电的教训，通过科学且艰苦的训练赢得亚洲杯冠军"，科学家、女足具体怎样充电，文章并没写出，显得笼统、含糊、空洞。三是以想法代事实。"'事实'是公认的知识，而'想法'只是个人的看法。任何'想法'都不具有自动的正确性，必须经过证明。"[7]比如："科技的突破离不开国民的积极参与。西方国家科技的发展，就是人民参与而获取的。"第一句观点，第二句还是观点，是自己的想法，如何支撑观点？四是以象征、比喻的诗意语言"构建"理据。如"人要有责任意识。小小一叶扁舟之所以可以渡过大江，是因为它知道它有载客渡江的责任"。扁舟"有"责任意识，是个人的想象，这样的"理据"有规劝功用吗？

第三层：说理对象的清晰。

确定交流对象是写作的第一步。学生说理性写作没有与具体对象对话的意识。初中生大多采用三段式。比如《宽容》：宽容是一种睿智，能化解世上一切的矛盾、误会、能给人以美好的环境，美好的心情。宽容是一种修养，是对自己的人格与性情的冶炼，使自己的视野变得深远。宽容是一种格局，以自己博大的心胸，诠释着对国家的热爱与时代责任的守护。前两个分论点，对象为年龄贴近的学生群体，而第三个则为成年人。对象让人感觉不聚焦、不同一，读者会感觉写作随意、思维松散。可见，学生心里有明晰的交际对象（比如学生、社会民众、教育者等），文章才能不分散、凌乱，彰显说理的充分有力，也才能与读者进行贴近的深度对话。

需要注意的是，要实现语言、逻辑、说理对象的清晰，首先要做的是矫正写作态度。美国学者傅丹灵认为："我教过许多从大陆来的学生，他们写文章，说话最大的特点就是不单刀直入，喜欢绕弯子。喜欢随意拔高附会，缺少具体的例子与实证，凭自己的感觉，一开口就是口气好大。"[8]若有真诚的写作态度，就会审视读者的阅读心理、习惯等，就会努力让读者"看见"文章的思想与表达。这正如叶圣陶所说："真诚的作者写一篇文章，绝不是使花巧，玩公式，他的功力全在使情意与文字达到个完美的境界；换句话说，就是使情意圆融周至，毫无遗憾，而所用文字又恰正传达出那个情意。"[9]

第二，引导"外审视"："可见"读者知识背景与认知心理。

说理交流，意在让读者清晰领会自己的表达，以信服、接受自己观点。为防止读者思维被阻断，西村克己提出要有读者意识，以避免出现逻辑上的不连贯。他认为："如果对方不具备相应的背景意识，逻辑就会不连贯""如果读者不是专家，就要对专业术语进行解释"[10]。"要考虑读者的知识面和关心的重点，对文章层次进行界定"。[11]说理，也就是要"看见"读者的知识层面、兴趣区域与心理期待等。比如一学生用"三国时期，蜀汉后主刘禅受诸葛亮辅佐。虽有这样一位优秀的老师，刘禅却没有珍惜，面对诸葛亮一套又一套的治国理论，刘禅只是被动地执行着，从未思考过其原因、其细节、其要点以及不这么做的后果。最后在独自面对问题时自己不知所措和无从下手"，来佐证"过分依赖他人的帮助反而会缺失了独自解决问题的能力"。对刘禅故事不熟悉的读者，看到这样的模糊表达会觉得困惑。另外，对文中专业术语不做解释，对中心词不做概念界定，这样也把读者拒之门外。

美国学者徐贲道："说理之文（essay），它是作者写给别人看的，所以必须考虑到它的公共性，必须考虑到别人会要求提供什么论据，可能会有不同意见，如何才能说服他们。"[12]可见的写作，作者也要"看见"读者的心理与社会态度，促成与读者、社会对话的真实发生。这与图尔敏的论证思想契合。图尔敏认为论证由一个主张（claim）、资料（data）、正当理由（warrant）、支援（backing）、限定词（qualifier）和反驳（rebuttal）[13]六大部分组成。这里关注了证据理由（资料）、推理的依据（正当理由），尤其是设计限定的范围，消除自己"观点是否无条件限制"的疑惑，并不忘对他人质疑的辩驳（反驳），释解他人疑问。

事实上，这种说理的思维与态度，初中教材也有体现。课文《最苦与最乐》就不是封闭说理，而是演绎与读者的交流对话。开头提出观点（我说人生最苦的事，莫苦于身上背着一种未了的责任）并论证。接着进一步拓展分析：不独是对于一个人如此，就是对于家庭、对于社会、对于国家，都是如此。回看标题，扣住"责任"主题，从另一角度思考：翻过来看，什么事最快乐呢？自然责任完了，算是人生第一件乐事。最后，作者揣摩读者疑问：有人说："既然这苦是从负责任而生的，我若是将责任卸却，岂不是就永远没有苦了吗？"这却不然。责任是要解除了才没有，并不是卸了就没有。如此，围绕主题"责任"先写最苦，后写最乐，并设法消除读者疑问，脉络通畅，逻辑清晰。鉴于此，可以引导学生在写作时，自觉与读者的对话交流，比如以"理想"为题，可引导学生六步审辩追问：

步骤	方向	内容
第一步	确定对话对象	我交流对话的对象是什么？
第二步	厘清观念意义	我的"理想"的概念是什么？
第三步	寻绎支撑理由	什么样的理由支持我的观点？
第四步	审查理由品质	什么样的例子，能最有力地证明这些理由？
第五步	考察替代论证	交流对象会用什么样的理由来驳斥或削弱我的观点？
第六步	确定应对策略	对此，我该如何解释或辩驳而让对方信服？

这样，就养成对话思考的习惯，演绎陈述、反思、考察、矫正的批判性思维，也就实践"可见的写作"理念。

四、实践"可见的写作"理念的课堂支持

哈蒂认为"教师是'适应性学习专家'，知道学生在从新手到熟手的过程中所处的阶段，知道学生何时在、何时不在学习，知道他们下一步走到哪里，能够创设达成学习目标的课堂氛围"[14]。"可见的写作"要求教师在课堂教学中，关注学生的学习状态，构建学习支架与学生活动，让学生实现"可见的写作"。

第一是搭建反思支架。哈蒂指出："我们需要发展一种关于我们正在做什么、我们要去哪里，我们怎样到达那里的觉知；我们要知道在手足无措的时候应该做什么。这样的自我调节或元认知技能是所有学习的最终目标之一。它们就是我们所说的'终身学习'，就是我们希望

'学生成为自己的老师'的原因。"[15]指导学生阅读，也就要引导学生运用元认知技能，实现自我监控，这可从语言和思维这两个维度搭建支架。

维度	支架	目的
语言	我这样的表达清晰吗？会不会产生困惑？别人是如何表达的？合理吗？	反思语言表达。
思维	对这个问题，思考的起点是什么？这个起点依据是什么？过程合乎认知规律吗？思考逻辑严谨吗？	反思思维过程的起点、过程的合理性与思考逻辑。

第二是搭建评审支架。"同行评审就是对朋友的作文或发表的内容，互相批评、交换意见。"[16]让自己"看见"读者的困惑，修改自己的表达，严谨或深化自己的思想。但老师要搭建评审支架，引导学生提出有价值的意见与修改建议，以提高评审效率。比如：

层面	评审支架
思维层	1. 观点是否清晰；2. 依据是否可靠；3. 分析是否到位；4. 句子关系是否连贯缜密。
思想层	1. 是否源自真实客观的思考；2. 是否基于全面的思考。3. 是否冷静理性，带有情绪。
语言层	1. 语言是否含糊或有歧义；2. 是否有多余的字或句子；3. 是否得体。

这样，学生有了明晰具体的相互评审的要求，评审就不会茫然、混乱，就有针对性与实效性。

说理性写作关乎未来思想的表达，关乎未来的学习与发展。但对于说理性写作，初中教师研究不多，往往处于茫然状态。借鉴可见的学习的理论，形成"可见的写作"的理念，让教师明确引导说理性写作的起点，找到凸显写作关键能力的支点。

注释:

［1］［14］［15］约翰·哈蒂著．可见的学习——最大限度地促进学习［M］．金莺莲，洪超，斐新宁，译．北京：教育科学出版社，2015.

［2］叶黎明．写作教学内容新论［M］．上海：上海教育出版社，2012：118.

［3］［4］董毓．批判性思维原理和方法——走向新的认知和实践［M］．北京：高等教育出版社，2010.

［5］［10］［11］西村克己．逻辑思考力［M］．邢舒睿译．北京：北京联合出版社，2016.

［6］曹勇军、傅丹灵．中美写作教学对话十五讲［M］．上海：上海教育出版社，2018：158.

［7］徐贲．说理教育从小学开始［N］．南方周末，2009—4—30（2）.

［8］曹勇军、傅丹灵著．中美写作教学对话十五讲［M］．上海教育出版社，2018：91.

［9］叶圣陶．叶圣陶语文教育论集［M］．北京：教育科学出版，2008：071—072.

［12］徐贲．明亮的对话——公共说理十八讲［M］．北京：中信出版社，2014：18.

［13］杨宁芳．图尔敏论证逻辑思想研究［M］．北京：人民出版社，2012：67.

［16］狩野未希．哈佛的6堂独立思考课［M］．陈娴若，译，南昌：江西人民出版社，2014：130.

说理性写作：教学理念转向与教师作为

——基于西村克己"逻辑思考力"的借鉴

摘要：逻辑是说理的基石。当下中学语文教学中忽视逻辑教育，也忽视逻辑在说理表达中的关键地位，以致学生说理表达乏力。日本学者西村克己思考日本人逻辑思考力缺失的表现，为此提出培育方法，借鉴其说理理念与培育逻辑思考力的方法，矫正与发展我们学生的说理思维，培育思维的逻辑性，有其现实的迫切性。

我们自古对逻辑思维并不重视。葛兆光认为："古代中国人并不是很善于推究现象之下的深层道理，也并不是非常习惯于用细致的纯粹的逻辑进行分析。西方的阿奎那（Thomas Aquinas）在证明上帝存在的时候，用层层推进的五层逻辑即圣托马斯五路来推论，这样的事情在中国是很少有的。"[1]因此，我基础教育的语文教师忽视对学生的逻辑教育，学生的思考与表达缺失逻辑性的现象常见。西村克己是日本逻辑思考大师，芝浦工业大学研究生院客座教授，专攻逻辑思考、战略思维、经营战略、技术经营等。他为引导培育日本国人逻辑思考力而著的《逻辑思考力》，2016 年在我国出版后，至 2020 年 10 月已经印刷 13 次。西村克己的研究，为今天基础教育说理写作的教学提供了很好的鉴示。

一、对比反思：学生写作没有逻辑思考力的表现

西村克己在书中归纳了没有逻辑思考力的表现，我们学生的写作中也有相应表现。

（一）思维碎片化

西村克己认为[2]："所谓有逻辑，及时建立逻辑结构，从而得出结论，使结论的正当性有理可据。"跳跃式思考就是"说话的论据时常出现跳跃，语言不连贯""'不想让对方明白自己的意思'。"这表现在语言的不连贯上。中学作文中常见，如："孩子不懂事，总是自以为是。未来的路会指向何方？这种担忧可能是多余的。随着社会的发展，人们的思想观念也不停地在改变。50年前的人们奉行'平均主义'，50年后的我们遵行按劳分配；因此，将孩子懂不懂事作为衡量其未来的标准显然已跟不上时代。"这段话实际上，是指出"家长的担忧是错误的"。学生"人们的思想观念也不停地在改变"，没有回答为什么不能担忧"孩子不懂事，总是自以为是"；文中"人们观点的变化"也是大人而非孩子同年龄人的变化，说服力有限。

思维的碎片化更多的是表现思维的跳跃，这主要表现为两种现象。一是外延扩大，首先将材料作文写成话题作文。比如材料是"球王贝利说最好的一个球是下一个"。一学生拟题为"不满现状，卓越人生"为题，将对材料中的"不满足优异成绩的现状"扩大为"不满足优异或落后的现状"，这是外延的扩大。其次是偷换概念，比如：个人塑健康之体魄亦对社会有着长远影响。哲学家维特根斯坦说："改善社会最有效的方式就是提升自己。"前者是塑健康之体魄的提升，后者是能力认知、知识的提升。学生说理写作中没有概念界定的意识，教师要引起注意。

（二）说理情绪化

西村克己认为："个人情感越强烈，越容易对论据和事实产生不正确的认识，并且感情过于激动，就容易草率地得出结论（主张），论据

就越没有连贯性。"[3]列举了四种表现：直接就接受对方观点；歪曲事实，展开自认为正确的论证；感情激动、不够冷静，会使语言不连贯；引用典故或名人名言论证自己的主张（只说对自己有利的话）。

说理没有平和理性的态度，依自己的强烈情绪选择材料、语言等。这点在学生说理表达时，引用典故或名人名言论证自己主张中表现最明显。一是选取只有利于自己的观点。比如有学生反对学古文，就以鲁迅《古书与白话》中说"古文已经死掉了"为例，不考虑鲁迅此说的特殊语境——鲁迅认为"文言文艰涩，繁复，对大多数人不友好，阻碍了新思想传播"。再说，鲁迅喜爱文言，其文言功底甚好，此从《中国小说史略》《怀旧》等可见。作者不是一定不知道，只是因为对古文拒绝的情绪，而选取有利自己的观点。二是选择性失明，只选择能佐证自己观点的事例。比如一学生写"不畏挫折就会成功"，就用司马迁含垢忍辱忍受腐刑、爱迪生先后实验 6000 多种材料选择、马云复读三年才考取大学等事例。学生没有界定"成功"的概念，没有分析成功需要的条件、因素，更没思考不畏挫折仍旧失败的案例，只选用了符合自己观点的案例。这样的用心和简单枚举的例证，如何经得起读者推敲？学生说理中，还有一种情感过度介入演绎、说理情绪化的现象，西村克己没有提及。这是非理性的非黑即白的二元思维：欣赏你，你就完全正确；否定你，你则一无是处。

（三）理据泡沫化

西村克己认为[4]："如果论据不清晰，就不能说具有逻辑""有逻辑的主张，是用逻辑武装自己，论据明确可信"。为此，他提出交流时要考虑"是否在说话时向对方展示了客观的证据与合理的主张"。他对论据的要求严苛："即使论据清晰可信，如果论据附带的事实和数据不清楚，也得不出正确的结论。使论据附带的事实和相关数据具有可信度是非常必要的。"[5]

理据泡沫化，就是论据苍白空洞。审视学生作文，一是表现为理据模糊。表现为两种现象：首先是语言漂浮。有的用散文诗的语言如

"他仰望苍穹，脚踏实地，执着耕耘自己的事业"作为"论据"，更有的是没有对关键词句作具体描述，如："'无信'带来的惨痛后果在历史的长河中比比皆是。商纣王为了博美人一笑，用烽火戏诸侯，最后失了信，亡了国；楚怀王失信，失去了一代贤臣屈原，后国家也遭受灭亡。"商纣王、楚怀王如何失信，作者没有具体交代，读者无法感受支撑观点的张力。其次是理据不标示具体出处，甚至臆造论据。美国学者傅丹灵认为："美国小学三四年级就开始教育孩子要搞清楚材料从哪里来的，怎么运用。凡引用必有出处，一是尊重别人的知识产权，二是说明材料的真实性。这样才有权威性，才有说服力。"[6]可我们教师与学生往往都没有这样的意识。

二是以想法代替事实。"'事实'是公认的知识，而'想法'只是个人的看法。任何'想法'都不具有自动的正确性，必须经过证明。"[7]学生说理中，以想法代替事实的说理常见。比如："值得欣喜的是，越来越多的人意识到了充电的重要性。频繁的充电促使他们不断地学习新知识，提高了生命的价值。他们意识到社会的竞争，而他们学习充电的成果开阔了他们的视野，拒绝了安逸的生活。"文中，他们"不断地学习新知识"，充电开阔了视野等，都属于没有事实依据支撑的"想法"，这就是说理苍白的表现，逻辑是建立在事实基础上的。学生这样写，即没有现实材料而凭空想象。

二、写作教学理念：引导学生实现三个维度转向

西村克己提出培育逻辑思考力的诸多方法，说理写作可从三个维度获得教学理念的借鉴。

（一）视域维度：从平面视域向立体视域转向

这表现为拒绝碎片的视域，将水平思考与垂直思考结合起来。西村克己认为："所谓水平思考，就是对事物的整体做浅层的分析；所谓垂直思考，就是对特定的部分进行有深度的分析。"[8]"水平思考可以帮助我们看到实物的整体，然后找到重要的部分。进行重要性的排列，

一旦确定重要的点，就可以运用垂直思考了。"[9] 我们学生在理由、问题原因、解决策略等分析中，往往只有垂直分析。比如分析为什么今天不愿意守护诚信，就分析原因：一是个人原因，是人们担心老实人吃亏；二是家长、学校原因，没有呵护老实人的意识。这样分析是简单平面的。我们在教学中，当引导矫正。我们先引导学生从水平思考，分析诚信缺失原因，有个人贪小便宜的原因，也有惧怕吃亏的因素；有社会的原因，社会上不诚信者获利的影响，也有诚信者遭遇欺诈的现象；还有文化的原因，我们文化糟粕中有笑贫不笑娼的功利低俗文化。水平思考后，就要选定最关键的点作垂直思考。比如就个人原因与文化原因做深入的关联分析，而不是随便选两三个碎片的无关联的分析。

另一方面，将水平与垂直思考结合起来，要引导学生运用 MECE（Mutually Exclusive Collectively Exhaustive，没有遗漏和重复的状态）对事物整体进行把握，这样"可以使对事物整体的认识逻辑化，并且理顺整体和部分的关系，有一个体系上的把握。"[10] 观诸中学生说理习作，最不能看见学生思想的地方就是结尾：不见具体解决问题的方法，一般就是呼吁、期待，有的干脆就是总结，寥寥几句，草率收束或花拳绣腿，云里雾里。如果能对解决问题的对策进行思考实现"MECE"，就会提出具体现实的方案。如为避免"民工为让患病妻子活下去而私刻公章骗钱"现象，提出具体对策：规范制度，鼓励社会力量，同时政府加大引导构建不断完善的辅助绿色通道，百姓才能真正做到"鳏寡孤独废疾者有养也"。而今我们的医疗制度已经悄然发生了变化，有病先治而不是先缴押金，突出了医者仁心的原则。城乡合作医疗措施的出现让百姓更加安心。这样的对策，不遗漏也不重叠，对策间形成了缜密的逻辑关系。这方面的引导，作文教学要有足够的重视，要让学生的表达"中理也中用"。

（二）思想维度：从情绪性向思辨性转向

情绪性表达，缺失冷静理性的思考，说理也就缺失逻辑与张力。

故而作文教学要引导学生实现从情绪性转向思辨性的审思与表达。康德认为："与普通人不同，哲学家由逻辑思考抵达事物的核心与秘密，思辨具有犹如上帝俯视世界一切的智慧。"[11]分析西村克己逻辑思考的策略，可以看出追求思辨的品质。

要有思辨性，有理性的审思。首先是避免预设的、情绪化的思考；其次就要有探究的意识。西村克己认为："多问'为什么''why'，是提高逻辑思考力的关键。我们所面对的问题，总是有许多因素交织在一起的，这些蒙蔽我们的双眼，使我们看事物表面化，只有探究事物内部的原因，才能发现事物的本质。"[12]学生说理中，一般是对自己理由的阐释，但鲜有对下面两个原因的分析，教学中当有清醒的认识。一是对问题原因的分析。比如"莫让一叶障明眸"为题，学生往往就会写被眼睛欺骗祸害无穷：因为信任，所以缺少防备，缺少"灾难"的天敌，后果可想而知；当人类被眼前景象蒙骗时，头脑不再清醒，行为再不理智。没有探讨"人类是聪明的，明眸是雪亮的，怎么这么容易被假象所欺骗呢"。二是对对手驳己观点的理由分析。美国学者徐贲认为"说理之文"（essay），它是作者写给别人看的，所以必须考虑到它的公共性，必须考虑到别人会要求提供什么论据，可能会有不同意见，如何才能说服他们"[13]。对手意识，西村克己没有意识到，这是一个缺憾，我们的学生大多也没有。比如呼唤学生要有好奇心，学生就写"它可以引人探究复杂的未知领域，可以引人创造充满生命力的新鲜事物"。但仅此还不够，还得思考别人还会怎样驳斥我的观点。比如，有人质疑：好奇会导致分心或执着，导致迷失自我。比如，古代西方神学兴盛，人们对于神的好奇驱使其在探索神的道路上往而难返。这样演绎对对手质疑的思考，思考就走向深入，说理就缜密而合乎逻辑。此外，西村克己提出要用"is/is not"来思考，用两个不同事物或者正相反的事物进行比较。这样对比思辨，我们教师关注度高，在此不加赘述。

（三）思维维度：从泡沫化向缜密化转向

作文教学中，引导学生反思自己思维的碎片化、松散的泡沫化，当借鉴西村克己三角逻辑的概念[14]（见下图），让理据关联严谨，彰显思维的缜密。

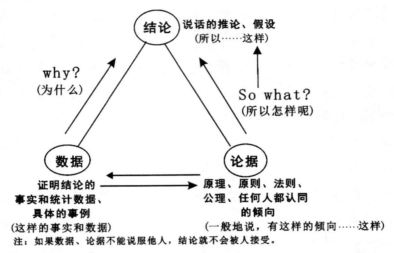

注：如果数据、论据不能说服他人，结论就不会被人接受。

对照这个三角逻辑的关系与定义，可看出我们中学教师的理解与西村克己有两个不同。一是我们的"论据"是指事例、名言，相当于西村克己的"数据"；二是我们学生大多就是"观点＋事例"来演绎说理，中间缺失原理、原则、法则等的分析。

思维演绎的缜密，另一体现是让读者在阅读中感受到表述的缜密流畅。为防止读者思维被阻断，西村克己提出注意不要出现逻辑上的不连贯，要有读者意识，他认为："如果对方不具备相应的背景意识，逻辑就会不连贯""如果读者不是专家，就要对专业术语进行解释"[15]。于是"要考虑读者的知识面和关心的重点，对文章层次进行界定"[16]。受此启发，《为了看阳光，我来到这世上》，可以引导学生这样演绎思路：

1. 巴尔蒙特说：为了看阳光，我来到这世上。2. 富翁认为成功与财富密切相关。事实上，成功与财富有关系，但不是唯一的关系，成功与心态有关。3. 为什么成功与心态有关？①每个人对成功有不同的理解，但只要感觉内心阳光，都是有意义的。②一个被财富绑架的"成功"，其内心的成功感会随物质的增减而起伏。4. 为什么很多人不认同巴尔蒙特的人生观。①个人原因，②社会原因。5. 有人说：这不是现代社会拒绝的佛系吗？答案：不是的。追求事业成就的同时，追求内心的阳光。6. 结论：带着阳光心态追寻自己的事业。

这样，分析了富翁成功概念的错误，揣摩读者的疑问（第4点与第5点），就消解了读者疑惑，读者就能感受到说理有逻辑的自洽，信服自己的观点。今天的学生往往封闭性说理，没有揣摩分析读者的心理、认知等。这样，读者思维容易被阻断，文章的逻辑演绎难以连贯。

三、教师作为：从两个层面实现写作教学理念的转向

课堂是教学的主阵地，教师当依此探索实现写作教学理念转向的策略，这可从如下两个层面探索。

（一）课程设计

没有课程就无法落实教学，也就无法整体有序地引导培育学生的逻辑思考力。借鉴西村克己的培育思想与策略培育，可在初中三年合理设计课程：

年级	目的	课程
七年级	训练观点的严谨	1. 观点基于材料；2. 观点基于水平思考与垂直思考；3. 观点间形成结构关系。
八年级	训练论证的严谨	1. 论据的确证；2. 论据的多元性；3. 区分事实与想法；4. 三角逻辑法；5. 对手辩驳。
九年级	训练说理语言	1. 语言表达的清晰；2. 段内语链的清晰；3. 文章逻辑的清晰；4. 语言符合说理交际语境。

这些课程要在课堂教学中落实。现在教材中没有这种规划，每学期可安排三四节课作专门训练，阅读教学也可根据教材特点有意识地引导学生进行。学生训练后，教师还要当面评价，对表达中重叠、交叉、模糊的观点或材料予以矫正修改。这样，学生渐渐就有逻辑思维的自觉。

（二）教学作为

教学层面表现为教学设计与过程。教学设计中，是在学生作文课时不多的背景下，按照逻辑思维的主要要素，如演绎推理、判断、区分想法与事实等来设计课程，掌握逻辑思维的关键能力。教学过程中，在指出学生逻辑的思维与语言外，还要提供两个支架，一个是内审视支架。引导也就要引导学生运用元认知技能，实现自我监控，这可从三个维度搭建支架。

维度	支架	目的
语言	我这样的表达清晰吗？读者会不会还有困惑？别人是如何表达的？合理吗？	反思语言表达
思维	对这个问题，思考的起点是什么？这个起点依据是什么？过程合乎认知规律吗？思考逻辑严谨吗？	反思思维过程的起点、过程的合理性与思考逻辑
思想	我的思考是否先入为主？是在全面客观的基础上思考的？	反思自己态度与思想

二是同行评审中的互审支架。"同行评审就是对朋友的作文或发表的内容，互相批评、交换意见。"[17]但教师要让学生学会评审，以提高时间效率。这首先要求学生有端正的态度：既要平和而不带有情绪，也要能尊重他人的意见，并包容不同看法。其次要提供支架，让学生有评审的方向。比如：

域名	评审支架
思维域	1.观点是否清晰；2.依据是否可靠；3.分析是否到位；4.句子关系是否连贯缜密。
思想域	1.是否源自真实客观的思考；2.是否基于全面的思考；3.观点是否理性，是否带有情绪。
语言域	1.语言是否含糊或有歧义；2.是否有多余的字或句子；3.是否得体。

这样，学生有了明晰具体的相互评审的要求，评审就不会茫然、

混乱，就有针对性与实效性。教师要引导学生关注学习逻辑的文化氛围，可组织对话活动，引导学生学会倾听，学会坦诚地提出自己的困惑与修改意见，让学生互评、质疑，一起修改矫正，这样让读者清晰读懂文章，让自己"看见"读者的困惑。

当下的中学说理写作，基本属于混乱茫然的状态。既无写作教材，也无可参考的经典课文；也无认可的说理写作权威理论，以致语文教师都是按照自己理解的写作要求，来指导教学。也正因此，每年高考公布的范文，选择标准都不一样。詹姆士·A. 霍金和安德森·W. 哈特写道："议论文是以逻辑为基石，以证据为结构，以说服读者接受观点或支持行动或者两者有之的写作意图的文章。"[18] 可见，说理写作的教学中，借鉴西村克己关于说理逻辑的研究，探讨回归说理逻辑的写作教学策略，有其现实的迫切性。

注释：

［1］葛兆光．古代中国文化讲义［M］．上海：复旦大学出版社，2006：201.

［2］［3］［4］［5］［8］［9］［10］［12］［14］［15］［16］西村克己．逻辑思考力［M］．邢舒睿译．北京：北京联合出版社，2016.

［6］曹勇军、傅丹灵．中美写作教学对话十五讲［M］．上海：上海教育出版社，2018：158.

［7］徐贲．说理教育从小学开始［N］．南方周末，2009—4—30（2）．

［11］小川仁志著，郑晓兰译．完全解读哲学用语事典［M］．武汉：华中科技大学出版社，2016：185.

［13］徐贲著．明亮的对话——公共说理十八讲［M］．北京：中信出版社，2014：18.

［17］狩野未希．哈佛的6堂独立思考课［M］．陈娴若，译，南昌：江西人民出版社，2014：130.

［18］叶黎明．写作教学内容新论［M］．上海：上海教育出版社，2012：118.

审思：作文教学过程的基本环节

——从美国一次感谢信写作教学谈起

摘要：美国写感谢信的教学过程分为创设情景、预写、起草、修改、呈现与发表五个环节，我们可从异域教育中感悟我们常忽视的环节，从中获取借鉴与启思。但我们不能简单复制，我们亦当思考美国教学过程缺失的"元素"，提出切合中国课堂实际教学的基本环节，改变我们中学作文教学现状，提升作文课堂的教学效率。

国家级教师教育精品资源共享课配套教材《中学语文教学设计》[1]介绍了美国"写感谢信"的教学过程：

第一天（创设情景）

1. 讨论：谁帮助过你？为你做过一件什么好事情？写一封感谢信表达自己的谢意。

2. 头脑风暴：回忆自己受过谁的帮助。

3. 确定自己要感谢的人和事情，和同学们讨论自己的感谢信是否符合实际，是否真诚。

第二天（预写）

1. 交流汇报自己准备写信的对象和具体事情。

2. 把自己写信的动机、目的明确地写出来，组织好语言，让别人理解你的意思。

3. 明确感谢信的格式，如第一句怎么开头。

第三天（起草）

1. 提示：写感谢信的语言要口语化，态度要友好，感情要真诚。

2. 明确感谢信的框架格式。

3. 写感谢信的初稿。

第四天（对照检查单修改）

1. 书写是否正确。

2. 是否扣住写信的目的。

3. 写感谢信的原因是否清楚。

4. 是否有签名、日期等。

第五天（呈现与发表）

1. 通读自己的感谢信。

2. 运用电脑，编辑并打印出来。

3. 发表自己的感谢信。

思考一：美国作文教学过程，有哪些值得我们关注的环节

环节一：情景创设

美国教学过程一开始，就让学生思考自己生活的真实情景：谁帮助过你？为你做过一件什么好事情？写一封感谢信表达自己的谢意。如此情景引导下的写作，就有明晰的交流对象，就能展现真实，让学生"心底里自动而自然地涌出"，从而实现钱理群先生所期待的"良好的写作状态"："学生不仅感觉到有许多东西（感觉、感悟、故事、景观、形象、思想、看法等）要表达，从而产生强烈的写作欲望，而且打开了表达的思路，对如何表达有了或者明确，或者朦胧的感觉，处

在这样一种积极而活跃的状态中。"[2]

　　事实上，我们的写作教学基本忽视对真实情景的引导，这一点从我们的两种常见作文命题中可见一斑。一种是命题和半命题作文，如某中考题：

　　　　作文题二选一。①命题作文：做一次最好的自己。要求：记叙文。②半命题作文：诚可贵。文体不限。

　　另一种是材料作文，如某中考作文命题：

　　　　站点，既是匆匆而过的憩息处，也是暂时的落脚点；既是旧旅行的终点，又是新旅程的起点……人生就是这样，一个又一个的站点组成了一个人生命的完整链条。
　　　　以上文字给你什么样的联想或感悟？请以"每个站点都有风景"为题，写一篇记叙文或议论文。

　　第一种，没有任何提示，看似给学生广阔的写作空间，但因为没有真实情景的引导，学生难以唤醒情感体验。而第二种是封闭的，学生只能写"每个站点都有风景"，也正因立意的封闭，话语的限域，学生很难找到自己的真实情景。如此也就难以写出感动自己、感动他人的优秀之作，亦制约了学生真实的表达能力。
　　真实情景应该是贴近学生生活，贴近学生心灵，能唤起学生的体验和回忆的。2015 年 10 月 18 日，笔者在台湾一女子高中观摩作文课，庄桂芬老师布置了如下写作任务：

　　　　生活中有许多衣服，如运动服、礼服、制服、休闲服、家居服、洋装、西装、嬉皮装等，这些衣服用途各异，形式也琳琅满目。是不是有一件衣服，让你很喜欢穿它？或者有一件衣服，使你很讨厌？又或者，你心里藏着一袭你不曾穿过却很想拥有的服装？又或者，你一直不曾忘记那一件已经丢掉却别具意义的服装？请以"衣服"为题，述说在你的生活经验中，衣服与你之间的故事。

此导语材料的情景设置，就是引导学生再现"穿衣服"的真切体验，学生阅之心即有动，容易进入"良好的写作状态"。求诸教学实践，真实情景有两种：一是可以引发真切体验，触及心灵的情景；二是教师提供的活动情景。因此，我们在布置写作任务前，切忌随便给学生以一个命题、半命题，或是给学生大而空、难以触及学生灵魂的引导性材料或话语，而应当创设真实情景，唤醒学生的情感体验，使其写就真实鲜活的作文。

环节二：互动交流

美国的教学过程中，第二天的预写指向"交流"的两项工作：交流汇报自己准备写信的对象和具体事情；把自己写信的动机、目的明确地写出来，组织好语言，让别人理解你的意思。这为后面第五天的交流（"发表自己的感谢信"）提供了一个实在的依据。

事实上，我们更应当思考：此交流价值何在？

此交流的价值就在于体现美国"交际写作教学"的理念。美国《英语语言艺术标准》明确提出："语言艺术教育的主要目标是确保学生掌握向家人、所在的社区乃至国家表达他们需要的能力。"[3]"交际写作教学认为写作是一项有目的的活动，它的目的可以是找工作、与朋友联系，甚至是投诉，这些目的的实现是以作者和读者建立成功交际为基础的。整个写作的过程也是交际的过程。"[4]如此在美国写作课堂上，学生与同学互动交流，就是在建立作者和读者关系，就是发现自己表达与内容选择中存在的问题，继而最大限度地完成写作的交流任务。

我们的作文课堂上似乎也有交流，但往往只是优秀作文或不足之文的个别展示，然后评价。这有值得肯定之处，但仅此还不够。我们从美国教学过程中感悟到的是"其一",同桌或小组之间要多交流,交换各自文章,看同学是否理解文章的表达,看同学是否提出问题。其二,让学生的作文发表出来,让学生在课余发现作文的亮点与不足。如此作文课才真正彰显实效。值得提出的是,此之"其二",在我们的调查中发现,我们语文老师做得最不好,甚至意识阙如。

环节三:矫正修改

我们的中学作文教学流程一般是"作文布置+老师批改+老师点评"。在这三个环节中,老师批改是最无效的。因为人数多,老师确实无法认真细致地批改,只能三言两语点示错误或亮点,学生看罢,依然一脸茫然。很多老师发现这个问题,提出"面批"一说,但理想很美好,现实很骨感,一学期能"面批"一次就不错了。两个教学班,每班40多人,如何做到?

教学实践发现,写作的进步与写作的次数并无直接的关系,如果没有对错误的发现,没有矫正的努力,文章错误依然存在,多写几篇与少写几篇,结果几乎是一样的。很多老师似乎深谙此道,于是也注重学生作文的自我修改。但学生往往不知何处需要修改,更不知如何修改,于是往往也就修改一下句子,可见其效甚微。这也就告诉我们,在引导学生自我修改作文时要有一个具体可行的抓手。美国教学过程的第四天(修改)就明晰了学生修改的抓手:书写是否正确;是否扣住写信的目的;写感谢信的原因是否清楚;是否有签名、日期等。如此修改就有明晰的方向。这给我们的作文教学以启示:要让学生自我矫正、自我修改,当让学生知其修改之处,把握修改之法,而非让学生昏昏然而"改"之。

有老师可能会问:这样的教学过程,我们可以复制吗?答案是否定的,原因有二。一是时间难以落地。五天时间跨度太大,冲淡了学生作文的热情。二是教师功能阙如。美国课堂对学生作文错误的关注与矫正只是在学生的层面上进行。学生的水平与视野等毕竟有限,没有老师专业的引领,学生作文水平能得到实在的提高吗?

思考二：作文教学过程应具有哪些基本环节

环节一：情景创设

时下常见两种布置作文的方式：一是随意出示一个题目，让学生联想自己的生活与体验。二是故弄玄虚，给学生一个大而空的背景材料，美其名曰"材料引导"。我们当贴近学生生活与心灵，引导学生"心底流泉"，再现真切的情感体验。请看 2017 年南充市中考作文题：

> "我们今天是桃李芬芳，明天是社会的栋梁。"毕业在即，回首往事，每一段历程，我们的身旁总是有亲人、朋友、老师相随。忘不了他们悉心的呵护，忘不了他们亲切的叮嘱，更忘不了他们期待的眼神……
>
> 请以"期待的眼神"为题写一篇文章。

以"期待的眼神"为题，任务单一，指向清晰，防止了套作，凸显了考试功能。更重要的是，"毕业在即，回首往事"的真实情景容易激发学生情感的共鸣，诱发炽热的情感流泄，促成学生畅适与鲜活的言语表达。

环节二：交流互动

我们在课堂中当引导学生学会交流自己的文章，在交流倾听中思考自己的表达是否到位，自己的内容是否能打动或吸引对方，并在对方的表情与回答的审思中发现问题。在交流中，关注点分三个等级（见下表），我们让学生往高级三步进行，学生也就有路可循。

级别	关注点
低级	错别字，病句
中级	①材料是否真实；②表达是否清晰；③是否扣题
高级	①是否有自己的材料；②主题是否脱俗；③表达是否富有创意；④语言是否优美

环节三：批评矫正

叶圣陶先生道："上课做什么呢？在学生，是报告和讨论，再是一味听讲；在教师，是指导和订正，不再是一味讲解。"在现代课堂中我们鼓励学生自我展示与评价但不可放弃教师"指导和订正"之功，而教师的批评就是"指导和订正"的演绎。

观察教学实践，我们会发现批评的意义是具有专业素养、阅历丰富的老师在更高层面上指出学生的问题并提出修改方向以消除学生写作表达上的盲点与误区。须知将课堂完全交给学生，不是对学生的信任，而是对教师责任的放弃；不矫正学生错误、不廓清学生写作迷雾的老师不是"和蔼""呵护"，而是对责任的推卸或是教学底蕴的缺失。

为此我们当关注并完成"两步"：第一步，点示写作盲点与误区，提出修改方向；第二步，对学生修改的文章再次审视，甚至再做一次修改，直至错误规避，亮点凸显。

环节四：著作引领

批评环节是对学生错误的矫正，而引领是让学生跳出自己的写作视野，感受更高层次的言语形式之美，发现自己的差距。引领功能的演绎有二：一是选出本班或其他班级优秀之作，让学生近距离发现同龄人写作的不同表达，获得写作的启示；二是精选作家或老师的下水作文，以其更成熟的思想、更广阔的视野，展示给学生努力的方向。此诚如陈日亮先生所期："我因此希望能看到这样一本书，就是把教师和学生一起写的作文，特别是同题作文，编成集子出版。那一定要比单是出学生优秀作文汇编不仅更有指导作文教学的价值，而且也有助于提高语文教师的专业素养。"[5]

故而，就写感谢信的教学过程，我的设计如下表所示。

步骤	阶段	教学过程
第一步	准备阶段	1. 讨论谁帮助过你，为你做过一件什么好事情，写一封感谢信表达自己的谢意。
		2. 确定自己要感谢的人和事情，和同学们汇报自己准备写信的对象和具体事情，讨论自己的感谢信是否符合实际，是否真诚。
		3. 了解感谢信的格式。
第二步	起草与引领阶段	1. 初写感谢信。
		2. 对照检查单，修改：①书写是否正确；②是否扣住写信的目的；③写信的原因是否清楚；④是否有签名、日期等。
		3. 在课堂上展示交流，老师与学生一起指出作文问题与亮点，提出修改方向。
		4. 学生再次修改，发表自己的感谢信。
		5. 发表感谢信：①本班与他班的优秀之作；②老师或报刊之作。

如此，能凸显教师批评功能，发现同学未发现的错误，进而更高层次地矫正自己的错误，提升自己的习作水平；也能凸显教师的引领功能，让学生看到自己与本班同学或外班同学作文的差距，进而使其明确更高的努力方向；还能撞击学生心灵，学生亦将在矫正与眺望中不断前行。

陈日亮先生说："我认同一种说法，即'对话式讲授'。澳大利亚学者迈特卡夫和吉姆说过：'当学生呼唤教师进行更正式的信息讲授的时候，该讲授本身就是展开对话的时刻。''对话'，意味着心目中有学生，有尊重与满足学生主体的期待与需求。"今天，我们在作文教学过程中当心目中有学生，关注学生的真实情景，唤起学生的情感体验，倡导"对话式讲授"，引导学生对话交流，批评与矫正学生的错误，开启学生的写作智慧。诚能如此，则为学生之幸，社会之幸。

注释：

［1］靳彤．中学语文教学设计［M］．北京：高等教育出版社，2016．

［2］钱理群．对话与发现：中小学写作教育断想［J］．教师之友，2003（2）．

［3］美国国际阅读协会，全国英语教师理事会．英语语言艺术标准［s］．1996．

［4］水小琴．美国写作教学的价值取向．特点及启示［J］．浙江教育学院学报，2008（6）．

［5］陈日亮，石修银．风吹过，听听先行者的声音：陈日亮就中学作文教学答问［J］．语文教学通讯，2017（2A）．

真实情境写作与积极主动的言语实践

——从中美作文对比谈起

摘要： 学生无法实现真实情境写作，无法在作文中表现鲜活的生命意态，源自教师作文理念与评价标准的错误。如此，带来的不只是学生写作的虚假与人格的虚伪，更是阅读价值的流失与思辨意识的缺失。为此，我们当审思当今作文教学存在的问题，探寻演绎真实情境写作与实现积极主动言语实践的策略，为学生的写作负责，更为学生的未来负责。

一、中美作文对比令人深思

《阅读与作文》2015 年 5 期推出了两篇以"珍惜"为题的文章[1]，对比如下：

同是初中生，中国学生以抒情的笔调，表达对人们学会珍惜的期待，但选择的生活场景缺乏具体独特的生活真实，不见作者真实的思想与真诚的情感。文章除了让人感觉语言优美外，没有其他感染力。美国学生则通过审思自己生活中的矛盾关系，体会珍惜的重要，这是真实情境的写作，容易引起读者的共鸣。

其实，学生的文章苍白浮华，源自作文指导的失误：老师喜欢歌颂的话语，喜欢正能量的共性声音，而对内容是否真实、情感是否真诚等不甚关注。这必将导致华而不实的写作，无益于学生思维的发展提升与真诚人格的塑造，更无益于学生未来的发展。

中国学生	美国学生
在家庭中，半夜学习之余，一杯送进屋中的白开水，是一种亲情的流露；遇到挫折，在背后为自己默默祝福鼓励的，是亲情的泉水；成功时，为自己拍手喝彩的，也是一种亲情的感动。 在生活中，服务员的一声"欢迎光临"，列车员的一声"祝你平安"，老师的一声"下次努力"，字里行间蕴含着关怀、爱心与不懈的守候。 每个人都有很多值得珍惜的东西，又何须在欲望的歧途中苦苦求得恩宠？懂得珍惜的人才能得到更多，贪婪地索取只会带来永无止境的欲望，让珍惜进入灵魂，让它伴随你一道走上人生的旅途，在珍惜的陪伴下享受生活，享受生命。	只有在灯光昏暗的时候，你知道自己需要光亮；只有在梦想离去的时候，你明白自己热爱它；只有在下雪的时候，你怀念太阳；只有在迷路的时候，你讨厌眼前的路口。 盯着你的眼睛，希望有一天你会最终实现你的梦想，但是梦想来得很慢却消失得很快。当你闭上眼睛，你会看到你的梦想，或许有一天你会明白为什么，任何事情抓到手就会窒息。

"语文核心素养是学生在积极主动的语言实践活动中构建起来、在真实的语言运用情境中表现出来的个体言语经验和言语品质。"[2]学生无法演绎积极主动的语言实践，无法进入真实的语言运用情境，自然也就无法涵育写作素养。真实情境写作是"在真实世界中写作、在真实学习中写作、在具体的应用中写作"[3]。今天，学生作文背离生活情境的真实，察言观色地虚假演绎，又如何能构建自己的个体言语经验和言语品质？

二、为什么不见学生真实情境的写作

是课标不引导吗？答案是否定的。新课标说："语文课程是一门学习语言文字运用的综合性、实践性课程。义务教育阶段的语文课程，应使学生初步学会运用祖国语言文字进行交流沟通。"这明确规定了语文学习的目的（运用文字进行交流），明确指出了写作的交际性。其"课程目标与内容"更明确指出："能具体明确、文从字顺地表达自己的见闻、体验和想法。能根据需要，运用常见的表达方式写作，发展书面语言运用能力。"可见，明确而通顺地表达自己的见闻、体验与思考，就是写作的目标与内容。

再看课标对于第四学段写作教学的"实施建议"："写作是运用语言文字进行表达和交流的重要方式，是认识世界、认识自我、创造性表述的过程。写作能力是语文素养的综合体现。写作教学应贴近学生实际，让学生易于动笔，乐于表达，应引导学生关注现实，热爱生活，积极向上，表达真情实感。"可见，课标明确倡导学生演绎真实情境的写作，以实现交流思想的目的。既然课标倡导，为什么学生却没有做到？答案是不当的作文评价所致。教师阅卷（特别是考场作文）流行两种观点：

一是文章要有正能量，表现高大上的形象或积极正面的事件。比如，以"他（他们）让我_____"为题，学生写"他欺负同学，让我厌恶""他不读书，让我瞧不起"，结果得了低分；老师期待学生写"他努力读书或富有爱心，让我尊敬或感动"，认为这样才有正能量。这是对"正能量"的狭窄理解。

二是文章要有厚重感。一些老师要求学生结尾写上"人生""生命""社会"三个词中的一个词，这样文章才有厚重感。于是，一个学生写终于登上山顶，俯瞰山下，云雾升腾，白鹤排飞，顿悟：人生百年，或许总是在攀登。老师兴奋有加："联想人生，文章有着启迪人生的审美价值。"感性生活中感悟普世意义的主题固然值得赞赏，但前提是自然而非刻意。看看教师的命题，就知其偏好与固执。如下面这道题：

人生中有许多东西值得我们去追赶，每个人都在不停地追赶，有的追赶太阳，有的追赶春天，你追赶什么呢？请以"我追赶_____"为题写一篇作文。

"有的追赶太阳，有的追赶春天"，诗意"大气"，却让学生难以进入写作状态。不如"小气"一点："追赶渐渐远去的亲人，追赶回家的路……"

正因为这两个观点，学生就察言观色，投师所好，写出的文章也就做作刻意，自然不会有积极主动的言语实践。

三、拒绝真实情境的写作的两个危害

（一）带来阅读价值的流失

文章成功刻画的人物应是鲜活立体的，能够折射出丰富复杂的人性。然而，教学时教师往往为了"正能量"而对这一方面有意遮蔽。如教学《走一步，再走一步》，一般教师会分析其细腻的心理描写与情节的波澜曲折。实际上，导致情节曲折的原因，正是欺负捉弄"我"的伙伴与自己构成冲突，从而带动波澜与情节的推进。这也就写出了复杂的人性与复杂的儿童社会。但教师一般不敢指出这样的原因，认为让学生知道文章原来也可以有"阴暗"似乎不太好。再比如，《阿长与〈山海经〉》中写长妈妈睡觉摆"大"字的情节，教师也常常回避分析，认为这段话有损阿长的形象。

如此为了作文的"正能量"就不敢分析人物、社会的复杂性，对正面人物的缺点更是不敢触及，于是阅读价值就暗暗流失，学生写出的人物与社会情状自然就单一或扁平，不能反映人物的立体性与社会的复杂性，没有真情实感，也就失去了审美价值。

（二）带来思辨意识的缺失

香港教育大学何文胜教授在分析初中生认知心理时说："好新奇，好问，好评论，求知欲强……对生活的意义有自己的一些看法。"[4]但在弘扬正能量的意识引导下，学生不能表达自己对生活、社会的看法，更不能"好评论"，自然就造就了虚假而思辨缺失的生命。何谓思辨？

"普通人认识世界总是从经验开始，凭借自己的才智与努力，理解世界上种种现象，康德认为，与普通人不同，哲学家由逻辑思考抵达事物的核心与秘密，思辨具有犹如上帝俯视世界一切的智慧。"[5]

思辨的缺失，一是表现为不能对复杂生活做理性思考，对生活选择性失明，不能观照与审思生活中不同思想所呈现的不同方面。如以"轻轻地提醒"为题作文，大多写同学友善地轻轻提醒，平面单一。如果学生有思辨意识，则会审思真诚的提醒、敷衍的提醒等等，思考其背后的不同内心与意义。彰显思辨意识，文章就有昭示生活的价值。二是表现为思想的奴从，人云亦云，不敢表达自己真实的思考。没有自己的思想，文章也就没有了价值。作文教学中，教师当培育学生的思辨意识，学会追问，在合乎逻辑思辨的前提下深化思想。比如以"充电"为题，当引导学生思考：自己的生活中，人们是怎样充电的？这样充电有意义吗？还有什么不足吗？我们又该怎样充电呢？美国的作文要求基本"一辙"："请写一篇清晰连贯的作文，就上述多角度的观点进行评述。你的观点可以与其中一个观点一致，也可以部分一致，也可以完全不同。"[6]我们不妨借鉴。

四、引导学生演绎真实情境写作，当实现两个转变

转变一：从文章写作向交际写作转变

"文章写作，体现着人们对写作的直观认知，其实质是一种指令性、物本的、被动的文本制作。"[7]而"交际写作"是一种"读者导向、交流驱动、语境生成的写作。在这种写作观支配下，作者因为有了直接或潜在的对象，有了交际语境要素的参与，就可以选择并创生写作内容和表达形式"[8]。让学生在交际语境下写作，心中有读者，就会揣摩读者的接受心理，拒绝假话空话，演绎真实情境的表达。如中考作文题：

木心先生《文学回忆录》中有这样一段话：书里许多大人物，

文学、思想、艺术等等家。在那么多人物中间，要找你们自己的亲人，我精神上的血统。这是安身立命、成功成就的依托。每个人的来龙去脉是不一样的，血统也不一样。在你一生中，尤其是年轻时，要在书中的大人物里，找亲属，找精神源流上的精神血统。找不到，一生茫然；找到后，用之不尽，"为有源头活水来"。

请以"我在书中找亲属"为题，写一篇作文。

这是典型的"文章写作"，学生心中没有读者，是自己在讲述故事，没有交流的情境，也就无法清晰选择写作内容，矫正自己的表达，虚假空洞随之而来。如果换成"请以'我在书中找亲属——致父亲或母亲的一封信'为题，写一篇作文。讲自己读书找亲属的经历与思考，让父亲或母亲了解你的思想情感"，就是交际写作了。眼前浮现父亲或母亲的神情，心中就会揣摩父亲或母亲的心理期待，就会设法选择父亲或母亲能够接受的内容与语言，文章也就真实生动。事实上，高中教师与研究者更多地关注此类写作，2017年高考作文命题向外国友人介绍中国、2018年世纪宝宝给2035年18岁的人的漂流瓶等，都在诠释交际语境写作的理念。初中教师诚可鉴之。

当然，更重要的是培育学生交际语境写作的自觉。朱自清强调写作的"读者意识"，夏丏尊曾系统论述"文章的六种态度"："（1）为什么要做这文？（目的）（2）文中所要述的是什么？（话题）（3）谁在做这文？（作者）（4）在什么地方做这文？（环境或场合）（5）在什么时候做这文？（时代观念）（6）怎样做这文？（方法）"[9]今天，教师更要引导学生演绎交际写作，实现课标"初步学会运用祖国语言文字进行交流沟通"的目标。

转变二：从共性写作向具身写作转弯

共性写作是演绎大众话语的写作，没有自己独特的视角与思考。具身写作即演绎具身认知的写作，其理论认为"一个物体知觉的形成，不仅取决于物体本身提供什么刺激，也取决于有机体本身的结构与能力"[10]。比如滥竽充数的故事，学生批判滥竽充数者或为其提供舞台的齐宣王。一个差生沉思后感悟道：从来没有一个人在提醒他不能这么做。这就是思考自己无人提醒的处境而生发的具身感悟，独特真诚，令人深思。

夏丏尊写道："文章是表现自己的，各人有各人的天分，各人有各人的创造力。随人脚跟，结果必定是抑灭了自己的个性。所作的文章就不能完全表达自己的思想与情感，也就不真实不明确了。"[11]引导学生根据具身认知坦露真实心境与情感，主要是培育其独立思考的批判精神。而批判精神当关注两个方面：一是合乎逻辑，避免情绪化，彰显话语的缜密与理性。二是综合思辨，彰显思维的深度与广度。如一个学生写《路上》一文，乘车途中犹如看一幕哑剧：一个年轻人首先登场，他上车后熟练地将钱送入投币机，一声不吭地找了一个座位坐下；第二个角色是小学生，蹦跳着找到仅剩的一个座位，他蹲下去拣起废纸，扔进垃圾篓；第三个登场的是一位老奶奶，她站在第一个上来的年轻人身旁，车一开动，险些摔倒，可年轻人却熟视无睹，呆若木鸡。这时小学生站了起来，老奶奶见状慢慢坐了下去，看也没看小学生一眼。作者立体审视车上的情境，继而思辨与生发感悟："一幕哑剧三场剧，是多么单调，却又多么深刻。三代人的代表，表现了整个社会。我们小的时候还知一些礼教，知道尊长辈，讲文明，这也正是社会爱拿小学生来做文明先锋的原因。而青年的我们又是什么呢？是木头，麻木不仁，没有一点爱，对社会的态度，只有吸取，不懂得付出。而老了呢？似乎连羞耻心也没有了，甚至倚老卖老。社会难道是一个污化池，将纯洁的灵魂染成黑色？"如此立体审视，具身认知，文章也就有了批判精神，彰显思想的独立与深邃，给人思想的冲击。

写作教学当审思新课标的引导，引导学生回归写作的本质，演绎真实情境的写作。这不仅是为了展现鲜活而富有思想的生命意态，更是让学生实现积极主动的言语实践，实现写作水平的提升与核心素养的提升。诚能如此，则是学生之幸、生活之幸、时代之幸。

注释：

［1］高旭峰．以"珍惜"为题的两篇中美优秀初中作文比校研究［J］．阅读与作文，2015（05）．

［2］王宁．语文核心素养与语文课程的特质［J］．中学语文教学，2016（11）．

［3］［7］［8］［9］荣维东．交际语境写作：我国写作教学的发展方向［J］．语文教学通讯 C 刊，2013（04）．

［4］何文胜．从能力训练角度论中国语文课程教材教法［M］．香港：文思出版社，2006：99．

［5］小川仁志．完全解读哲学用语事典［M］．郑晚兰译．武汉：华中科技大学出版社，2016：185．

［6］曾勇军，傅丹灵．中美写作教学对话十五讲［M］．上海：上海教育出版社，2018：204．

［10］叶浩生主编．其身认知的原理与应用［M］．北京：商务印书馆，2017：24．

［11］夏丏尊，刘京宇．文章做法［M］．北京：中华书局，2013：3．

台湾地区高考命题于语文核心素养涵育之鉴示

摘要： 中学语文古诗文阅读教学，常见"只记忆不运用、不思考"之弊，语文核心素养中的"文化的传承与理解"难以真正实现。而台湾地区高考命题关注现实生活情景与古代文化的链接，学生在关注现实文化现象中，解读文化传承的密码，获得文化的渐染，此为我们涵育学生语文学科的核心素养之路。

新修订的高中语文课程标准，把语文核心素养概括为"语言建构与运用""思维发展与提升""审美鉴赏与创造""文化传承与理解"。今天，如何在课堂教学中提高学生的语文核心素养，成为一个全新的课题。审视台湾地区的高考命题，于其真实生活语境关注的语文能力测试中，可见"文化传承与理解"能力培养的引领与渠道。我们语文教师与研究者，当思兹鉴兹。

一、生活语境中检测文言语词的领悟能力

对于文言文的教学，我们觉得颇为重视。在教学安排上，每个学期都会优先安排文言文的教学，因其有具体的抓手，在高考测试中所占的比重也大。但事实上，我们的文言教学是存在问题的，突出表现在文言字词的教学，在课堂教学中往往只有"言"，没有"文"：只有

文言字词的理解、清通，而没有字词背后的文化领悟与审美把握。比照台湾地区的文言文测试，从其命题背后所反映的教学理念，我们会发现，中学老师与中学课堂研究者在教学指向上对"文化传承与理解"的"忽视"。

且看台湾大学入学考试中心 2015 学年度学能力测验试题语文考科：

> 依甲、乙二诗的祝贺内容，分别选用相应的题词，最恰当的选项是：
>
> 甲：三代冠裳应接武，百年琴瑟喜同帏。今朝福曜潘门灿，戏舞堂前着彩衣。
>
> 乙：荣迁指日向南行，福曜遥临万里程。民已馨香生佛事，公应此地不忘情。
>
> （A）天赐遐龄／大展鸿猷　　（B）天赐遐龄／里仁为美
>
> （C）天赐遐龄／昌大门楣　　（D）昌大门楣／里仁为美

这里其实就是考核"天赐遐龄、昌大门楣、里仁为美、大展鸿猷"等词的理解与运用。大陆一般是放在选择题中考核，题干一般就是"下列成语使用正确或错误的一项是（　　）"。而台湾地区的考题是放在具体的生活常见的语境中，让考生先要理解贺词的内容，然后把握贺词表达的对象：甲是对一长者夫妻家庭幸福兴旺发达的赞赏与祈愿；乙是对荣升者前程似锦的祝福与不忘苍生的期待。其答案为 A，这就是在生活真实情景下的考题。如此，不仅考核的内容更丰富，视野更开阔，而且让学生了解日常生活常用的题词，走入社会更能尽快适应。

再看台湾地区大学入学考试中心 2008 学年度学科能力测验试题语文考科：

教完柳宗元《始得西山宴游记》、欧阳修《醉翁亭记》、范仲淹《岳阳楼记》、苏轼《赤壁赋》等课文之后，教师要求学生用课文中的词语练习造句。下列不符合要求的一项是：

A. 芒果冰滋味甜美、清凉解渴，在炎热的夏天吃一碗，真是令人心凝形释，暑气全消。

B. 经过保卫人员的缜密调查，失窃事件终于水落石出，大家也消除了对小王的误解。

C. 中秋夜晚皎洁的月光映照在海面上，一片浮光跃金的景象，真是美不胜收。

D. 参加各种面试的时候，与其正襟危坐，紧张严肃，不如放松心情，从容自然。

这就是我们今天用文言语词造句的考题，我们在考查词语是否正确使用中常用这个考题，但可别忽视题干："教完柳宗元《始得西山宴游记》……等课文之后，教师要求……"导向就是用课文语词造句，学会在现代生活中使用文言语词，但遗憾的是，我们此理念阙如。于是我们不妨可多做如此链接的尝试。如学习刘禹锡《石头城》诗："山围故国周遭在，潮打空城寂寞回。淮水东边旧时月，夜深还过女墙来。"可以要求：你理解"周遭"的意思吗？请造个句子。这样在现代生活中，能真正使用文言语词，方能真正领悟语词意义，方能实现真正的阅读。

王国维《人间词话》道"入乎其内，故有生气"，在传承与理解文化的过程中，应当实现文化之语言载体的理解，进而理解文化因子与思想内质，在课堂的语言领悟中，又如何实现古诗文与现实的链接？一是用现代人的生活如请柬、题词、对联等，考核文言语词的理解与应用能力；二是学习古诗文后，可以让学生尝试在现代语言中嵌入适当的文言词，使语言凝练厚重。在语文课堂实践中，还可尝试让学生就现代语句替换一些俗套的语词。如：读者如果相信这个观点，何妨一试？我们可修改为：诚如是言，盍试为之？

与上海特级教师毛荣富交流，毛老师说："比如景区需要有篇介绍景点的文字置于景区入口，用大白话来写显然很不相宜，唯有流香的文言才能与景区的古代遗迹相匹配，只有典雅的文字才能与景观的历史气息相吻合。"值得欣喜的是，2017年的高考题就体现文言语词在现代语境中使用的引导。例如全国I卷第19题：

下列各句中，表达得体的一句是（3分）：

A. 真是事出意外！舍弟太过顽皮，碰碎了您家这么贵重的花瓶，敬请原谅，我们一定照价赔偿。

B. 他的书法龙飞凤舞，引来一片赞叹，但落款却出了差错，一时又无法弥补，只好连声道歉："献丑，献丑！"

C. 他是我最信任的朋友，头脑灵活，处事周到，每次我遇到难题写信垂询，都能得到很有启发的回复。

D. 我妻子和郭教授的内人是多年的闺蜜，她俩经常一起逛街、一起旅游，话多得似乎永远都说不完。

国家考试中心张开先生说："考生需要在语言及相关知识丰富积累的基础上，灵活运用所学知识，解决语言运用中所遇到的问题。"[1]撷取日常语言生活中常用的"内人""舍弟""垂询""献丑""失陪""寒舍""千金""璧还""承蒙""恭候""不吝赐教""高足"等谦辞、敬语，置之相应的生活真实的交际语境中，既考查"表达是否得体"，又引导学生关注相关的语言文化知识，正确地使用祖国的语言。

二、生活语境中检测古诗文阅读视域

检查阅读视域，牵系着阅读积淀的引领，海峡两岸都重视有加。而联系现代生活，考查阅读的积淀，台湾地区考试中采取的方式，较之大陆的测试更具现实性。请看台湾地区2006年度学科能力测验试题语文考科：

　　近年知性之旅甚为流行，或依据作家生平经历、作品内容规划文学之旅；或依据历史掌故、地理环境规划古迹之旅。下列艺文之旅的主题，与作品内容相关的配对正确的选项是：

　　（A）右军书艺之旅——曾巩《墨池记》

　　（B）游园赏花之旅——陶渊明《桃花源记》

　　（C）农田酒乡之旅——欧阳修《醉翁亭记》

　　（D）民俗曲艺之旅——刘鹗《明湖居听书》

　　（E）赤壁泛舟之旅——苏辙《黄州快哉亭记》

　　试题让古诗文的阅读与现代的知性之旅联系起来，学生答题时，就得熟悉文章，明确《醉翁亭记》不醉酒乡，《桃花源记》不为赏花，而《黄州快哉亭记》中不是赤壁泛舟，而是在"玩之几席之，举目而足""西望武昌诸山，冈陵起伏，草木行列，烟消日出，渔夫樵父之舍，皆可指：此其所以为快哉者也"。而大陆的考题往往单薄，题目往往就是"下列旅行主题，与作品内容相关的配对正确的项是（　　）"。有人说我们的学生走入社会要有一段较长的适应期，这与我们的教学与现实的游离不无关系。

　　阅读视域的考查，亦体现在作者、作品、题材的把握与考查。此考查，我们一般就是"下列说法正确或错误的一项是（　　）"。而台湾地区的考题则让人耳目一新。例如，2003 年度学科能力测验试题语文考科的考题：

　　某文化出版公司打算制作一部介绍"唐代诗人生活"的 3D 动画，作为教学辅助之用。下列内容，适合纳入此部动画的选项是：

　　（A）几位诗人在酒楼小聚，歌女吟唱其中一位的诗："黄河远上白云间，一片孤城万仞山。羌笛何须怨杨柳，春风不度玉门关。"

（B）诗人担任驻边将领的幕僚，写下悲壮的边塞诗："秦时明月汉时关，万里长征人未还。但使龙城飞将在，不教胡马度阴山。"

（C）诗人感慨家国沦亡，兴复无望："渺神京。干羽方怀远，静烽燧，且休兵。冠盖使，纷驰骛，若为情。闻道中原遗老，常南望、翠葆霓旌。"

（D）诗人创作戏剧，供达官贵人在宅院中观赏，剧中主角的唱词是："原来姹紫嫣红开遍，似这般都付与断井颓垣。良辰美景奈何天，赏心乐事谁家院。"

（E）诗人伏案窗前，代人写情书："展花笺欲写几句知心事，空教我停霜毫半晌无才思。往常得兴时，一扫无瑕疵。今日个病恹恹，刚写下两个相思字"。

命题者从某文化出版公司打算制作一部介绍"唐代诗人生活"的3D动画开始，引导学生调集自己已有的积淀。要知介绍"唐代诗人生活"的目的，而据此选择最为适合的A、B两项，因为其他的非唐人所写。当然，这个题目设计也有缺憾，就是从词、曲体例就可看出应该的选项，如果选用与绝句或律诗相似的古体诗或唐人后的诗，选择的难度那就大些，料此题在台湾地区也没有区分度。

今天，在古诗文教学中，不妨联系现代生活，找到现代生活尤其是现代文化（如文化节目、文化旅行、文化创意的产品开发、主题的征文活动）的演绎方式，寻绎现代社会中文化传承密码，让学生体悟文化的传承路径与开拓方向。

三、生活语境中检测文化积淀

文化常识的理解与把握，是实现文化传承与理解的必备要素。对文化常识的考查，已经走入全国卷命题教师的视域。2016 年 10 月 14 日温儒敏教授在教育部考试中心"2017 年高考考试大纲"的新闻发布会上说："在'古诗文阅读'部分增加'了解并掌握常见的古代文化常识'的考查内容也是必要的。这将促进语文教学更加注重优秀传统文化的学习。"比如，2017 年全国 I 卷命题：

> 下列对文中加点词语的相关内容的解说，不正确的一项是（3 分）：
>
> A. 首相指宰相中居于首位的人，与当今某些国家内阁或政府首脑的含义并不相同。
>
> B. 建储义为确定储君，也即确定皇位的继承人，我国古代通常采用嫡长子继承制。
>
> ……

这样的命题，只是让学生知道这些文化常识，知道这些古典管制行政等的具体区分，属于生硬记忆。令人遗憾的是，我们不论哪级考试，似乎都是此种测试形式，机械而生硬。而台湾地区的命题则更具灵活，更具现实感。例如，台湾 2004 年度学测语文选择题第 21 题：

> 如果我们把古代五经博士或经学专家请到现代社会，以其专业知识提供协助，就经书内容与职务作最适切组合的考量，下列安排适合的选项是：
>
> （A）请"尚书"博士担任驻外大使
>
> （B）请"春秋"博士担任"国史馆"馆长
>
> （C）请"易经"博士担任"法务部"部长
>
> （D）请"仪礼"专家担任"警务署"署长
>
> （E）请"尔雅"专家担任汉语词典编撰顾问

如此也就将古文的官职与今天的官职有了链接。如果我们只知"尚书，在皇帝左右办事，掌管文书奏章，明初犹沿此制，其后废去中书省，径以六部尚书分掌政务"，不知尚书相当于今天的何种职务，也是难以领悟人物的思想情感与作者的价值取向。

今天生活传承了我们的传统文化，如礼仪方面虚左以让表示对人尊重等等。我们在教学中可借鉴台湾地区的教学思路，引导学生从古代文化与现代文化中找到链接的线索，解读现代语词的文化密码，如此更能读懂古代的文化，亦能更清晰感受文化的传承，臻达"文化传承与理解"之境。

综上，审视台湾地区关注生活真实语境的试题，我们有两点启示。

第一，语言是文化的载体，语言的运用有助于对文化的理解与传承。如何引导学生在真实运用情境中提升语言的运用能力，台湾地区同仁给我们作了示范。首都师范大学王云峰教授说："设计真实的语言运用情境的目的是将学生的语文学习与实际生活中运用语言进行理解、表达和相互交流沟通的需要直接相连，以激发学生运用语言的兴趣与需要，使学生学习语言的过程变成运用语言实现目的的有意义的过程。"[2]现代语言的学习与运用，为我们对古代作品的学习，对文化的传承与理解，提供借鉴。今天"只有记忆没有运用"的古诗文学习方式，应当改变。

第二，落实核心素养中的文化传承与理解的目标，有一个明晰的借鉴。文化传承与理解，靠我们的识记无以实现，靠我们的读懂亦是无以实现，只有我们能恰当使用，解读文化与现代的延续密码，方可真正实现。

今天，我们当改变"只有记忆没有思考"的古诗文学习方式。不难理解，提升学生古诗文领悟能力，就当实现教学与现实链接，但我们忽视甚或无视之，其因何在？主要是我们的命题没有如此的引导。考试是指挥棒，在分数选择学校的社会语境里，教师难免唯考试是瞻。而命题没如此引导，又是源自考纲也不作要求。2016 年 10 月 18 日教育部网站公布的考试说明要求是：阅读浅易的古代诗文。其实，我们可以尝试两种形式的考查与引导：一是在语言应用题中，采用在庄重语境中语言是否凝练的考查等；二是古诗文语言化用或句式借用的运用能力的考查。

审视我们今天的课堂教学与命题测试，教师与语文课程教学研究者鲜有关注古诗文教学与现代生活的链接，教学目标还是滞于语词、作品理解的层次上，在时代期待的涵育"文化传承与理解"的核心素养的路上，吾辈当孜孜行之。

注释：

［1］张开．回归语言本体，重视语言运用——2017年高考语文试题评价［J］．语文建设，2017（8）．

［2］王云峰．在语言运用中提升语文素养［N］．中国教育报，2017-04-12.

附录：

中国人民大学书报资料中心《复印报刊资料》转载石修银文章一览表

序号	文章	刊物	期数
1	《厚质感：文章追求的品位》	《中学语文教与学》	2003 年第 5 期
2	《老师，应聆听花开的声音》	《中学语文教与学（高中读本）》	2007 年第 6 期
3	《三个意识：阅读能力测试亟须引领》	《初中语文教与学》	2017 年第 2 期
4	《审思：作文教学过程的基本环节——从美国一次感谢信写作教学谈起》	《初中语文教与学》	2018 年第 2 期
5	《台湾地区高考命题于语文核心素养涵育之鉴示》	《高中语文教与学》	2018 年第 3 期
6	《语文浅层阅读的表现及矫正》	《初中语文教与学》	2018 年第 10 期
7	《亟需矫正的作文教学的原点——对一全国特等奖作文课的质疑》	《初中语文教与学》	2019 年第 1 期
8	《真实情境写作与积极主动的言语实践——从中美作文对比谈起》	《初中语文教与学》	2019 年第 8 期
9	《悖离核心素养涵育的非思辨性写作》	《初中语文教与学》	2019 年第 11 期
10	《单元教学语境下的写作素养的涵育——以统编教材九年级上册第五单元为例》	《初中语文教与学》	2020 年第 10 期
11	《说理性写作：确证意识之缺失与培育》	《初中语文教与学》	2021 年第 3 期

序号	文章	刊物	期数
12	《基于"可见的学习"理论的语文教学设计、过程及评价》	《初中语文教与学》	2021 年第 11 期
13	《指向深度写作的作文命题及教学重构——以 2021 年中考作文命题为视阈》	《初中语文教与学》	2022 年第 3 期
14	《化约思维：写作中的表现、原因与矫正》	《初中语文教与学》	2022 年第 10 期

Cssci 期刊发表石修银文章一览表

《基于"可见的学习"理论的语文教学设计、过程及评价》	《课程·教法·教法》	2021 年第 8 期